三聯學術

钱穆

作 品 精 选

古史地理论丛

三联书店

图书在版编目（CIP）数据

古史地理论丛／钱穆著．—北京：生活·读书·新知三联书店，
2021.7（2025.9 重印）
（钱穆作品精选）
ISBN 978 - 7 - 108 - 07146 - 0

Ⅰ．①古…　Ⅱ．①钱…　Ⅲ．①历史地理 - 研究 - 中国 - 古代 -
文集　Ⅳ．① K928.62-53

中国版本图书馆 CIP 数据核字（2021）第 070349 号

责任编辑　冯金红　孙晓林
装帧设计　蔡立国
责任印制　董　欢
出版发行　**生活·讀書·新知** 三联书店
　　　　　（北京市东城区美术馆东街 22 号 100010）
网　　址　www.sdxjpc.com
图　　字　01-2018-3662
经　　销　新华书店
印　　刷　河北松源印刷有限公司
版　　次　2021 年 7 月北京第 1 版
　　　　　2025 年 9 月北京第 2 次印刷
开　　本　880 毫米 × 1092 毫米　1/32　印张 10.125
字　　数　178 千字
印　　数　5,001 - 7,500 册
定　　价　69.00 元
（印装查询：01064002715；邮购查询：01084010542）

目　录

序

忆余在民国十一年之秋，任教于厦门集美学校，始读《船山遗书》，于其辨屈原沉湘乃在汉水，不在洞庭，而深有契悟，乃草小文一篇刊载报端。越四五年，撰述《先秦诸子系年》，详申其义。因念古代民族迁徙，以旧居之名名其新邑，此为古史每多异地同名最好一说明。《先秦诸子系年》既成书，乃续为《周初地理考》、《古三苗疆域考》诸篇，则已在民国二十年之后。而其时则国事日非，群言庞杂，意所欲陈，纷起叠乘，考治古史地名之业，遂弃置不复理。至民国二十八年秋，余自昆明返苏州，迎母奉养，杜门不出，写成《史记地名考》一书。是为余治古史地理最后一著作。上距讨论《楚辞》地名，则先后亦达十二年之久。此后再不复为。年逾八十，双目失明，不能见字，但念旧稿虽非时代所需，而要为治古史者一大纲目。余之所论，虽引端于船山，而凡所发现，则实

1

为古今所未及，遽尔散弃，亦诚可惜。遂将旧存诸篇汇集付印。亦有成稿后络续增加材料多达数十节，嘱及门何君泽恒斟酌编入篇中，而余则已无可细为裁夺矣。有关此等材料，搜罗难尽，凡所论列，亦容有误，但得者最少当占十七八，失者最多不过十二三，则惟待后人续治此业者之再为订正矣。遂计初治此业，距今已逾六十年，此亦当时心力所注，抚卷岂胜怆然。

壬戌年春三月识于台北

士林外双溪之素书楼　钱穆

古史地理论丛部甲

周初地理考

分　目

一、总说

（一）周人起于晋，而旧误以为在秦，故言周初地理者纷歧无定说。

（二）古史地名皆由民族迁徙，递移递远，如山东、山西皆有历山，皆为舜迹，即其例。

二、姜氏篇

（三）炎帝烈山以声变转为厉山、界山，在山西介休，后误以为介推焚山事。

（四）神农后帝榆罔国榆次，属太原。

（五）伯夷即许由，其冢在箕山，属解州平陆。

（六）姜姓四岳其先皆在晋。

（七）古惟霍山称太岳，四岳之称起于周。

（八）姜嫄为有邰氏女，即台骀氏，其墓在闻喜。

3

三、后稷篇

（九）后稷产闻喜，始教稼在稷山。

（十）汉祠汾阴后土，其故事源于后稷。

（十一）古称大夏在河东，太原乃涑域，涑水亦称晋水。

（十二）禹事之附论。

（十三）禹会会稽，非浙江绍兴，以《吕览》九山九塞为说。

（十四）会稽本称茅山，在河东。古越地亦在河东，乃夏之声变。

（十五）舜陟方乃死，即丹朱封国房。葬苍梧在安邑。

（十六）禹会诸侯，与丹朱封国，舜死地，皆近。

（十七）鲧化羽渊，禹娶涂山，皆在河南，为夏故土。

（十八）禹治水功绩，其最先传说当在山西之蒲解。

（十九）稷教稼，禹治水，地望相毗，皆在河东洮域。

四、公刘篇

（二十）公刘居豳，为避夏桀，证其先在晋疆。

（二十一）不窋失官，自窜戎狄之间，仍在晋。

（二十二）夏桀时犬戎入居邠岐，岐为狐岐山，在汾域。

（二十三）《禹贡》治梁及岐，为吕梁、狐岐，证古称狐岐为岐山。

（二十四）狐岐由狐戎得名。

（二十五）豳字本作邠，因临汾水为邑而名，与郑鄏一例。

（二十六）春秋时周人自述先世西土所极，止于岐毕，不举豳，证豳在岐毕东。

（二十七）据《汉志》右扶风栒邑有豳乡，推证古邠邑近河东荀城。

（二十八）邠在河东临汾古水之滨，公亶父居之，称古公。

（二十九）古水东有梗阳城，为太姜邑。

（三十）《公刘诗》于胥斯原，于京斯依，为晋九原，一名九京，即古山，又称鼓堆。

（三十一）《诗》称笃公刘，与古公亶父同例，皆以邑名。笃董声转，推公刘先居董泽，在涑域。

（三十二）涑水经周阳邑，即不窋所奔，至公刘乃迁汾。

（三十三）《公刘诗》涉渭为乱，芮鞫之即，始为周人渡河而西之证，在公刘后。

（三十四）汉美阳得古鼎，张敞误说。

（三十五）《豳风·七月》乃晚起晋诗。

五、太王篇

（三十六）《诗·绵》民之初生，自土沮漆，在朝邑华阴之间。古公亶父，陶复陶穴，"古公亶父"四字衍。

（三十七）来朝走马，为朝邑之朝阪。

（三十八）《诗·皇矣》度其鲜原，居岐之阳，在咸阳北。

（三十九）成王岐阳之搜，即在鲜原、毕陌，为丰镐近畿。

（四十）宣王猎漆沮，在朝邑华阴之间，不在扶风。

（四十一）岐周亦与鲜原、毕程同属一地。

（四十二）《禹贡》荆岐既旅，荆山在朝邑，岐山即峨山，在泾阳。

（四十三）平王封秦襄公为诸侯，赐之岐以西之地，岐即岐丰，太王所迁，非美阳岐邑。

（四十四）太王去邠，逾梁山，在韩城。

（四十五）西周周召采邑，皆在陕西凤翔府境，故周初地名多移殖于此。

六、王季篇

（四十六）《绵诗》混夷骏矣，即王季所伐西落鬼戎，为周人渡河后新敌。

（四十七）殷高宗伐鬼方，次于荆，乃陕西荆山，鬼方即鬼戎，在泾渭下流。

（四十八）槐里、犬丘、槐谷、鬼谷，皆以鬼戎得名。

（四十九）据大小盂鼎、梁伯戈推论鬼方居邑，辨王国维说。

（五十）王季伐燕京戎，即太王所避之狄，在太原汾水上流。

（五十一）犬戎即燕京戎，其族起于东，在汾域，而分殖于西，至渭域。

（五十二）古九夷有畎夷，亦称东夷，后人以为西羌，证古代戎患起于东北，不起于西土。

（五十三）古太原晋阳本称燕，为诸戎根据。

（五十四）王季伐余无、始呼、翳徒诸戎皆在晋。

（五十五）熏粥、猃狁、淳维、匈奴皆一族，与犬戎、鬼方、混夷皆由燕声递变。

（五十六）《诗·六月》整居焦获，侵镐及方，镐为高都，方乃安邑，获则滹泽，为赤翟居地，即燕戎之东支。

七、文王篇

（五十七）文王母太任，妻太姒，皆出东国。生岐周，卒毕程，皆在东土。

（五十八）《诗·皇矣》密人不恭，侵阮及共，密、阮、共皆在泾水下流，近丰镐。

（五十九）吕尚河内人，钓滋水遇文王，即霸水，在渭水下流，不在宝鸡。

（六十）武王伐纣，及庸、蜀、羌、髳、微、卢、彭、濮人，皆在周之东南，大河两岸，非西南僻远之蛮夷。

一、总说

一

言周初地理者，无弗谓后稷封邰在武功，公刘居豳在邠县，太王迁岐在岐山，皆在今陕西西部泾渭上流。至文王、武王乃始邑于毕、程、丰、镐。周人势力自西东渐，实始于此。此二千年来公认之说，未有疑其为不然者。然吾尝读书之《禹贡》，《诗·大雅》之《绵》、《公刘》诸篇，及于梁、岐、漆、沮，周初地望，众说纷纭，莫衷一是，何其乱而难理也。又尝会之于《左氏》、《纪年》、《孟子》、《史记》，凡古籍之称及周初行迹者，众说綦淆，一贯之要难。积疑既久，而后知二千年公认之说，亦未见其固可据也。以今考之，周人盖起于冀州，在大河之东。后稷之封邰，公刘之居豳，皆今晋地。及太王避狄居岐山，始渡河而西，然亦在秦之东境，渭洛下流，自朝邑西至于富平。及于王季、文王，廓疆土而南下，则达毕、程、丰、镐，乃至于谷、洛而止。夫而后《禹贡》、《大雅》、《左氏》、《纪年》、《孟子》、《史记》诸书，乃始可通。而周人行迹所经，及夏、商、周三代盛衰兴亡，华戎势力消长角逐之势，乃始可得而明也。其说虽创，其证则密，请得而申论之！

二

盖古人迁徙无常，一族之人，散而之四方，则每以其故居移而名其新邑，而其一族相传之故事，亦遂随其族人足迹所到，而递播以递远焉。此其例不遑枚举，姑举其著者，如舜：舜，冀州之人也。耕历山，渔雷泽，陶河滨，妻尧二女于妫汭，其事皆在今山西之蒲州。然今山东济南有历城，泺水出焉，俗谓之娥姜水，以泉源有舜妃娥英庙故也。城南对山，山上有舜祠，山下有大穴，谓之舜井，舜耕历山亦云在此，其山在县南五里，其凿凿如此。然而后人不之信者，以蒲州之传说并存弗替故也。使蒲州之迹早泯，而历城之说独著，则舜固可以为鲁人。其他类此者多矣。若夫西秦、豳、岐、漆、沮种种之说，亦泺源、娥姜水、历山、舜井之例也。而不幸冀州周初古迹，则年远荒晦，鲜有存者。即复有存，人亦莫之知。即复知之，亦复不敢信。而周起西裔之说，遂若无可置疑。然苟为之博稽古籍，条贯而通说之，将见二千年长湮之史实，终将复白于后世也。

二、姜氏篇

三

　　周人之先为后稷，后稷母曰姜嫄，今请先言姜！姜姓诸族，盖亦居晋。神农，姜氏之著也，而神农之帝亦在晋。何以言之？神农炎帝称烈山氏。《左传》昭公二十九年，晋太史蔡墨之言曰："有烈山氏之子曰柱，为稷，自夏以上祀之，周弃亦为稷，自商以来祀之。"《鲁语》记展禽之言亦云然。《礼·祭法》则曰："厉山氏之有天下也，其子曰农，能殖百谷。"贾遫、郑玄皆云："烈山，炎帝之号。"《左氏》、《鲁语》谓其子柱，《祭法》曰农者，刘炫云："盖柱是名，其官曰农，犹呼周弃为稷。"《一统志》："厉乡在德安府随州北，今名厉山店。"郦道元《水经注》即以厉乡为烈山氏生处。今考古帝传说，皆在冀州，姜氏诸族，其后可考者，亦多在冀，而稼穑故事，亦始冀州，何以烈山氏生于随州之厉乡？盖晋地亦有随。《左传》隐公五年，翼侯奔随，《一统志》："随城在汾州府介休县东，后为士会食邑。"此晋地有随也。《山西通志》谓春秋初，晋地甚小，翼侯所奔，不能至介休，其说是否可勿论，要以见介休之有随。《后汉书·郡国志》介休有界山，有绵上聚子推庙。厉之与烈，界之与厉，皆以声转相通。《周官·山虞》："物为之厉。"郑注："每物有蕃界也。"此以厉界声通互训。然则介休之界山，即厉山、烈山也。其地本在近晋之随城，后乃误而移之于德安之随，则犹历山之自蒲而之厉也。又考《日知录》卷三十一绵上条，称其山南跨灵石，东跨沁源，世以为之推所隐，而汉魏以来，传有焚山之事，太原、上党、西河、雁门之民，至寒食不敢举火，而顾氏颇不信子推隐其地。窃疑汉魏以来相传焚山之事，即自古烈山氏之遗说也。古之稼穑，其先在山坡，以避水潦，烈草木而火种曰菑畬，故神农氏又称烈山氏。后既以烈山为厉山界山，乃误及于介之推，因以炎帝之"烈山"，误传为介推之"焚山"也。（《日知录》卷二十五介子推条，于燔山立枯事亦有辨。）此姜姓炎帝烈山氏，其传说故事始于晋之说也。

四

神农之后有帝榆罔，其居亦在晋。《左传》昭公八年："石言于晋魏榆。"杜注："晋魏邑之榆地。"《地理志》榆次、界休同属太原。吴卓信《补注》引《汲冢周书》云："昔烈山氏帝榆罔之后，其国为榆州。曲沃灭榆州，其社存焉，谓之榆社。地次相接者，为榆次。"其地有梗阳乡，魏戊邑，汾水所径。窃疑梗阳者，亦姜字之音变也。

五

神农氏之后，姜氏之著者有四岳。旧说伯夷称太岳，为八伯之长，而伯夷即古所传许由也。此宋氏翔凤已言之。宋氏之说曰："《春秋左氏》隐十一年，夫许太岳之允也。申、吕、齐、许同祖，故吕侯训刑称伯夷禹稷为三后，知太岳定是伯夷也。《墨子·所染篇》、《吕氏春秋·当让篇》并云舜染于许由伯阳，由与夷，夷与阳，并声之转。《尚书大传》之阳伯，《墨》、《吕》之许由伯阳，与书之伯夷，正是一人。伯夷封许，故曰许由。《史记》尧让天下于许由，本《庄子》，正傅会咨四岳巽朕位之语。百家之言，自有所出。《周语》太子晋称共之从孙四岳佐禹。又云胙四岳国，命为侯伯，赐姓曰姜，氏曰有吕。《史记·齐太公世家》云，吕尚其先祖尝为四岳，佐禹平水土，虞夏之际封于吕，姓姜氏。此云四岳皆指伯夷。盖伯夷称太岳，遂号为四岳，其实四岳非止伯一人也。"（《过庭录》。）余考《大戴·少间》之篇："文王伐崇、许、魏。"崇在陕西，而魏则河内晋境。许魏连称，其在冀州晋地可知。尧让天下于许由，许由不受，避之箕山，太史公曰："余登箕山，其上盖有许由冢。"盖箕山亦晋山也。《左传》僖公三十三年："狄伐晋及箕。"成公十三年，吕相绝秦曰"入我河县，焚我箕、郜"，则箕乃晋河上之邑。（据《日知录》卷三十一箕字条。《方舆纪要》）箕山在解州平陆县东北九十里，《县志》山有许由冢，是矣。其后许封河南，箕山遂亦南迁，及于颍阳，非其本也。

六

《水经·阴沟水》注引《世本》："许、州、向、申，姜姓也，炎帝后。"《左传》隐公十一年："王与郑人苏忿生之田，温、原、缔、樊、隰郕、攒、茅、向、盟、州、陉、隤、怀。"杜注："凡十二邑。攒、茅、隤属汲郡，余皆属河内。"此向、州为晋邑也。《庄子·让王篇》："尧以天下让许由，许由不受，又让于子州支父。"州支父盖亦姜姓之族欤？当时传说尧让天下于四岳，故既言许由，复有州支父矣。其《逍遥游篇》复言之曰："尧见四子藐姑射之山，汾山之阳，窅然丧其天下。"彼所谓四子者，殆亦指四岳耳。此皆足证四岳姜姓，炎帝之后，其居在晋也。

七

抑四岳之称，实昉于周，而后之言史者，乃推而上引，及于唐虞。周人四岳，则本诸太姜。《国语·周语》富辰之言曰："齐、许、申、吕由太姜。"太姜者，周太王之妃，王季之母也。是四国者，由太姜而封。何以谓之四岳？曰：岳者，古晋人谓霍太山亦曰太岳山，《禹贡》"既修太原，至于岳阳"是也。《崧高》之《雅》亦言之，曰："维岳降神，生甫及申。"甫即吕也。姜氏之先居近太岳，故曰"维岳降神"矣。其后吕尚封于齐，而齐亦有泰山，亦得岳称。自是而有四岳，有五岳。引而益远，弥异其初。《史记·晋世家》《集解》引《世本》，谓叔虞居鄂，即大夏。今汉北有鄂，晋南亦有鄂，夏人固自汉北迁晋南者。而许由、伯夷之于唐尧，遂亦为四岳之长，八伯之首也。今第勿深论，而四岳姜姓，其先居于晋，则断可言者。晋有吕甥，其后有吕相。《续汉书·郡国志》注云："河东郡永安故猗，《博物记》曰有吕乡，吕甥邑也。"《地理志》："猗，霍太山在东，冀州山。"程恩泽《国策地名考》："《左传》吕郤畏逼，今霍州西三里有吕乡，西南十里有吕城，或谓吕即阴邑，州东南十五里又有阴地村。"此吕氏之邑近于霍山之证也。夫曰姜，曰许，曰吕，曰州，曰向，凡姜姓诸族，其先之在冀州，可推迹以求，有如此者。而何疑于姜嫄之为冀州之姜耶？

八

且姜嫄之在晋，有可得而确指者，则闻喜有姜嫄墓是也。今《闻喜县志》载其邑人翟凤翯《涑水编》"姜嫄墓记"谓："邑西北三十五里有冰池，世传后稷弃此，诗云'寘之寒冰'是也。池东为姜嫄之墓，山后荒垄数十亩，为有邰氏坟。稷播谷于此始，故其山曰稷。上有后稷陵，下有姜嫄墓。"则是姜嫄之葬，在晋之闻喜也。今考姜嫄为有邰氏女，邰亦作骀，《路史·疏仡纪》高辛氏上妃有骀氏曰姜嫄是也。闻喜于古为台骀氏邑。台骀之称有骀，犹陶唐之称有唐也。《左传》昭公元年："晋侯有疾，叔向问于子产曰：寡君之疾，卜人曰实沈台骀为祟，史莫之知，敢问此何神也？子产曰：昔高辛氏有二子，伯曰阏伯，季曰实沈，日寻干戈，后帝不臧，迁实沈于大夏，唐人是因。金天氏有裔子曰昧，为玄冥师，生允格台骀，台骀能业其官，宣汾洮，障大泽，以处大原，帝用嘉之，封之汾川，今晋主汾而灭之矣。"由此观之，则台骀，汾洮之神而处大原者也。《水经·涑水注》，谓涑水兼称洮水，近人王国维《观堂集林·周荟京考》申其说，谓："大原正汉河东郡地，与《禹贡》之大原在壶口梁岐、岳阳间者，地望正合。大泽当即安邑盐池，或蒲坂张阳池。"由是而论，台骀氏所处太原，兼带汾洮，在河东，障大泽，实相当于今之闻喜，即姜嫄之有邰，而后稷之所生也。

《春秋》昭元年经，晋荀吴帅师败狄于太原，《公羊》、《穀梁》经并同。《公羊传》云："此大卤也。曷为谓之大原？地物从中国邑，人名从主人。原者何？上平曰原，下平曰陆。"《穀梁传》云："中国曰大原，夷狄曰大卤。"《左氏》经文，大原作大卤。《说文》："卤，西方咸地，从西省、象盐形，安定有卤县。"今按太史公曰："山东食海盐，山西食盐卤。"河东有盐池，《左传》谓郇瑕氏之地沃饶而近盐，则《春秋》所谓大卤者，正指河东盐池近邑而言，与台骀氏宣汾洮，障大泽，以处大原者，正为一地。宋翔凤《过庭录》乃据《说文》安定有卤县一语，定太原在安定，不悟《说文》自据东汉时郡邑说之，实不足为训也。

又按《禹贡锥指》："广平曰陆，是处有之，其大者，则谓之大陆，犹之高平曰原，亦是处有之，其大者，则谓之太原耳。"冀州有三大陆，此亦地名初为公名，故多相同之例。

三、后稷篇

九

后稷生闻喜，其说犹不止上举。明李汝宽《闻喜县城北门外重修后稷庙记》亦言之曰："先朝儒臣吕枬氏序《稷山县志》，谓其邑去后稷所产之地甚迩，而后稷始稼于此，邑因是名。"是亦谓后稷产闻喜，而始稼于稷山也。考之于古，鲁展禽亦言之，曰："稷勤百谷而山死。"《太平御览·隋图经》曰："稷山在绛郡，后稷播百谷于此山。"盖古者播谷，常择山地，以避水潦。后稷之于稷山，则犹神农之于介山，舜之于历山也。且今万泉亦有介山，与稷山一脉相连。《水经注》："稷山在汾水南四十许里，山东西二十里，南北三十里，高十三里，西去介山十五里。"相传介山为子推所逃隐，史称文公环而封之，为介推田，号其山曰介山。（旧说谓在西河界休，非也。参读《日知录》卷三十一绵上条。）而即实以求，有可疑者。夫其人曰介之推，犹之曰烛之武，人以地名，非地以人名也。介推之称由于介山，而介山之号，不由介推，其理甚显。今曰"号其山曰介山"，决不然矣。然则介山何以名？曰万泉之介山，亦犹界休之介山也。其先盖由烈山而耕。由烈山而误为历山，为厉山，为介山，其实则一。然则后稷始稼，固在此万泉、闻喜一带之山，为汾洮间之原地，故闻喜有稷山，而万泉亦有介山也。

江永曰："今山西沁源、介休之间，有绵上。然襄十三年晋侯蒐于绵上以治兵。治兵当近国都，未必远至介休。定六年宋乐祁如晋，赵简子逆而饮之酒于绵上，介休之绵上，非适晋所由。今翼城县西有绵山，俗谓之小绵山，当是简子逆乐祁之地。或晋有两绵上，治兵、迎乐祁者在翼城，为介推田者在介休也。"

十

《水经·汾水注》又云："汾水西径郊丘北，故汉时之方泽也。贾逵云：汉法，三年祭地。汾阴方泽，泽中有方邱，故谓之方泽。邱，即郊邱也。许慎《说文》称从邑，癸声。河东临汾地名矣，在介山北，山即汾山也。其山特立，周七十里，高三十里。山上有神庙，庙侧有灵泉，世亦谓之子推祠。扬雄《河东赋》：'灵舆安步，周流容与，以览于介山。'"今考《地理志》："汾阴，介山在南。"武纪诏曰："朕用事介山，祭后土，皆有光应。"此汉汾阴后土祠在介山也。又考《史记·封禅书》，元鼎四年夏六月中，汾阴巫锦为民祠魏脽后土营旁，见地如钩状，掊视得鼎。武纪以是岁十一月甲子立后土祠于汾阴脽上。则方汉廷未立后土祠前，汾阴已自有民祠后土营，所从来旧矣。称脽上者？如淳曰："脽，河之东岸，特堆掘长四五里，广一里余，高十余丈，汾阴县治脽之上，后土祠在县西，汾在脽之北，西流与河合。"师古曰："此临汾水之上，地本名郊，音与癸同，彼乡人呼癸音如谁，故转而为脽字耳。故汉旧仪云癸上。"而郦氏则分郊丘与脽为二。旧《通志》："轩辕氏祀地祇，扫地为坛于脽上。"新志因之云："轩辕之台虽无考，而汉武之后土祠，何为忽立此处，意必有所本。"窃疑魏脽后土，盖承晋人祠稷遗俗。故事流传，至今弗衰。(参读顾颉刚《古史辨》第二册《李子祥游稷山记事》及《崔盈科姜嫄传说及其墓地的假定》两篇。)至其地望，容有异同，正如稷山、介山之例。而后稷始稿，其事传述乃在汾水之阴，今闻喜、万泉、稷山、介山一带，迤东及于汾水入河之口，则汉祠后土之所由来也。

十一

又考实沈居大夏，杜注今晋阳县，服虔则曰"大夏在汾浍之间"。顾氏《日知录》(卷三十一唐字条。)因之，云："《史记》屡言禹凿龙门，通大夏，《吕氏春秋》言龙门未辟，吕梁未凿，河出孟门之上，则谓大夏者，正今晋绛吉隰之间，当以服氏之说为信。又齐桓公伐晋之师，仅及高梁，(原注：在今临汾县。)而《封禅书》述桓公之言以为西伐大夏，大夏之在平阳明矣。"而余按其说，犹有可疑者：夫曰凿龙门，通大夏，则大夏自近河域，不当在汾浍之间也。《封禅书》齐桓之言曰："西伐大夏，涉流沙，束马悬车，上卑耳之山。"《索隐》："卑耳，山名，在河东大阳，《博物志》在解县。"此与汾浍之间为无涉，二也。《吕氏春秋·本味篇》："和之美者，大夏之盐。"《山海经·北山经》："景山南望盐贩之泽。"《太平寰宇记》："景山在闻喜县东南十八里。"盐泽郭注即解县盐池，今在河东猗氏县。会合而观，大夏之地，当在河东，不涉汾浍，三也。《水经·河水注》："河水东过大阳县南，又东，沙涧水注之。水北出虞山，有虞城，其城北对长坂二十许里，谓之虞坂。戴延之曰自上及下七山相重。《战国策》曰：昔骐骥驾盐车上于虞坂，迁延负辕而不能进。此盖其困处也。"沙涧本或作流沙涧。疑齐桓涉流沙，正指是水。则卑耳之山殆即虞山。其不涉汾浍之间，四也。（《山西通志·山川考》疑流沙二字乃汾沁之讹，然亦定大夏为河东地，见考一、考十二。又《平陆县志》沙涧在县东二十五里，箕山在县东九十里，下有清涧，名洗耳河，云巢父洗耳处。《通志》疑洗耳与卑耳声相近，相沿成讹，遂以山名为水名，以巢由事相附会。然则卑耳与沙涧同在平陆，固无须改流沙为汾沁也。）又《史记·吴太伯世家》："封周章弟虞仲于周之北故夏虚，是谓虞仲。"《集解》："徐广曰：在河东大阳县。"《索隐》："夏都安邑，虞仲都大阳之虞城，在安邑南，故曰夏虚。"《左传》所谓大夏，正指安邑大阳夏虚而言，不涉汾浍之间，五也。《管子·小匡篇》："西攘山狄之地，至于西河，方舟设泭，乘桴济河，至于石沈，县车束马，逾大行与卑耳之谿，拘泰夏，西服流沙西虞，而秦戎始从。"又曰："西至流沙西虞。"西虞即虞仲所封。此又大夏在安邑大阳，为周初虞邑，不涉汾浍之证六也。《齐语》亦言之，曰："逾太行与辟耳之谿，拘夏，西服流沙西吴，南城于周，反胙于绛，岳滨诸侯莫敢不来服。"西吴即西虞也。《史记》言封虞仲于周之北故夏虚，此曰拘夏服西吴而南城于周，地望适合。岳者？《禹贡》岳阳为霍山，则齐桓伐大夏，明属安邑夏虚，不涉汾浍之间，七也。《吕氏·简选》之篇亦言之，曰："齐桓公西至酆郭。"高注："酆郭在长安西南。"此则所谓乘桴济河，秦戎始从者矣。若以大夏为平阳，亦复不合。故知实沈居大夏，当在安邑大阳，不涉汾浍，八也。又应劭注《汉志》临晋县，曰："以临晋水故名。"臣瓒曰："晋水在河之东。"又《史记·魏世家》："秦拔我蒲坂晋阳。"《括地志》："晋阳故城今名晋城，在蒲州虞乡县西三十五里。"则河东蒲州本有晋阳。《水经注》："涑水所径，有晋兴泽南对盐道山。"其泽亦在虞乡县西境。岂涑水古又谓之晋水乎？《班志》有晋武公自晋阳迁曲沃之语，司马彪、皇甫谧有晋阳本唐国之说，后世以今太原晋阳说之，自误。然班说虽疏，恐有所自。窃疑晋之始封，唐之故居，或当在河东蒲州一带，故虞乡有晋阳，而班氏有晋自晋阳迁之说。其居翼居鄂已非其初，顾炎武、王世家辨晋初居翼，其论犹为未尽也。_{（顾、王二氏文，《通志·古迹考》二均引。）}《史记·晋世家》又称："封叔虞于唐，唐在河汾之东方百里。"夫曰河汾者，河流既长，若谓河东百里，则不得其地望，曰河汾之东，则河为兼受汾水之河，其东百里，正当涑水之阳，蒲州迤西及于闻喜一带之地，即当时之所谓太原也。后世不得河汾之东一语真解，乃求之汾水之东，则何必曰河汾？又汾流亦远，其东且何指乎？

又《世家》："成王与叔虞戏，削桐叶为圭，与叔虞，曰：以此封若。史佚因请择日立叔虞，曰：天子无戏言。"旧说太甲放桐宫即闻喜县。闻喜当涑水之阳，若以涑水古称晋水论，则闻喜亦晋阳地也。成王削桐叶与叔虞，故乃封之涑水之阳，纵不必即为曲沃闻喜，而地望当相近。若以《魏世家》晋阳及今涑水有晋兴泽考之，则晋之初封，或尚在闻喜之西，其后乃迁而东，而北。其先在涑洮，其后乃达于汾浍也。若我说可信，则又晋唐故居，其先在河东涑水，不涉汾浍之间，九也。

《左》昭元年晋荀吴败群翟于大卤，即太原也。初将战，魏舒曰："彼徒我车，所遇又厄，以什共车必克，困诸厄又克，请皆卒，自我始。"乃毁车以为行。晁错曰："曲道相值，险厄相薄，车骑之用，弗能及也。"此可以见太原之地势。赵武灵胡服骑射，正与魏舒所论异矣。晋居深山，戎翟之与邻，正可为证。

十二

由上所论，大夏、太原、晋阳诸地，其初本在晋南，大河附近，引而渐远，达于汾水上流，可为吾文论古史地名递播递远之一证。继此有附论者，一为大禹之会诸侯于会稽，二为禹娶涂山氏女，三则禹之治水是也。

十三

禹会诸侯于会稽，后世言地理者，率谓会稽在浙江绍兴，禹迹之远，近人疑之者多矣。余考《吕氏春秋·有始览》言九山、九塞，曰："何谓九山？会稽、太山、王屋、首山、太华、岐山、太行、羊肠、孟门。何谓九塞？大汾、冥阸、荆阮、方城、殽、井陉、令疵、句注、居庸。"太山者？霍太山，在河东霍州，高诱以为东岳者误。王屋，高注在河东垣县东北。首山在蒲坂之南，河曲之中。太华在弘农华阴县。岐山在右扶风美阳县西北，此亦误。余考岐山在河西，论证后详。太行在河内野王县北。羊肠在太原晋阳县北。程恩泽《战国地名考》："羊肠有三，一在怀泽间，即太行坂道。一在潞安府壶关东南百里。一在太原府西北九十里。"三者，壶关与怀泽相连，而太原较远，高注以太原为说，未必是。孟门即壶口，在河东吉州西，《禹贡》"既载壶口治梁及岐"是也。《穆天子传》曰："北登孟门九河之隥。"孟门为龙门之上口。高注《淮南·地形》："孟门太行之限。"亦未是。然则九山者，其八皆在大河两岸，万不能会稽一山，独在浙江之绍兴。则古人所谓会稽，必别有所指，而非后世浙江绍兴之会稽，断断然矣。其次为九塞。大汾淮南注在晋。冥阸，《淮南》作渑阸，彼注今宏农渑池。荆阮者，即《汉书·成帝纪》所谓五阮，

在河西元里，为北条荆山抵河之险。方城无考。盐道
山亦名方山，亦曰檀道山，又名百梯山，《水经注》所
谓"蟠溪万仞，方岭云回"者也。是为解州重险，未
知即《吕氏》所谓方城否？高注荆阮方城皆在楚则
误。殽在弘农渑池县西。井陉在常山。句注在雁门。
居庸在上谷。令疵高云未闻，《淮南》注云在辽西。自
殽以上皆在大河两岸，井陉以下稍远，亦均冀州山。
九山、九塞，独会稽僻在南越，决不类。故知古人所
谓会稽，必别有所指，非后世浙江绍兴之会稽也。

章炳麟《文录》说稽山有会稽。稽借为祭字。会
稽即会祭。《汉书·文帝纪》，除关无用传，李奇曰：
传，祭也。师古曰：祭者，刻木为合符也。古字会合
同。会祭者，合符也。黄帝合符釜山，舜朝诸侯于四
岳，则辑五瑞，故禹亦以会行祭朝会事，因以事名其
山。据此，则会稽本亦通名。

十四

然则会稽果何指？考《越绝书》："禹救水到大
越，上茅山，大会计，更名茅山曰会稽。"《吴越春
秋》则谓："禹周行天下，还归大越，登茅山以朝四
方群臣，遂更名茅山曰会稽之山。"《水经注》："会稽
之山，古防山也，亦谓之为茅山，又曰栋山。"盖初
言大禹治水功绩，极于大河而止，未及江淮。禹之行
迹，殆亦在大河两岸，冀雍豫三州之间，当时所谓中

国诸夏者耳，本未谓其远至南越。且《吴越春秋》言"还归大越"，其非江南之越可知。盖越亦河北晋地也。《逸周书·世俘解》："吕他命伐越。"为商邑近畿国，则古在河北有越也。茅山者？《左传》文公三年："秦伯伐晋，自茅津济，封殽尸而还。"《水经·河水注》："河水东过陕县北，河北有茅城，故茅亭，为茅戎邑，津亦取名焉。"然则茅山者，以茅城茅津推之，其地望正在河北大阳，所谓大夏之虚也。故曰禹还归大越，登茅山以朝四方。而《吕览》、《淮南》言九山，亦推会稽为首，良以为大禹邦国之所在也。称大越者，越夏以声转而讹，如吴虞田陈之类也。以此论之，禹会诸侯于会稽，会稽山本称茅山，以地望推之，其相当于河东大阳之山乎？《水经·河水注》大阳之山亦通谓之为薄山者是也。

十五

然则又何以谓之防山？曰：防薄声相近，防山即薄山也。然薄山之为脉绵矣，防山之所在，犹可得而确指否？曰难矣，稽古者丈而量之则得，寸而度之则失，然亦有可得而试论者。考《纪年》原注："帝子丹朱避舜于房陵，舜让不克，朱遂封于房，为虞宾。"《世本》："舜封丹朱于房。"《路史》："帝崩，虞氏国之于房，为房侯，以奉其祀，谓之虞宾。"《尚书》："舜陟方乃死。"陟方乃死者，陟方而乃死也，方即房矣。《孟子》："舜生于诸冯，迁于负夏，卒于鸣条。"今按《老子》："万物负阴而抱阳。"负指北方言。负夏犹云北夏。南夏在伊洛嵩华之间，北夏则在河北晋南矣。《路史》："今帝墓在安邑，有鸣条陌。"《山海经·海内南经》云："苍梧山帝舜葬于阳，丹朱葬于阴。"又《大荒南经》："赤水之东，有苍梧之野，舜与叔均之所葬也。"《列女传》："舜既嗣位，升为天子，娥皇为后，女英为妃，舜陟方死于苍梧，号曰重华。二妃死于江湘之间，因葬焉。俗谓之湘君、湘夫人也。"张京俊《舜陵辨》谓今蒲州东南有苍陵谷，去妫汭水不远，意中条山古必有苍梧之名，故《檀弓》诸书，皆云舜葬苍梧，并举《纪年》原注鸣条有苍梧之山为证。（引详《通志·古迹考》七。）今考《平阳府志》："临晋县有二嶷山，在县东北三十五里，南北错峙，《隋志》桑泉县有三嶷山，今土人只称大嶷小嶷焉。"疑《史记》舜葬江南九嶷，亦自此误。则旧说舜葬地本近安邑。盖舜至丹朱封国而死，岂亦如商之帝乙猎渭滨而暴卒，其事皆秘，莫可明论。或不仅如《史通》所疑"陟方之死为文命之志"之说也。惟舜卒鸣条，丹朱葬地与舜相毗，亦在鸣条附近，而丹朱封房，舜陟方乃死，今安邑县东北实有方山，地望正合。茅山又名防山，故知防也，方山，房也，皆一山之异名，其为近于安邑鸣条之山显然也。

《纪年》帝命子义钧封于商，葬后育于渭。沈氏

注：义钧封于商，是曰商均。《山海经》作叔均。郭注：叔均，商均也。《帝王世纪》，娥皇无子，女英生商均。（《史记集解》。）《三统历》，有虞氏让天下于禹，使子商均为诸侯。商，今陕西商州。盛宏之《荆州记》云：武关西北百二十里商城是。（《路史·国名纪》四。）《尚书故实》载张文规牧弘农日，商州冶务盗发卢氏南山尧女冢，大获珠玉。（《太平广记》四〇二。）《路史》亦载之，谓女英生商均，舜崩之后，随其子均徙于封所，故其卒葬在焉。又沈注：后育，娥皇是也。雷云：育，当是肓字之误。（皇肓声相近，育肓形相似，故转写误也。）《汉书·地理志》：扶风郡陈仓，有黄帝孙舜妻肓冢祠。《水经·渭水注》引之，今陕西宝鸡县东北二十里有陈仓城，古渭水所径也。《檀弓》，舜葬于苍梧之野，盖三妃未之从也。

《水经·涑水注》："涑水又西径仲邮郰北，又西径桐乡城北，《竹书纪年》曰：'翼侯伐曲沃大捷，武公请成于翼，至洞庭乃返者。'涑水又西，与沙渠水合。又西南径左邑县故城南，城故曲沃也。"朱谋㙔《水经注笺》云："洞，一作桐。"今本《竹书》"请成于翼，至相而还"，沈约注云："相，一作桐。"据诸说，《竹书》本作"至桐而还"，因竹简出冢侵蚀，作相。经卫束考较，或又作桐。《水经注》又讹作洞庭也。春秋桓二年，《左传》，鄂侯生哀侯，哀侯侵陉庭之田。陉字音与洞近。洞字形与洞近。善长意《左传》之陉庭，即桐，故误作洞庭。今绛州闻喜县东北有桐乡故城遗址。陉庭乃翼之南鄙，贾杜注说悉同。桐乃曲沃之东北邑，观涑水之迳流，可识郦氏合之，误。《左》桓二年冬，哀侯侵陉庭之田，陉庭南鄙启曲沃伐翼。三年春，曲沃武公伐翼，次于陉庭，逐翼侯于汾隰。《史记》作汾旁。据是，陉庭即汾旁之邑。贾杜以为翼之南鄙，未确。汾水在翼西北百里，安有次于南鄙，而战于百数十里外者。《史记·韩世家》桓惠王九年，"秦拔我陉城汾旁"，《正义》："陉故城在绛州曲沃县西北二十里汾水之旁。"此即春秋时陉庭矣。即舜二女葬江湘之间，宜亦有辨。

十六

然则又何以称栋山？曰：《越绝》言之矣，栋犹镇也。《大荒南经》又云："帝尧帝舜帝喾葬于岳山。"岳山镇山则一也。会稽之在当时，盖亦有岳山镇山之称焉。由是言之，禹会诸侯之所，即丹朱之所封，而舜之所陟而死也。或诚如《史通》所疑"陟方之死，为文命之志"乎？此第勿深论，而要之丹朱之所封国，帝舜之所陟而死，与夫禹之所会诸侯，皆当在今安邑之四近，而会稽一山之地望，亦自约略可定也。

《吕氏春秋·安死篇》舜葬于纪，《墨子·节葬篇》作南己之市，《御览》五百五十五作南纪，《路史》注："纪即冀，河东皮氏东北有冀亭。"鸣条在安邑西北，其地相近。今按今《竹书》称禹即位居冀，而五子之歌曰："惟彼陶唐，有此冀方，今失厥道，乱其纪纲，乃底灭

亡。”亦足为上论丹朱封国
舜死地及禹都皆相近一证。）

十七

次请论涂山！《尚书》："禹娶于涂山，辛壬癸
甲。"《天问》："禹之力献功，降省下土方，焉得彼涂山
女而通之于台桑？"《左传》哀七年："禹合诸侯于涂
山，执玉帛者万国。"后世言地理者，皆谓涂山在今安
徽寿春。今以会稽之例推之，江淮非禹迹所到，寿春
之说疑不然也。《水经注》："伊水出陆浑县之西南王母
涧，涧北山上有王母祠，即古三涂山也。"《方舆纪
要》："三涂山在河南府嵩县西南十里。"窃疑禹娶涂山
氏女，即此王母。《吕氏春秋·音初篇》："禹行功，见
涂山之女，禹未之遇而巡省南土，涂山氏之女乃令其
妾待禹于涂山之阳，女乃作歌，歌曰：'候人兮猗。'
实始作为南音，周公及召公取风焉，以为《周南》、《召
南》。"以二南之地望推之，则涂山之近伊嵩可知也。
《山海经》："南望禅渚，禹父之所化。"《水经·伊水
注》："陆浑县东禅渚是其地。"《元和志》："河南府陆浑
县伏流城，即今县理城。东魏武定二年所筑，以城北焦
涧水伏流地下，西有伏流坂，因以为名。"《水经注》：
"刘澄之《永初记》称陆浑县西有伏流坂者也。今山在县
南崖口北二十里许，西则非也。禅渚在原上陂方十里，
佳饶鱼苇。"然则禹娶涂山与鲧化羽渊，地正相近。《国
语》："夏之兴也，祖融降于崇山。"旧说崇在秦晋之间，

窃疑有崇其即有嵩乎？鲧娶有莘氏女而生禹，有莘国亦在河南嵩县，与伊水地望相近。昔有莘氏女采桑于伊川，得婴儿为伊尹，其证也。《史记·夏本纪》："舜崩三年丧毕，禹辞避舜之子商均于阳城，天下诸侯皆去商均而朝禹，禹于是遂即天子位。"《世本》："禹都阳城。"臣瓒曰："汲郡古文亦云居之。"赵岐《孟子注》："阳城在嵩山下。"《括地志》："嵩山在阳城县西北二十三里。"然则夏之所起断可识矣。伯鲧称有崇者，以其国于嵩。殛鲧于羽山实则退归故土。《后汉书·贾复传》，下江平林兵起，复亦聚众数百人于羽山。复，南阳冠军人。羽山亦当在县境。沈钦韩曰：《一统志》，禹山在邓州西南六十里，禹羽同声，疑即羽山。

禹娶涂山，辛壬癸甲，启呱呱而泣，予弗子，亦近其家邦。禹避阳城，返旧居也。天下诸侯皆去商均而朝禹，殆即所谓禹会诸侯于涂山，执玉帛者万国也。夫涂山之与阳城，固非一地，然而传说之相歧，不害其可以为一事也。

武帝元封元年正月诏，朕用事华山，至于中岳，见夏后启母石，翌日亲登嵩高云云。师古曰：启母涂山氏女也。禹治鸿水，通辕山，化为熊，谓涂山氏曰：欲饷，闻鼓声乃来。禹跳石，误中鼓，涂山氏往，见禹方作熊，惭而去，至嵩高山下，化为石，方生启。禹曰：归我子。石破北方而生启。事见《淮南子》。

又《山海经·中山经》太室之山，郭注，启母化为石而生启，在此山。见《淮南子》。又《穆天子传》，郭注亦云太室之丘嵩高山，启母在此山化为石，而子启亦登仙，故其上有启母石也。皆见《归藏》及《淮南子》。今《淮南子》无此文。然则即汉时淮南宾客亦不以涂山为在寿春也。

后汉堂谿协有《嵩高山开母庙石阙铭》。庙在颍川郡阳城县。又堂谿典有《开母庙石阙叙》云：熹平四年请雨嵩高庙，大君协遂作阙铭文也。凡此皆证涂山不在寿春也。

禹伐有扈，战于甘。《世本》，有扈夏之同姓。《水经》有甘水出宏农宜阳县鹿蹄山，注："山在河南陆浑县故城西北，甘水所迳，有故甘城是也。"其后禹启皆都安邑，而椒举曰："夏启有钧台之飨。"《左传》杜注"河南阳翟县南有钧台"，是夏人不忘故土，而时至于河南也。帝太康畋于有洛之表，遂失北土，是夏之在大河之北，其植根固犹未深欤。故会稽涂山两会之地望既得，而夏人有天下之大势自显。后世言地理者，胥失之，则宜乎古史之湮而弗彰也。

十八

《逸周书·度邑解》有之，曰："自雒汭延至于伊汭，居易无固，其有夏之居。我南望过于三涂，北望过于岳鄙，顾瞻过于有河，宛瞻延于伊雒，无远天室。"此有夏之疆土也。起于伊嵩，止于冀方，此大禹之行迹也。禹之行迹既著，而其治河之绩亦可得而知。《孟子》曰："禹疏九河，瀹济漯，而注之海，决汝汉，排淮泗，而注之江。"其说荒诞，固不可信。即《尸子》所谓"古者龙门未开，吕梁未凿，河出于孟门之上，大溢逆流，无有丘阜高陵，尽皆灭之，名曰鸿水"者，恐亦非大禹一手之烈所可及。《孟子》引书曰：洚水警予。洚水者，洪水也。晋人都绛，洚水殆即指晋绛附近，则洪水所被之灾区可从推矣。（知伯曰：绛水可以灌平阳。）以今推之，古者大禹治水之说，其殆始于蒲解之间乎？盖蒲解之地，东西北三面俱高，惟南最下。河水环带，自蒲潼以下迄于陕津砥柱。上有迅湍，下有阏流。回澜横涛，既足为患，而涑水骤悍，狂愤积郁，无可容游。山洪怒鼓，河溜肆荡，蒲解之民实受其害。唐虞故都正在其地，所谓鸿水之患者，其殆在斯也。贾让有言："大禹治水，凿龙门，辟伊阙，析底柱，破碣石。"依实论之，禹之治河，上不及龙门，下不至碣石，当在伊阙底柱之间耳。

十九

夏禹治水之业既定，而后稷教稼之地亦可得而推。《吴越春秋》："尧遭洪水，人民泛滥，逐高而居，尧聘弃使教民山居，随地造区，研营树之术，三年，拜弃为农师，而封之台。"此虽想像之辞，然洪水泛滥，民无所定，下者为巢，上者为营窟，上丘

陵，赴树木，逐高而居，自是其情。《隋图经》窦
苹曰："稷播种百谷于稷山，西南去安邑六十里。"
<small>（引见《通志·古迹考》一。）</small>盖禹稷同仕虞廷，禹治水，稷教稼，其事
相需。而禹都安邑，稷封有邰，在今闻喜，其地亦相
近。蒲解之民，困于河涑之患，逐高而居，北逾中条
之山，溯涑水之上流，耕于介山稷山一带之原地，其
情亦相似。故《閟宫》之颂曰："是生后稷，俾民稼
穑，奄有下土，缵禹之绪。"若后稷封邰远在扶风，何
说于所谓"奄有下土，缵禹之绪"耶？《周颂·思文》
亦言之，曰："思文后稷，克配彼天，立我烝民，莫匪
尔极，贻我来牟，帝命率育，无此疆尔界，陈常于时
夏。"夏者夏土，时夏犹是夏也。后稷教稼，不分此疆
尔界，陈其久常之功于是夏土，故曰"奄有下土，缵
禹之绪"矣。《逸周书·商誓》亦言之，王曰："在昔
后稷，惟上帝之言，克播百谷，登禹之绩，凡在天下
之庶民，罔不惟后稷之元谷用烝享。"此犹《思文》
之志也。以大夏、太原、实沈、台骀之地望考之，参
之以诗书百家之言，凡其及于禹稷者，而知后稷教
稼，断在晋冀，不在秦雍也。

四、公刘篇

二十

继此请言公刘之居邑！《史记·周本纪》："后稷

之兴在陶唐虞夏之际，皆有令德。后稷卒，子不窋立。不窋末年，夏后氏政衰，去稷不务，不窋以失其官，而奔戎狄之间。不窋卒，子鞠立，鞠卒，子公刘立。公刘虽在戎狄之间，复修后稷之业，务耕种，行地宜，百姓怀之，多徙而保归焉，周道之兴自此始。故诗人歌乐思其德。公刘卒，子庆节立，国于豳。"然考《大雅·公刘》之诗曰："笃公刘，于豳斯馆。"《匈奴传》亦云："夏道衰而公刘失其稷官，变于西戎，邑于豳。"则迁豳而居，实始公刘，不自庆节也。公刘以前，其事不可得而详。夏太康失国，后羿因夏人以代夏政，不窋之失官，而自窜戎狄之间，或在其时。至于公刘，则略当夏桀之世。汉娄敬之对高祖曰："周之先自后稷，尧封之邰，积德累善十余世，公刘避桀居豳。"是也。《吴越春秋》亦言之，云："公刘避夏桀于戎狄，变易风俗，民化其政。"朱右曾《竹书纪年存真》谓汤伐桀至纣十七世，《世本》公刘至文王十六世，^{（今《史记》止十二世，误。）}世数略相当。则娄氏之言盖信。夫曰避桀居豳，是其本居相近也。今夏都安邑而后稷封邰在武功，则周之与夏，固风马牛不相及。而不窋自奔戎狄之间，尤当引而逾远，于夏政之仁暴何与焉。何至于公刘之际而复且避桀为哉？此说之至不可通者也。此即据公刘避桀之言，而知周人在公刘之先，固犹居晋，近于夏室，决不远在泾渭之间也。

二十一

然则何以言不窋失官，奔戎狄之间乎？曰：古者晋地自汾水上流，太原晋阳固皆戎狄也。祝佗言"成王封唐叔于夏虚，疆以戎索"，籍谈言"晋居深山，戎狄之与邻"，景王言"唐叔受分器以处参虚，匡有戎狄"，则西周之初，晋之为国，固在戎狄之间也。《日知录》（卷三十一晋国条。）谓晋至献公始大，然不过今平阳一府之境，若霍太山以北，大都皆狄地。今考《左传》宣十五年，晋侯治兵于稷，以略狄土，杜云"河东闻喜县西有稷山"，此即后稷教稼之地，而其时亦与狄邻。又《春秋》昭公元年，晋荀吴率师败狄于大卤，三传皆作大原。《穀梁》云："中国曰太原，夷狄曰大卤。"杜氏曰："太原近戎而寒，不与中国同。"夫宣公昭公之时如此，则春秋之初叶可知。春秋初叶如此，则西周之始封建可知。更推而上之，至于夏太康之失国，不窋之奔戎狄又可知。何疑于其不在晋地，而必远引之于泾渭之外乎？

二十二

《后汉书·西羌传》亦云："后桀之乱，畎夷入居邠岐之间。"《西羌传》言三代事，多本《汲冢纪年》。今本《纪年》亦有之，曰："畎夷入于岐以叛。"《路史》则云："犬戎侵岐居之。"则其说非无据。《诗》称公刘居豳，固与戎夷杂处，史所谓"公刘虽在戎狄之间，复修后稷之业也"。夫曰畎夷入居邠岐之间，则邠岐亦近夏邑，犹公刘居豳而曰避桀，不得远逾泾渭之外也。今考岐者晋山。《禹贡》有之，曰："既载壶口，治梁及岐。"王应麟《困学纪闻》说之曰："治梁及岐，若从古注，则雍州山，距冀州甚远，壶口大原不相涉。晁以道用《水经注》，以为吕梁狐岐。蔡沈依之，谓梁岐皆冀州山。梁山吕梁山也，在今石州离石县东北，岐山在今介休县，狐岐之山，胜水所出，东北流注于汾。"此岐为晋山也。

二十三

胡氏《禹贡锥指》、阎氏《古文尚书疏证》皆申旧说，以梁岐为雍州山。沈彤《尚书小疏》仍驳胡说，而《汾州府志》辨之尤晰。其言曰："《禹贡》之文，自西而尽于东。故先壶口，次梁岐，次太原岳阳，次覃怀，次衡漳。或举山，或举地。梁岐之西水归于河，梁岐之东水归于汾，此二山为汾川以西群山自北而南之脊，举之以见汾西河东其地就治，岳阳在汾东沁西，覃怀则沁东而南近河，衡漳则水过漳而入河北注。此数语冀州所宜治者全具。"此论甚晓白。《山西通志》再驳其说，殊未惬。

二十四

今考岐山称狐岐者。《通志·古迹考》二："谨案狐戎《左氏》称大戎，平阳西山一带，在晋有狐厨邑，在汉有狐谗县，在魏晋有狐谷亭，（原注见《左》僖十六年，杜注是魏晋地名也。）其命名皆取于狐，非取狐戎而何哉？狐谗今永和县，狐厨即狐谷，今乡宁县，则狐戎之国盖可知。"据此则狐岐得名，亦由狐戎。而曰岐山，则因山势之盘岐。又狐岐一称薛颉，又称谷积，亦书骨脊。《说文》："吕，骨脊也。"则骨脊之训可通吕梁。《汾志》所谓"山为汾川以西群山自北而南之脊"者是也。则疑治梁及岐，不必确指离石东北之吕梁言之。论者必据后代之地望，切求古书之山川，遂启纷纭之争。若通观以求，则大势了晰，而岐山之在晋，固尤在不争之列也。

二十五

邠则滨汾之邑，犹因岐而邑者为郊，因澧（沣）而邑者为鄷矣。《逸周书·度邑解》"维王克殷，九牧之师，见王于殷郊。王乃升汾之阜以望商邑，永叹"云云。汾一作邠，《史记·周本纪》引作幽。幽邠，古今字，而汾邠亦相通，如滆郡澧鄷之例。梁玉绳《史记志疑》云："汾近朝歌，即郡国志颖川襄城县之汾丘。若在枸邑之幽，何从登其阜以望商邑？"今按《度邑》下又云："王至于周。"枸邑尚在周西，不当未归至周，而先已登幽。梁氏谓所登不在枸邑，是也。然襄城汾丘，与朝歌亦非近，何缘迂道南行而来其地？

窃疑周人既克殷，乃归途至于晋之汾阜，昔者公刘之故土，因登望而兴叹云尔。"乃升汾之阜"者，乃后之日，升于汾阜。其时既非九牧之师见王于殷郊之时，其地亦非必近于殷郊之地矣。此周初邠邑不在西土之一证也。

二十六

《左传》昭公九年，周甘人与晋阎嘉争田，王使詹桓伯辞于晋，曰："我自夏以后稷，魏、骀、芮、岐、毕，吾西土也，及武王克商，蒲姑、商、奄，吾东土也。"《正义》："《周语》云：昔我先世后稷，以服事虞夏，及夏之衰也，弃稷弗务，我先王不窋，用失其官。案本纪，不窋是后稷之子，继其父业，世为大国，故受此五国，为西土之长也。释例土地名云魏河东河北县也。芮冯翊临晋县芮乡是也。毕在京兆长安县西北。骀在武功。岐在美阳。今案其地，芮在魏之西南百余里耳，岐在骀之西北无百里也。诗称后稷封邠，与岐毕相近，为之长可矣。计魏在邠东六百余里，而令邠国与魏为长，道路大遥。公刘居豳，又在岐西北四百余里，此传极言远竟，而辞不及豳，并不知其故。"《正义》之疑如此，此前人之说所不得而通者。今考《正义》论后稷不窋世次，姑勿详辨。至于后稷封邠，地本晋境，《正义》所谓"魏在邠东六百余里，而令邠国与魏为长道路太遥"之疑可释。太王迁岐，文王居毕，乃后事，桓伯极言远竟，故连而及之。而公刘居豳，本在汾域，并不远涉扶风，则即据桓伯之言，可推见也。

雷学淇曰："《诗谱》谓周之魏国，南枕河曲，北涉汾水。《水经·河水注》谓商时芮国，周之魏国，皆近河。《汾水注》谓汾之南岸有稷山，相传后稷播谷于此，即《左传》晋侯治兵于稷者。盖古时魏国近汾，芮国近河。后稷初封于魏，稷山在其境中。汉晋时属闻喜，不在河北。在河北者乃周之魏，商时为芮人之封。周克商后，收芮师虞师，始尽以芮地封同姓为魏国。又别封同姓之芮伯于河外芮乡。"

二十七

然而犹有辨。夫汾之为流长矣，此公刘所居滨汾之阜，所谓豳邑者，固何在乎？曰：是固难考，然亦未尝不可微求而得也。《汉书·地理志》："右扶风栒邑有豳乡，《诗》豳国，公刘所都。"应劭曰："《左氏传》曰毕原酆郇，文之昭也，郇侯贾伯伐晋是也。"臣瓒曰："汲郡古文晋武公灭荀以赐大夫原氏黯，是为荀叔。又云文公城荀。然则荀当在晋之境内，不得在扶风界也。今河东有荀城，古荀国。"师古曰："瓒说是也。此栒读与荀同，自别邑耳，非伐晋者。"今按：《水经·汾水注》："古水出临汾西，又西南径荀城，在绛州西十五里。"此汾域之荀也。又有郇瑕。《水经·涑水注》："涑水经猗氏故城北，又西径郇城，郇伯国也，"此涑域之郇也。两地自别。然晋有荀息，而《潜夫论》志氏姓作郇息，则郇荀固可通。犹绛有故绛新绛，曲沃亦有新故。荀之与郇，或亦如是。周人既西，秦地乃有邠乡，地名相移，亦复一例。今秦之邠乡在郇邑，返而推之，则公刘居邠，当离汾域之荀为迩也。此邠邑地望之可推者一也。

二十八

《水经·汾水注》："汾水西过长修县南，又西与古水合。水出临汾县故城西黄阜下，东注于汾。"《寰宇记》："临汾故城即汉临汾县也，在今绛州理东北二十五里。"董祐诚曰："临汾故城在今绛州东北，水在西北古山下，亦名鼓堆泉。"（《唐书·地理志》曲沃东北三十五里有新绛渠，永徽元年令崔翳引古堆水溉田百余顷。）然则临汾有古山古水，公亶父本居其地，故称古公，犹公刘之称邠公也。由此推之，公刘居邠，及于亶父，盖在临汾古水之滨，此邠邑地望之可推者二也。

二十九

且榆次有梗阳乡，余疑梗阳乃姜字音变，已见上论。而古水东有修水，其旁亦有梗阳城。古公之避昆夷而去也，曰"爰及姜女"，则此修水旁之梗阳城者，其殆大姜之邑乎？地望相近，亦可资以推公刘古公之居邑者三也。

三十

曰《大雅·公刘》之诗有之，曰："笃公刘，于胥斯原。"又曰："陟则在巘，复降在原。"又曰："笃公刘逝彼百泉，瞻彼溥原，乃陟南冈，乃觏于京，京师之野，于时处处，于时庐旅……笃公刘于京斯依。"今谓公刘居邠乃在临汾古山古水之地，则此所谓原与京者，亦复可得而说之乎？曰可！《寰宇记》："九京一名九原，晋大夫赵盾葬所，《礼记》谓赵文子观处，有水名古水，出九原西。"此则古水东岸有原之证也。方以智《通雅》卷十七有京古原字条论及此。又按《朱子语录》"庐山有渊明古迹"曰上原。《渊明集》作京，知京原相通，后世犹尔。《方舆纪要》："鼓堆泉出九原山，其山有堆如覆釜形，水分二派，东曰清泉，西曰灰泉，以注于汾水，《水经注》谓之古水，其堆亦曰古堆。"然则古山即名九原山也。《山西通志》称其堆在山西北麓。今考《公刘》之诗曰："相其阴阳，观其流泉……度其夕阳，豳居允荒。"则九原西北麓所谓古堆，正公刘"度居允荒"之"夕阳"也。"相其阴阳，观其流泉"者，则清泉灰泉也。司马光《绛州鼓堆泉记》："堆周围四里，高三丈，穹隆而圆，状如覆釜，水原数十环之，觱沸杂发，汇于南，溶为深渊。”此所谓水原数十，觱沸杂发者，则诗之所谓百泉也。乔宇《游古堆泉记》(文详《通志·古迹考》。)：“自太原西南，其泉溉田最多，利民久者，莫若晋祠之泉。自平阳西南，其泉溉田最多，利民久者，莫若龙祠之泉。自绛州以北，其泉溉田最多，利民久者，莫若鼓堆之泉。泉有清浊二穴，清在北，浊在南。北穴为石，口尺五许，自汇而为池，幅员一丈，其深称是。溢而南，折而东流。南穴为土，口尺许，亦汇池。溢而北，折而东，合于清流。泉之西则隆然高泉，其南北皆平畴低野，亦资泉而溉。”此与所谓“相其阴阳，观其流泉，度其隰原，彻田为粮”者，又何其酷肖耶？则知《公刘》之“于胥斯原，于京斯依”之当在于是矣。

三十一

曰：《诗》称“笃公刘”何谓耶？ 曰：“笃公刘”，犹古公亶父之例也。公亶父居于古水之滨，故称古公，公刘称笃公，则亦邑居之名矣，曰：笃之为邑犹可指乎？曰：此已无可指，而犹可以为之推者。《水经·涑水注》：“涑水西径董泽陂，南即古池，《春秋》文公六年蒐于董，即斯泽也。”考是年杜注：“河东汾阴县有董亭。”沈钦韩《左传地名补注》辨之曰：“按《续志》河东临汾县有董亭，闻喜县有董池陂，古董泽，郦氏与刘昭误合为一，杜注汾阴当作临汾。"据此，临汾有董亭，地望与古水正近。董笃一声之转，疑笃公刘盖即董公刘也。旧说"笃厚也"，此则不得其意而强说之者。

三十二

又考涑水所径有周阳邑，董泽陂即在其地。《水经注》称周阳邑城南临涑水，北倚山原。董祐诚曰："《魏书·地形志》闻喜有周阳城，《史记》《正义》引《括地志》在闻喜县东三十九里。案唐初闻喜治甘泉谷，在今县东二十里，则周阳城当在今县东六十里。"《闻喜县新志》谓："周阳异名同实者有三：《唐书·宰相世系表》裴氏之先晋平公封颛顼之孙鍼于周川之裴中，盖周川即辈城所在，亦即周阳也，此名异实同者一。《竹书纪年》晋献公二十五年正月，翟人伐晋，周有白兔舞于市，亦即周阳，名异实同者二。《史纪·魏世家》秦取我曲沃平周，张守节注曲沃在桐乡，平周在介休。秦人取邑必连取之，平周既与曲沃连称，断不能在桐乡以北五百里外之介休，盖平周即周阳，此名异实同者三。"是则周之为邑，其先亦在晋，不在秦也。考诸《史记·周本纪》："不窋末年，夏后氏政衰，去稷不务，不窋以失其官，而奔戎狄之间。"后稷教稼，既在稷山介山一带，则不窋之奔戎狄，无乃始迁而东，卜居于周阳之原者耶？故其地有周称，又有董泽。旧《通志》谓其蒔荷滋稻，浸溉十余里，而公刘称董公。及公刘之避桀而北，迁于古水，而其地亦有董亭，则正古人迁地移称之例。然则古公亶父以本居临汾之古称古公，笃公刘亦以本居周阳之董泽称笃公矣。据古公之称，可以上推公刘之所避。又据笃公之称，可以上推不窋之所奔。此则所谓无可确指，而犹可微推者也。

三十三

《公刘》之诗又言之，曰："笃公刘，于豳斯馆，涉渭为乱，取厉取锻，止基乃理，爰众爰有，夹其皇涧，溯其过涧，止旅乃密，芮鞫之即。"公刘居豳既在汾域，临汾古水之滨，何又言其涉渭为乱乎？曰：渭者入河之水。公刘居汾滨，远于渭而近于河。以地望言之，欲涉渭必先涉于河，而涉河者不必果涉于渭。而《诗》称涉渭为乱者，实则涉河而达于渭，不必其涉渭而更南也。则曷不谓涉河为乱，而故乖其文曰涉渭乎？曰：称涉河，则河之为流既长，不见其所涉，并不见其涉河之所至。曰涉渭，则二者俱显矣。此诗人属辞之法也。作诗者未能逆料于后世之误以公刘居豳为在陕西扶风之北境，则其言涉渭为乱，在当时为甚巧甚晰之辞，而在后世则为迷其地而不得其解之一难焉。曰：渭水入河在华阴，离汾水入河之口亦远。今谓其涉河而至于渭，因曰涉渭，固可信乎？

曰：古今水地有变，渭水入河之口，汉时在船司空，其城在华阴东北五十里，其后则移而南。胡氏《锥指》谓今洛水自朝邑赵渡镇南入河处，即古之渭汭。又曰："渭汭当为汉襄德县地，当今朝邑。"今考自汾口南至蒲关，其间津渡实多。周人居邠，沿汾而下，逾大河而西，以达于渭汭，未见其为必远于情实也。"涉渭为乱"之义既得，而"芮鞫之即"一语亦可说。《毛传》："芮，水厓也。鞫，究也。"郑云："芮之言内也，水之内曰隩，水之外曰鞫。"《正义》云："此以水内为芮，则是厓名，非水名也。"今按，《说文》："汭，水相入也。"《汉志》则曰："水北曰汭。"盖汭之言内也。两水相入，必有隈曲之地。或曰水曲，或曰水内，或曰水北，皆一义相因。渭水入河，而渭北曰渭汭，洛水入河，其洛北曰洛汭，汉汭淮汭皆然。然则所谓汭者，汾水入河之隈，谓汾汭也。鞫者，水之外，渡河而西，以至于渭之北滨，自汾言之，皆水外也。故汭曰水内，自汾言之，鞫曰水外，自河言之也。今曰"芮鞫之即"，则其地在汾水之口，大河两岸，河东则河津皮氏，河西则韩城梁山一带之地也。何以而知其然？则自"涉渭为乱"之语，推见当时周人行迹而知也。《水道提纲》："东岸河津县西北之龙门山，两山对峙，河贯其中，南流，其下曰禹门渡，稍折西南流，至东岸壶卢滩西，汾水东北自河津县城西南流注，曰汾口，西岸即韩城东之周原堡也。"窃疑堡称周原，其来实古。禹门渡一带，正《公刘》之诗所谓沗，周原堡一带，则《公刘》之诗之所谓鞫也。"芮鞫之即"一语之义既得，而所谓"夹其皇涧，溯其过涧"者，亦可说。据《水经》，汾水与古水合，其下有修水华水，两川皆在汾北，南流入汾。自古水至河津，皆所必逾，而水皆不甚大。董祐诚曰："今泉掌泉即修水，清水亦曰黄华谷涧，即华水，华水所径有梗阳故城。"窃疑梗阳者姜，古公太姜或即其地，而皇涧过涧或即两水当时之名。周人之来，其先则"于豳斯馆"，及其"止基乃理，爰众爰有"，夫而后夹皇涧溯过涧，自汾而下，渐展其迹。及其"止旅乃密"，夫而后"芮鞫之即"也。其情势不至显乎？其后太王避狄，惟曰逾梁山，至于岐山之下居焉。梁山在韩城，而不言逾河者？周人之居，固已不自于太王，即已逾河而西也。然自公刘避桀居邠，以至于"爰众爰有，止旅乃密"，亦需时矣，则其即汾沗河鞫而居，当不在公刘之及身，而在其子孙。而《公刘》之诗固已谓"涉渭为乱，取厉取锻"，足迹远及于朝邑，终若未足为信也。且厉石锻质，所在而有，何必远涉渭南以为取？厉锻之需无几耳，何周人之不惮烦，必远取之于渭之南？则"涉渭为乱"一语，固若不足信。夫诗非史也，然即诗以推史，则史迹往往而显。《公刘》之诗所谓"涉渭为乱"者，纵谓其非信史，然即此而推，可以知周人之行迹，而证所谓夹皇涧溯过涧芮鞫之即之何指焉。今要而论之，避桀居邠始公刘。夹皇涧溯过涧即于汾汭河鞫，则在公刘之后，以至于古公之世。涉渭为乱，则尚在古公逾梁山至岐山，以至于王季文王之时。而诗人述其先世之祖烈，不免于以后世之事逆而归之以为美，则亦情理之所有也。

魏源《诗古微》卷十三，问豳在邠北，更逼戎狄，奈何弃邠而迁豳？且豳州距武功之邠仅百余里，朝发夕至，乃裹粮陈兵，张皇举动者何？此问极是，惜乎魏氏不得余说以答之。

三十四

《汉书·郊祀志》："美阳得鼎，张敞推古文字，按鼎铭勒而上议曰：臣闻周祖始乎后稷，后稷封于釐，公刘发迹于豳，太王建国于邠梁，文武兴于酆镐，邠梁酆镐之间，周旧居也，固宜有宗庙坛场祭祀之藏。今鼎出于邠东，中有刻书，曰：王命尸臣，官此枸邑，此殆周之所以褒赐大臣，大臣子孙刻铭其先功，藏之于宫庙也。"其事何如？曰：此无害为扶风之枸，亦无害于当西周时而有此鼎器。惟张敞之以后稷封邠，公刘居豳为说则误。且枸邑之官，岂得由其子孙藏鼎器于周之宫庙？此不足为公刘居豳在扶风之证。

三十五

曰：《豳风·七月》之诗何如？曰：《七月》之

诗，其出也晚矣，然亦晋人之诗也。《左》襄二十九年季札观周乐，歌豳曰：美哉荡乎，乐而不淫，其周公之东乎？观其咏稼事，本夏时，皆近于唐风。《禹贡》雍州不及丝，而《豳风·七月》盛言蚕桑，非雍也。又考《周官·龠章》："掌土鼓豳龠，凡国祈年于田祖，龡豳雅，击土鼓，以乐田畯。国祭蜡，则龡豳颂击土鼓以息老物。"明堂位以土鼓蒉桴苇龠为伊耆氏之乐。《郊特牲》称伊耆氏始为蜡。《曲礼》孔疏引熊安生云："伊耆氏即神农氏也。"《郊特牲》疏引皇侃，亦谓"神农伊耆一代总号"。盖神农姜姓，周弃之母为姜嫄。姬姜之在冀州，为始创耕稼之族，故其祖先为神农，为后稷。神农后稷云者，皆首教稼穑之义，犹之田祖先啬也。伊耆者，郑氏明堂位注，"今有姓伊耆氏"，然史籍颇少见。魏孝文时，魏怀州民伊耆苟聚众于重山作乱，洛州刺史讨灭之。怀州，春秋晋地，谓之南阳。是伊耆氏一姓固居晋。（注王败齐国，《路史》谓曰伊耆之耆。）至于豳颂豳雅，皆击土鼓，亦有说。盖陶土之业，其先亦起于晋，唐尧氏其著也。唐者，堤唐，唐涂，皆土事，捍外而虚中，则亦陶矣。又称帝尧。《说文》："尧从垚在兀上。"垚者累土，兀者高而不安，则大钧之播物者也。尧与陶盖为重文，犹后世所谓窑矣。故知唐尧乃始创陶业之君也。其后有唐杜氏，杜亦陶事。邠人之祈年息物，祭于田神，其先皆土鼓由桴之是叩。后世因而勿革，遂以为礼。此则豳雅豳颂原于祈年息物，为晋人旧俗，远沿姬姜后稷神农之传，征诸《周官》之记，溯其土鼓由桴之礼，而确然可据者也。后人亦疑土鼓起唐尧，谓伊耆氏谓帝尧，然此无所争。要之伊耆氏在晋，击土鼓以祈年息物为农耕民陶业初兴以后之遗俗，而伊耆氏则为其传说中之君主。神农乎，帝尧乎，可以一例视之也。至于豳诗《七月》则其出尤晚，盖非所谓豳雅豳颂之本辞矣。

《纪年》房伯祈归于宗周，雷云，祈祁古字通。《左传》晋大夫祁奚，《吕览·开春篇》、《风俗通·十反篇》，并作祈奚。房为帝尧之后，故祈姓也。《周语》，昔昭王娶于房，曰房后，寔有爽德，协于丹朱，丹朱冯身以仪之，生穆王焉。盖康王昭王皆娶于房，穆王母乃丹朱裔孙，故似丹朱。丹朱之神冯依后身而生穆王也。旧说以房在郧阳府房县，恐误。

五、太王篇

三十六

周人初起皆在晋，其先在涑洮，其后迁而北，越汾，达于河，稍稍渡河而西，则极于韩，既如上论。至于逾梁山，至于岐下，遂辟丰镐，则在太王以后。《穆天子传》所谓"太王亶父始作西土"是也。《左传》僖五年，宫之奇曰："大伯虞仲，大王之昭也，大伯不从，是以不嗣。"是谓大王之西，而大伯虞仲未之从也。《诗·大雅·绵》有之，曰："绵绵瓜瓞，民之初生，自土沮漆，古公亶父，陶复陶穴，未有家室。"沮漆之争已旧。而最近咸阳刘光蕡古愚论之为最允，其言曰：（见《烟霞草堂文集》卷二"漆沮即从解"。）"以石川河当漆沮，先儒多有此说。予不谓然。冯翊之水莫大于洛，禹乌能略，则知漆沮宜为洛，不当为石川河也。经书漆沮既从，在泾属渭汭之下。下文记会于渭汭，在至于龙门西河之下，分明为今华阴朝邑之间，俗所谓三河口者。《左传》虢公败戎于渭汭，亦即此地。渭汭在此，漆沮之从亦必在此。导水又东过漆沮，即漆沮既从之漆沮，下即从之入于河，见过漆沮时即入于河也。若以为石川河，则过漆沮后，尚几三百里方入河，以经文言过者证之，洛汭去大伾三百余里，漆水去大陆三百余里，过后均言至于。此过后不言至于，明是过即入河，则漆沮当为洛水而不当为石川河水也。以洛为漆沮，孔传、阚骃、郦道元、孔颖达、颜师古均同。窃谓漆沮从渭，渭过漆沮，皆在朝邑南，华阴北。《水经注》叙沮水更名石川水，又西南径郭猇城与白渠支渠合，又南入于渭水。下云，其一水东出，即沮水也。明提此为沮水，则阚骃渭洛为漆，以沮水入浩，故有沮名。盖漆沮声近。自殷周转为洛，而漆沮见于《禹贡》，故于沮入后，乃举本名，则人知洛之为漆矣。胡胐明从程大昌以石川河为漆沮，谓沮东出循郑渠入洛，非禹时故道。然则石川南入渭，郦注亦谓与白渠支渠合，是东去郑国所凿，南入为白公所凿。郑白之前，沮又于何入渭哉。余推《水经注》石川水不惟不得为漆沮，亦并不得为沮。叙沮水而于东出者特声明为沮，可知沮不南入，沮不南入，则南入之道必开渠利，时尽收冶谷清谷浊谷等水，恐沮不能容，开一支渠，既泄盛涨，又便灌溉。此道一开，沮北来入渭，较东入洛为直捷，日久刷深，而东出之流遂绝。沮不入洛，不得不移漆沮之名于上流也。"此其言漆沮地望及水道转移之迹，可谓极析矣。

据此，则《禹贡》漆沮定在朝邑华阴之间。夫《禹贡》晚出，远在《大雅》后。则《绵》之所谓漆沮，亦在朝邑华阴相近可知。吴卓信《汉书地理志补注》论《禹贡》沮漆为富平石川河，今不从。（又按：民之初生，自土沮漆，陶复陶穴，未有家室者？此言沮漆之地，其民居复穴，自古公之未来，则未有所谓家室也。云"古公亶父陶复陶穴，未有家室"者？"古公亶父"四字乃衍文。其下始云"古公亶父，来朝走马"。古公本居豳，不在沮漆间。方古公之未至，沮漆之民，陶复陶穴，于古公无与也。古公在豳，不得谓其未有家室。尚未言古公去豳，亦不得逆言古公在漆沮而陶复陶穴也。然则"古公亶父"四字为衍文审矣。《绵》诗竟体皆两句一韵，惟开首"绵绵瓜瓞"四字为单句，后遂误衍"古公亶父"四字以为之配。）

三十七

"古公亶父，来朝走马"，何谓也？曰：《汉志》"左冯翊怀德，《禹贡》北条荆山在南，下有强梁原"。《方舆纪要》云："俗谓之朝坂，即荆山北麓矣。"《陕西通志》："华原山在朝邑县西门外，绕城西而北以绝于河，一曰朝坂。"然则古公之所来而走马，即此朝邑之朝坂也。又称强梁原，强梁亦姜之音变。坂称强梁，犹邠旁有梗阳城矣。"率西水浒，至于岐下"者？《寰宇记》引《水经注》云：洛水东南历强梁原。"率西水浒"，即率循洛水之浒而西也。然则自土沮漆之与来朝走马，其所咏正为一地。又云至于岐下，何也？曰：此又难言矣。惟以先后情势考之，则岐下亦当近沮漆，决不远至凤翔之岐。

三十八

岐之为山不可猝而指，则请先言岐阳！《诗·皇矣》："度其鲜原，居岐之阳，在渭之将。"此文王之所居也。《逸周书·和寤》："王乃出图商，至于鲜原。"此武王之所至也。孔晁注："鲜原近岐周之地。"《路史·国名纪》云："鲜原在今咸阳，与毕陌接，所谓毕程。程大昌《雍录》云：孟子言文王卒于毕郢，即毕程，郢即程也。"《方舆纪要》："毕原在咸阳县北五里，亦谓之毕陌，南北数十里，东西二三百里，即九嵕诸山之麓也。"朱右曾《诗地理征》："咸阳西北去岐山三百里，而得谓之岐阳者，盖岐山迤逦东出，尽于泾水，随地异名，九嵕谷口，亦岐之支派也。"以今论之，鲜原毕陌皆称岐阳，岐本在东不在西。朱氏之说，犹未是尔。

三十九

《左传》昭公四年，楚椒举之言曰："周武有孟津之誓，成有岐阳之蒐，康有酆宫之朝。"杜注："成王归自奄，大蒐于岐山之阳。岐山在扶风美阳县西北。"夫周自武王以来都镐，成王之蒐，何以不惮僻远，而至美阳？《晋语》亦言之："昔成王盟诸侯于岐阳，楚为荆蛮，置茅蕝，设望表，与鲜卑守燎，故不与盟。"盟诸侯与大蒐，一事也。其时周封诸侯皆在东土。成王之大蒐而盟诸侯，何以不即都城近畿，而远违宗庙社稷之盛，以蒐于美阳之岐山？此无也。杜氏盖不知岐阳即鲜原毕陌一带之地，在周都之近郊，而误据后世地名以为说。周初铜器献疾鼎，佳成王大枣在宗周。枣从木由声，疑即槐，此假作蒐。成王大蒐在宗周，而载籍言大蒐于岐之阳，是宗周即在岐阳也。

四十

其后至于宣王，复有近畿之蒐。《诗·小雅·吉日》之诗言其事，曰："漆沮之从，天子之所。"姚际恒《诗经通论》说之云："旧传岐阳石鼓为宣王猎碣，或即此时也。《诗》中漆沮正近岐阳。"方玉润《诗经原始》驳之云："姚说非也。《禹贡》谓导渭自鸟鼠同穴，东会于泾，又东过漆沮，即今洛河。其源自延鄜流入同州，在泾水之东北。岐阳在泾水西南，相离远甚。此当猎于延鄜之间，与岐阳猎碣别是一事，不必强为附会。"二氏之说，盖皆失之。姚氏谓漆沮近于岐阳，而并误漆沮岐阳之所在。方氏谓漆沮远于岐阳，而误以为漆沮在延鄜之间。彼不知漆沮在朝邑华阴间，而古之所谓岐阳者，亦并不定在泾水之南也。至于岐阳猎碣，固非宣王时物，即以宣王猎地乃近漆沮一事断之，足矣。

《陕西通志》："掘陵原在富平县治南，亦名强梁原。又北二十里为旷野，世传周宣王田猎之所。"按此说正与吴卓信《汉书地理志补注》所考漆沮地望相符。惟此富平一带之地，在当时固亦有岐阳之称否，则犹未可定。或者自泾阳三原及于富平，其间原地皆得称岐阳。或宣王所猎本非岐阳，而后人以成王岐阳之蒐误及于宣王，则已不可详论。而要之岐阳不在扶风，则断断然也。

四十一

岐阳之地望既得，请再言岐周！《逸周书·大匡解》："维周王宅程三年。"孔晁注："程地名，在岐周左右，后以为国。 初王季之子文王因焉，而遭饥馑，乃徙丰。"《雍录》："丰在鄠县，程在咸阳东北。"又《作雒解》："王既归，乃岁十二月，崩镐，殡于岐周。元年夏六月，葬于毕。"孔晁注"殡攒涂"。惠曰："殡曰殣。"朱右曾云："岐周在镐西北三百余里，毕在镐东数十里，不应殡远而葬近，盖谓镐京之周庙耳。"今按：周庙岂得谓之岐周？朱氏不得其解而强说之，非也。当如孔晁注岐周本与程近，故文王居岐周而武王殡焉。其地与毕原丰镐皆迩，非远在扶风也。《吕氏春秋·顺民》："文王处岐事纣。"夫文王居毕程，而云处岐者，岐即岐周，非扶风之岐山也。又《诚廉篇》："伯夷叔齐西行如周，至于岐阳，则文王已殁矣。"文王亦殁于毕程。夷齐自东方往，何以远逾丰镐而至扶风岐山之下？以此论之，岐周岐阳之与鲜原毕程，同属一地，明矣。

《墨子·非命》上篇亦言之曰："文王封于岐周，绝长继短，方地百里。"若文王居毕程，而岐周在扶风，所跨已旷，亦何得谓百里哉。又阎若璩《潜邱劄记·与石企齐书》有云："岐山既容不得七十里文王囿，而汉唐灵囿灵台现在今鄠县东，所以王伯厚《诗地理考》以文王之囿细注于《三辅黄图》，灵囿在长安县西四十二里之下，叹为千确万确者也。"此亦文王岐山不在扶风之一证。

四十二

岐阳岐周之地既定，而岐之为山亦可得而指。《禹贡》："荆岐既旅。"又曰："导汧及岐，至于荆山，逾于河。"《汉志》："怀德，《禹贡》北条荆山在南，下有强梁原。"胡氏《锥指》论之云："荆山在今朝邑，有可证者二。《寰宇记》引《水经注》洛水东南历强梁原，俗谓之朝阪。今富平无洛水，而朝邑有洛水，历强梁原入渭，原在荆山下。一证也。《同州志》华原在朝邑县西，绕县西而北而东，以绝于河，古河壖也。一名朝坂，亦谓之华原山。盖华原即朝阪，朝阪即强梁原。荆山之麓，直抵河壖。大禹治水，从此渡河，故《禹贡》曰至于荆山，逾于河。若富平则东距河二百余里，与经意不合。二证也。朝邑实西汉之怀德，荆山当在其境。"今按，胡氏之辨是也，而犹有疑者。《淳化志》谓"《禹贡》导汧及岐，至于荆山。今岐山东惟峨山为大。禹纪事乃略其大而详其细，不纪其山而叙其录，有是理乎?"其所疑亦是也。然因谓荆山当即峨山，则又与胡氏所举诸证不合。以今论之，盖峨山即岐山也。《方舆纪要》："嶻嶭山在泾阳县北五十里，一名巀嶭山，又名慈娥山。山顶有三峰，其西又有二峰，亚于三峰。或云此为《禹贡》之荆山，误也。"今按峨山五峰相连，故有岐山之称。岐之与峨，亦以声转相迤。古公自邠来，其居本有岐山。见此山之岐峰互出，因亦以岐名之。又曰巀嶭者，巀嶭与嶭颉骨脊亦声近，皆周人以本居山名移称之也。《上林赋》："九嵕巀嶭。"《长杨赋》："柞巀嶭而为弋。"其山西承九嵕，东接荆山，在富平之西，值咸阳之北，故或谓之北山。相其地望及其称名，其为周之岐山甚显。自此以南，跨清水，越泾水，以至于渭，固可以有岐阳之称。而富平迤东原地，或当时亦得岐下岐阳之目也。

四十三

《史记·秦本纪》："西戎犬戎与申侯伐周，杀幽王郦山下。而秦襄公将兵救周，战甚力，有功。周避犬戎难，东徙雒邑，襄公以兵送周平王。平王封襄公为诸侯，赐之岐以西之地。曰：戎无道，侵夺我岐丰之地，秦能攻逐戎，即有其地。与誓封爵之。"今按：此所谓赐之岐以西之地者，即下文戎无道，侵夺我岐丰，秦能逐戎即有其地，非谓今美阳以西之地也。若仅指今美阳以西曰岐，则不得云岐丰矣。又云："秦襄公十二年，伐戎而至岐，卒，其子文公立，四年，卜居汧渭之会，营邑之。"《正义》引《括地志》："郿县故城在岐州郿县东北十五里，毛苌云：秦文公卜居营邑，即此城。"若其时美阳之岐尚在戎手，秦人何遽卜居与戎密迩之郿？其后至文公十六年，以兵伐戎，戎败走，于是文公收周余民有之，地至岐，岐以东献之周。此亦指岐丰，非美阳之岐也。若云美阳以东献之周，则丰镐渭阳皆岐东也，谓其地仍尽归周乎？决不然矣。又按《竹书纪年》，晋文侯十二年，王赐秦晋以邠岐之田。二十八年，秦文公大败戎师于岐，来归岐东之田。三十一年，晋杀王子余臣于携。盖周以岐东赐晋，岐西赐秦，皆使自取之。故其后晋有西河之外，而秦境东至洽阳。终南渭阳皆隶秦风。《史记》则仅著秦而略晋。今合《竹书》考之，岐之为地益显。故知当时所谓岐丰者即太王居邠迁岐之岐。在泾渭下流，乃至沮漆之间。决非美阳岐邑之僻在西土也。

四十四

《孟子》曰："太王去邠，逾梁山，邑于岐山之下。"梁山何山也？曰：《诗·大雅·韩奕》有之，曰："奕奕梁山，维禹甸之，有倬其道，韩侯受命，王亲命之，缵戎祖考。"《汉志》："夏阳，《禹贡》梁山在西北，龙门山在北。"《元和志》："今同州韩城县，古韩国及梁国，汉为夏阳县之地。"《水经·河水注》："河南出龙门口，汾水从东来注之。昔者大禹导河积石，疏决梁山，谓斯处也，即《经》所谓龙门矣。"是龙门于古亦得称梁山也。又曰："河水又南径梁山原东，原自山东南出至河，晋之望也，在冯翊夏阳县之西北，临于河上，山崩壅河，三日不流，晋侯以问伯宗即是处。"是夏阳之梁山也。太王之所逾，韩侯之所封，胥是矣。"有倬其道"，即太王当时去邠迁岐之道也。韩侯之所封，即太王往者之所避而去，故勉之"以缵戎祖考"焉。后世言地理者，既失梁山之望，因昧韩国之封，乃远求之于涿郡范阳，则犹邠岐之僻在扶风凤翔矣。古语有之，道在迩而求之远，我于言古史地理者亦云然。

四十五

然周初地望，何以皆误移至于凤翔西偏，则亦有故。盖其地皆周初周召之采邑也。程恩泽《战国地名考》："案《左传》隐六年，周桓公言于王，杜注周采地，扶风雍县东北有周城，此与太王所都周，原非一地。原注谯周以周公采地，即太王所居，疑误。盖周公初封之邑也。《地形志》雍县有故周城，《括地志》周公城在岐山县北九里。今岐山县有周公邸、周公庙，知周城亦在其境。雍县即今凤翔府治，岐山县在府东五十里，其东境即汉美阳县地。"又云："召公采地本在西京，今陕西凤翔府境内有召亭，京相璠云：亭在周城南五十里，《郡国志》郿县有召亭是也。"然则周召封邑，本皆在凤翔，宜乎周初地名古迹，多移殖于此矣。

六、王季篇

四十六

曰：太王之去邠居岐，避狄人之侵也。今《大雅·绵》之诗则曰："柞棫拔矣，行道兑矣，混夷驹矣，唯其喙矣。"何说也？曰：太王之避狄在邠，混夷之驹而喙在岐。一在河东汾域，一在河西泾流，其事截然，不可混也。太王避狄迁岐，筑室定都，而其地之混夷又畏其强而惊走焉。诗人于太王之避狄，则讳而没其事，于混夷之驹突，则张而夸其说，此当时强弱相形之势也。曰：然则混夷之事，可得而考否？曰：混夷即鬼戎也。《后汉书·西羌传》注引《纪年》武乙三十五年，周王季伐西落鬼戎，俘其二十翟王，即是矣。盖周人自太王逾河而南，达于沮漆泾洛之交，而与鬼戎地相接，势相轧。故太王定都岐下而混夷驹突，王季继立，大战随之，仍俘其二十王。周人诚混夷之新敌也。

四十七

曰：混夷之居地如何，可得详论否？曰：在易既济九三之爻有之，曰："高宗伐鬼方，三年克之。"今本伪《纪年》武丁三十二年伐鬼方，次于荆，三十四年王师克鬼方。后人遂以鬼方为荆楚南方之国。伪《纪年》此条未必可据。今考商时荆楚不在江汉而在河渭之间。《魏策》："王季葬于楚山之尾。"皇甫谧曰："楚山一名漰山，鄠县之南山也。"《世家》周公奔楚疑亦其地。荆者，《汉书·郊祀志》："黄帝采首山之铜，铸鼎于荆山下，后名其地为鼎湖。"《唐志》

虢州湖城县有覆釜山，一名荆山，韩退之诗："荆山已去华山来，日射潼关四扇开。"李义山诗："杨仆移关三百里，可能全是为荆山。"此黄帝铸鼎荆山，在陕湖县之说也。《史记·五帝本纪》黄帝合符釜山，即此荆山一名覆釜者也。又《封禅书》："黄帝接万灵明廷，明廷者，甘泉也，所谓寒门者，谷口也。"《秦策》范雎说秦王曰："大王之国，北有甘泉谷口。"即是矣。其地在淳化。后人因以黄帝铸鼎荆山即嵯峨山，则非也。而朝邑临河亦有荆山，《水经》谓是禹铸九鼎处，此均不足深论。要之，高宗伐鬼方而次荆，非湖县即朝邑。而鬼方居邑，则在泾渭下流，不远伊迩，即居秦地东偏，则显然可知也。又《世本》："黄帝娶于鬼方氏。"《封禅书》又云："黄帝死葬雍，故鸿冢是也。"此黄帝鬼方故事皆相近，在河华之间也。又考《大戴·帝系》："陆终氏娶于鬼方氏。鬼方氏之妹谓之女隤氏，产六子。其一曰樊，是为昆吾。其二曰惠连，是为参胡。其三曰籛，是为彭祖。其四曰莱言，是为邻人。其五曰安，是为曹姓。其六曰季连，是为芊姓。昆吾者，卫氏也。参胡者，韩氏也。彭祖者，彭氏也。邻人者，郑氏也。曹姓者，邾氏也。季连者，楚氏也。"今按楚氏彭氏皆在陕以西。邻郑氏则逾陕而东。韩氏在陕北大河两岸。曹亦在陕北。昆吾卫氏为最东矣。推此言之，鬼方为族，决不甚远，尤可知。又《未济》之九四有之，曰："震用伐鬼方，三年，有赏于大国。"《易》言殷周之际，其书为周人言。大国指商，此即王季伐西落鬼戎，俘其二十翟王之事也。《史记·殷本纪》武乙猎于河渭之间，暴雷震死，据今本《纪年》，武乙震死，即在王季大败鬼戎之岁。疑其时周人既胜鬼戎，势力方张，武乙耀兵河渭之间而周人杀之。犹周昭王南征不复，君其问诸水滨，因曰暴雷震死耳。然鬼戎虽败于王季，其势未及熸。《孟子》言太王事獯鬻，文王事昆夷，《逸周书·序》亦谓文王立，西距昆夷，北备犭严犹，则周至文王时，固犹与鬼方争此西土。《尚书大传》："文王受命一年，断虞芮之讼，二年伐邘，三年伐密须，四年伐犬夷，五年伐耆，六年伐崇，七年而崩。"《史记》则谓："西伯以断虞芮之讼之年受命，明年伐犬夷，明年伐密须，明年败耆国，明年伐邘，明年伐崇侯虎而作丰邑，明年西伯崩。"两说互异。要之，犬戎在文王末世，尚为周患。犬戎即鬼方昆夷也。

王应麟谓鬼方即伊尹献令之鬼亲。（见王《会补注》。）殷末鬼侯为纣三公，又谓之九侯。九侯有好女入之纣，女不喜淫，纣怒杀之，而醢九候。（见《殷本纪》。）礼明堂位：纣乱天下，醢鬼侯而飨诸侯。《荡》之六章曰：内奰于中国，覃及鬼方，是也。周时有九方甄，善相马，即鬼方氏之后。《庄子·徐无鬼》，有九方歅，《淮南·道应》作九方堙，《列子·说符》作九方皋，善相马。马产冀北，此当与王良赵父同为山西境事。《殷本纪·正义》引《括地志》，相州洛阳县西南五十里有九侯城，亦名鬼侯城。宋翔凤《过庭录》云，相州无洛阳县，故近人辑《括地志》改相州为洛州。然《鲁仲连传》注，徐广曰：邺县有九侯城，则仍在相州。《鲁仲连传》《正义》又云，九侯城在相州滏阳县西南五十里。（按唐贞观初滏阳县属相州，见《方舆纪要》。）又《诗·小雅·小明》，我征徂西，至于艽野。宋云艽野即鬼方。

四十八

《水经·渭水注》："渭水又东径槐里县古城南，古犬邱邑也。周懿王都之，秦以为废邱，亦曰舒邱。"《雍录》："槐里县古名犬邱，则为畜牧之地。秦改废邱，则以示周世不复兴也。"今按：畜牧无取犬义。犬邱者，殆以犬戎旧居得名，则犬邱乃鬼方旧邑也。今本伪《纪年》："懿王十五年，自宗周迁于槐里。"吴卓信曰："按《纪年》所云，则周时已名槐里，周既自镐迁此，岂有天子所都，而尚仍犬邱之名乎？据《史记·周勃世家》及《樊哙传》，是汉初有废邱，又有槐里，其后置县，乃统谓之槐里耳。"则槐里之称已旧。王国维《鬼方昆夷猃狁考》谓鬼方之名当作畏方。又谓宗周之末尚有隗国。《郑语》史伯告郑桓公云：当成周者，西有虞虢晋隗霍杨魏芮，原其国姓之名，出于古之畏方。然则槐里者，犹之犬邱，槐之为畏，犹隗之为畏也。由是而言，畏方为国，在丰镐之西不远，益有其证矣。《秦策》有槐谷，《史记》作鬼谷。《正义》"在关内云阳，《郡国志》引《地道记》池阳北有鬼谷是也"，疑亦因鬼戎得名。则鬼戎居地，其近在河西，又可知也。

《左传》有隗姓之狄，又有允姓之戎，隗姓祖鬼方，允姓或祖玁狁，玁狁鬼方未必一族也。《诗·荡》之篇："内奰于中国，覃及鬼方。"《六月》、《采芑》、《采薇》、《出车》诸篇，则云"薄伐玁狁，至于太原"，虽此非一人一时之作，然一云鬼方，一云玁狁，辞显有别，苟非他有的证，何以知其乃一族乎。又按鬼方玁狁以一族说之，似仍可通。惟其地望须再辨。大率皆是由晋入陕也。

《国语·郑语》曰，当成周者，北有卫燕翟鲜虞潞洛泉徐蒲。韦昭注：潞洛泉徐蒲，皆赤翟隗姓也。是当成周之北，尚有洛。《左》宣十五年传，晋侯治兵于稷，以略狄土，立黎侯而还，及洛，是洛在晋黎之间也。又《左》闵二年传，晋伐东山皋落氏，《史记》《集解》引贾逵，东山赤狄别种。《续汉书志》上党郡壶关注引《上党记》，东山在城东南，晋申生所伐。今名平泽。《续汉志》上党郡壶关注引应劭，黎侯国也。今黎亭是。黎亭当今长治县西南。春秋经闵元公及齐侯盟于落姑，《公》、《穀》作洛。《左氏》作落。或皋落即《郑语》及宣十五年之洛，亦即西落鬼戎之落也。谓之西落者，在殷商之西，斯以谓之西矣。不必定谓在周人之西也。若是，则鬼方乃介于商周之间之一族也。

四十九

王氏考鬼方居邑，仍沿旧说，以周人本居凤翔岐周，故推论不免多误。其言曰："《纪年》称西落鬼戎，可知其地尚在岐周之西。今征之古器物，则宣城李氏所藏小盂鼎，（今佚。）与潍县陈氏所藏梁伯戈，皆有鬼方字。案大小两盂鼎皆出陕西凤翔府郿县礼村沟岸间。其地西北接岐山县境，当为盂之封地。大盂鼎记王遣盂就国之事，在成王二十三祀。（吴氏《大澂盂鼎跋》。）小盂鼎记盂伐鬼方献俘受锡之事，在成王二十五祀。则伐鬼方事在盂就国之后，鬼方之地自当与盂之封地相近。而岐山郿县以东，即是丰镐，其南又限以终南太一，唯其西汧渭之间，乃西戎出入之道。又西逾陇坻，则为戎地。张衡所谓陇坻之险，隔阂华戎者也。由是观之，鬼方地在汧陇之间，或更在其西，盖无疑义。虽游牧之族，非有定居，然殷周间之鬼方，其一部落必在此地，无疑也。然其全境犹当环周之西北二垂，而控其东北。梁伯戈虽仅有魃方鐕及梁伯作数字可辨，然自为梁伯伐鬼方时所铸。而梁伯之国，杜预谓在冯翊夏阳县，《史记·秦本纪》惠文王十年，更名少梁为夏阳，《汉志》亦云夏阳故少梁，其地在今陕西西安府韩城县，又在宗周之东。其北亦为鬼方境，故有争战之事。据此二器，则鬼方之地，实由宗周之西，而包其东北，此鬼方疆域之略可考者也。"今按王氏之论详矣。然当成王时，周室正全盛。盂之封地既在郿，尚在岐周东南，而已与鬼方接壤。则其时岐山凤翔早在鬼方蹂躏之下。今与其谓周自文武时势力东渐，而太王岐周故壤，已不免沦为鬼戎异域，故至成王时封盂国，肆挞伐。曷若谓周人本居泾渭下流，自东而西，鬼戎为王季文王所逐，故其部落渐引避泾渭之上游，以至汧陇之间。而成王时封盂立国，又渐次扩张国力于西土，而鬼方犬戎又受周人逼逐之为得其情实耶？且其后秦人东渐，即自陇东南而达汧渭。汧渭以上乃秦之所居，非犬戎本土明矣。故王氏所考谓为成王时鬼方疆域如此则可，若上推以定殷高宗周王季时鬼方居地已然，则大误也。干宝《易注》："鬼方北方国也。"则与王氏据梁伯戈所推符合。盖亦鬼方为周逼逐，故退避于西北者耳。

《山海经·海内北经》，鬼方国在贰负之尸北。又曰西王母在昆仑虚北。有人曰大行伯。其东有犬封国。贰负之尸，在大行伯东。又曰犬封国曰犬戎国。

五十

曰：太王居岐而昆夷骀突，既得其说矣。然则太王避狄迁邠，所谓狄人者又如何？曰：此亦可以王季之事为推。《后汉书·西羌传》："武乙暴虐，犬戎寇边，周古公逾梁山而避于岐下，及子季历，遂伐西落鬼戎。太丁之时，季历复伐燕京之戎，戎人大败周师。"注引《纪年》，伐西落鬼戎，在武乙三十五年，伐燕京之戎在太丁二年，其事相隔三年。燕京者？《淮南子·地形训》："汾出燕京。"高诱曰："燕京山在太原汾阳县。"《水经·汾水注》："汾水出太原汾阳县北管涔山。《十三州志》曰：出武州之燕京山，亦管涔之异名也。"《水道提纲注》："山最高大，蜿蜒数百里，为山西诸山之祖。其东北水皆北入桑乾，其东水皆东入滹沱，其西水皆西入黄河，而汾水其南水也。"然则当王季时，汾水上游有燕京之戎，其势盛于西落鬼戎。王季既胜鬼戎，复伐燕京戎而大败。此族者，殆必周太王之因而避无疑也。盖太王畏其逼，王季既稍强，不忘故居，乃逾河而争先土，重遭败绩。则当时燕京之戎与西落鬼戎两族之踞地，及其势力之强弱，不居可见乎？

五十一

曰：太王之所避，既为汾水燕京之戎，《西羌传》何以又曰犬戎寇边，而古公逾梁乎？曰：犬戎即燕京戎也。曰：然则燕京之戎与西落鬼戎同称犬戎，其先固一族乎？曰：其先诚一族同源，其后则分土散居，不得以其先之本同，混说其后之既异也。曰：其后之既异，既得其说矣，其先之本同，又可得而闻乎？曰：请追论之！盖《纪年》记夏时外族，有九夷，曰畎、于、方、黄、白、赤、元、风、阳，而畎夷列其一。畎夷即犬戎，后世目为西戎者也。其先见于夏后相之世。《后汉书·西羌传》引《纪年》："后相即位元年，乃征畎夷。"《太平御览》八十二引元年征淮夷，《路史》后纪十三征淮畎，注："淮夷畎夷，《纪年》云元年。"淮畎声近，盖一族而异其名。当后相时，其居地不可详考，而以后事推之，则当近夏，在东土晋疆，决不如后世所论远在秦陇之外也。

五十二

又《后汉书·东夷传》注及《通鉴外纪》二引《纪年》后相二年征黄夷，《太平御览》八十二及《路史·后纪》十三则云征风夷及黄夷，又《东夷传》注及《路史·后纪》十三注并引《纪年》后相七年于夷来宾，或谓即嵎夷，《东夷传》注又云少康即位，方夷来宾，后芬即位，三年，九夷来御。《御览》七百八十亦引之，而曰畎夷于夷方夷黄夷白夷赤夷玄夷风夷阳夷，盖本旧注。数畎夷而不及淮夷者，淮夷即畎夷也。黄夷风夷于夷方夷皆东夷，则九夷皆为东夷可推，故皆称曰夷。至孔子时而尚有居九夷之说，而畎夷独为首，则畎夷其先居东土，非无说矣。又《后汉书·东夷传》注引《纪年》后泄二十一年命畎夷白夷赤夷玄夷风夷阳夷，明列畎夷于东夷，而《通鉴外纪》二引帝泄二十一年加畎夷等爵命，《路史·后纪》十三注引有"緜是服从"四字，《西羌传》亦云至于后泄，始加爵命，由是服从，则仍以入西羌。盖古者夷戎迁徙，东西无常，自难区限加以剖析。而畎夷其势最盛，为诸夷长，居东土，不远在迩，不如后世西羌之在汧陇之外，则决可识也。及后桀之时，而畎夷入居邠岐之间，以今推之，则其族自东北方来。其后遂有逾河而西者，而河西泾渭之间亦有犬戎，则所谓鬼方是也。盖古者夷戎为患，不起于西而起于东北，不在汧陇而在汾晋，此三代华戎交争之大局也。

五十三

然则畎戎何以又称燕京之戎？曰：燕犬古音同部相通，盖古者太原晋阳本称燕，故其山曰燕京，其戎曰犬夷也。何以谓太原晋阳本称燕？《水经·汾水注》："侯甲水径祁县故城南，自县连延西接邬泽，是为祁薮也，即《尔雅》所谓昭余祁矣。"《尔雅》燕有昭余祁，邵氏晋涵论之曰："《尔雅》之幽州兼职方之并州。如以为太原之地不当称燕，则汾水出太原，古今无异说，而淮南云汾出燕京，惟太原尝属于燕，故山有燕京之名。知太原汾之出燕京，则可知太原之属于燕。知燕之得有太原，则无疑于燕之有昭余祁矣。"今考《大雅·韩奕》之诗："溥彼韩城，燕师所完。"燕者汾水燕京之燕也。后人不知太原属燕，乃并韩而疑之，以为在涿郡耳。《左传》秦晋战于韩，其地亦在河东，故传文始曰涉河，继曰三败及韩，又曰寇深矣，则秦军已深入晋地，而韩原之当在河东可知。据《姓氏书》，平王时，晋灭韩，曲沃并晋，韩万复采韩原，其地当在今河津万泉间。其后韩灭郑，徙都河南，其故采邑乃失其处。《诗》曰：溥彼韩城，燕师所完，即河东之韩矣。《水经注》圣水径方城县故城北，又东南径韩侯城东。《魏书·地形志》亦云范县郡方城县有韩侯城。方城今河北固安。盖昔人皆认燕在河北，故韩城为燕师所完者，亦必在河北，不知河东古自有燕也。《郑语》史伯之言曰："当成周者，南有荆、蛮、申、吕、应、邓、陈、蔡、随、唐，北有卫、燕、狄、鲜虞、潞、洛、泉、徐、蒲，西有虞、虢、晋、隗、霍、杨、魏、芮，东有齐、鲁、曹、宋、滕、薛、邹、莒。"此所谓燕、狄、鲜虞，正指汾水太原一带之地，非幽蓟之燕亦甚显著。《管子·小匡篇》："桓公中救晋公，禽狄王，败胡貉，破屠何，而骑寇始服。北伐山戎，刜泠支，斩孤竹，而九夷始听，海滨诸侯莫不来服。西征攘白狄之地，遂至于西河，方舟设柎，乘桴济河，至于石沈，县车束马，逾大行与卑耳之貕，拘泰夏，西服流沙西虞，而秦戎始从。"今按其实则齐桓会葵丘之一事也。拘秦夏服流沙已论于前，所谓山戎九夷，正指太原诸戎而言。泠支即后世所谓鲜卑，孤竹疑即太原介休之介山也，皆以声近而转。又夷齐故事，亦与子推相混。要之以地望言，齐桓北伐山戎皆晋地，而后世以辽西僻远为说，亦皆非也。

五十四

《西羌传》又言："王季败于燕京戎之后二年，周人克余无之戎，于是太丁命季历为牧师。自是之后，更伐始呼翳徒之戎，皆克之。"注引《纪年》克余无戎在太丁四年，伐始呼之戎在七年，伐翳徒之戎在十一年。徐文靖《竹书统笺》云："《左传》闵公二年，晋申生伐东山皋落氏，《上党记》东山在壶关县城东南，今名无皋。成公八年，刘康公败绩于徐吾氏，《上党记》纯留县有余吾城，在县西北三十里，余无之戎当即是余吾及无皋二戎也。"今按，《水经·河水注》："清水出清廉山东流径皋落城北，服虔曰，赤翟之都也。"《方舆纪要》："皋落城在绛州垣曲县西北六十里。"徐氏据《上党记》盖误。沈钦韩《左传地名补注》亦有辨。若余无之戎洵为余吾无皋二戎，则其族盘踞太行南山沁涑之间，盖与燕京之戎一气相承。《山海经·北山经》：北鲜之山，是多马。鲜水出焉，而西北流注于涂吾之水。《汉书·武帝纪》，元狩二年夏，马生余吾水中。《水经·浊漳水注》，涑水出发鸠山，东径余吾县故城北，又径屯留县北入漳。所谓余吾水，殆即此。又今甲盘佳五年三月既死霸，庚寅王初冬伐玁狁于𨟖盧，及门王玉哲谓即余吾，古鱼吾同音，𨟖古读为图，是𨟖余古音亦同部也。燕京戎在北，而此则迤山而南，正当所谓大夏之东北也。始呼翳徒二戎者，《周官》职方氏正北曰并州，其山镇曰恒山，其泽薮曰昭余祁，其川虖池呕夷，其浸涞易。虖池即滹沱，王季所伐始呼翳徒二戎，疑即在此。其族踞地，当尚在燕京迤北。然则当王季时所力征经营者，与夫为之大敌巨患者，似仍为河东晋地诸戎。可证周人先祖，正为河东旧族，避地而至泾渭下流，决不似来自泾渭之上游也。周人克余无之戎而周王季命为殷牧师，及其捷翳徒之戎而文丁杀季历，此殆所以报武乙之震于河渭之间者欤？

五十五

曰：太王避狄，乃燕京之戎，在汾水上流，太原山中，既得其说矣。《孟子》又曰："太王事獯鬻。"则何谓也？曰：獯燕古音亦近相通，獯鬻亦燕戎也。《史记·五帝本纪》："黄帝北逐荤粥。"《匈奴传》："唐虞以上有山戎猃狁荤粥，居于北蛮。"《索隐》："荤粥，匈奴别名也，唐虞以上曰山戎，亦曰熏粥，夏曰淳维，殷曰鬼方，周曰玁狁，汉曰匈奴。"然则太王之所事曰獯鬻，而齐桓之所伐曰山戎者，同出一族，居于北蛮，即我所谓王季之所伐曰燕京之戎者无疑也。其族名曰燕，声变而为犬为鬼为混为獯为狁为淳，而最后则曰匈奴，其实则一音之递变也。以其居山中，故曰山戎，以其在诸夏之北，故曰北蛮，及其迁而至于西，又曰西戎焉。后人以鬼方为西羌既误，又以太王事獯鬻在凤翔岐山，皆失之矣。王氏鬼方昆夷狁狁考既知其族之为一，而于其族居地，及其迁徙往来之迹，辨之犹未晰。《左》僖十六年，狄侵晋，取狐、厨、受铎，涉汾，及昆都。今山西临汾县南有昆都聚，其殆即昆夷之所居乎。上论鬼方疆域，既订其误，则请再拈狁狁之居地论之！

五十六

《诗·小雅·六月》之诗曰："狁狁匪茹，整居焦获，侵镐及方，至于泾阳。"又曰："薄伐狁狁，至于大原，来归自镐，我行永久。"王氏考泾阳在泾水下流，是矣。又为《周莽京考》以莽即《小雅》之方，为秦汉之蒲坂，则其说似犹未允。谓莽即《小雅》之方可也，而即以为秦汉之蒲坂则非。而刘向所谓"千里之镐"者，王氏卒无说以定其地。既曰镐与太原殆是一地，又曰或太原其总名，而镐与方皆太原之子邑，于镐邑所在，终未切指。至于焦获，仍主旧说，取郭璞《尔雅注》以为池阳瓠中，则昔人辨者已多。夫以诗言之，整居焦获，乃狁狁当时根据之地，由是而侵镐及方，至于泾阳，则焦获尚在镐方之外。若以为在池阳，则与王氏所考泾阳乃一地，而周人薄伐之师，何以至于太原，来归自镐哉？此于文理为不顺。且古人所谓太原，尚应在蒲阪之东。自蒲阪至宗周亦无千里之路。盖王氏之误，亦在不知狎狁本居东土，而必牵于鬼方犬戎以为说，遂不得形势之真也。今按方者，即舜陟方乃死之方。虞舜封尧子丹朱于房陵，房即方也。《夏县志》："方山在县北，横洛渠源此。"是安邑有方山之证。《水经·涑水注》："涑水西南径监盐县故城，城南有盐池，上承盐水，水出东南薄山。"董祐诚曰："此为安邑之薄山，亦中条山，《河水注》所云通谓之薄山也。"方房皆与薄声近，若扩而言之，安邑之山皆得称薄山，以王氏声近之意求之，方即薄也，犹胜于以为蒲。又《山海经》："景山南望盐贩之泽。"《晋语》："景霍以为城。"《夏县志》："垣曲西北十五里有古亳城。"《寰宇记》以为汤克夏归至亳在此。《荀子·议兵篇》亦云："古者汤以薄。"然则殷之灭夏，于其故都之附近筑亳城焉，若以为即汤之所起则误也。镐字又作鄗，（《世本》、《国语·周语》、《荀子·王霸》、《六韬》、《西都赋》、《水经·渭水注》、《路史·国名纪》。）又作滈。（《荀子·议兵》。）以酆澧只作豐字之例，则鄗滈本字亦只作高也。《秦本纪》庄襄王三年，拔魏高都汲。《汉志》上党郡高都有天井关。《续汉志》刘注："国策桀居天井，即天门也。"疑高都之名，即自周初镐高而来，而其地则近太行天门，相当于今泽州晋城县境。《淮南子·氾论训》："武王克殷，欲筑室于五行之山，周公曰：不可。"今天门有镐邑，固犹武王筑室之志矣。然则周人于莽称京，于太行天门有镐盖亦遥师商人筑薄以为镇制之意。及其后，成王之世，而复有成周之营也。又考《史记·六国年表》梁惠王十四年与赵会鄗，《魏世家》亦同。《方舆纪要》以为在直隶赵州柏乡县北二十二里。然其时魏都大梁，(据《纪年》。)赵都邯郸。二国相会，何以超国越都而北至于柏乡？则此鄗邑者，殆即后之所谓高都，在晋城也。据此言之，"侵镐及方"，镐在方东，乃太行天井间岩邑。自此而东则近商畿。周人盖筑此以为临制。与安邑之方，同为周初东方之镇地也。静敦言王在莽京，下言射于大池。遹敦言王在莽京，下言呼渔于大池。大池盖董泽。继此而寻焦获，则其地望亦与方镐相近。《墨子》："舜渔于濩泽。"《水经·沁水注》："濩泽水出濩泽城西，东径濩泽，得阳泉口水，水历巀嶭山东，注濩泽水。"焦获者，殆即巀嶭濩泽。故《尔雅》列之十薮，而称"周有焦护"，盖成周，非岐周也。其地在方镐稍北，与方镐如鼎足之三峙焉。《淮南·地形训》："丹水出高褚，股出巀嶭，镐出鲜于。"其文多误字。高褚即高都。股乃濩字形残。《墨子·尚贤篇》："舜渔雷泽，尧得之服泽之阳。"服亦濩字之残讹也。然则"股出巀山"即濩泽嶕峣。"镐出鲜于"者，《山海经》郭注，引作"薄出鲜于"。王引之云："《北山经》薄水注引此文，则薄非误字可知。镐与薄形声皆不相似，薄字亦无缘误为镐。盖镐字下，有出某山之文，而今脱之。薄出鲜于，又脱薄字，故混为一条耳。"今按镐字疑即上文高都旁注，误移而下，而又脱一薄字。《淮南》以镐嶕山薄连举，正犹《诗·小雅》之"整居焦获，侵镐及方"矣。盖焦获地近析城王屋诸山，正当春秋皋落赤翟之东。西接绛翼，北连沁源，东掖党潞，南瞰河洛，其为狎狁整居之所，最为近是。自此南犯，东及镐而西至方，皆沿大河北岸。由是沿河西侵，其兵锋逾河而西，乃及于泾阳也。由是言之，此狎狁一族者，论其情势，盖亦自太原燕京之戎分支南殖。或王季所伐余无之戎，为其同类。至于春秋即为赤翟。其族为燕戎东支，而西落鬼戎则逾河而西，繁殖于泾渭下流，别为西支。其源虽一，其流则异。王氏乃溯其源而迷其流，得其偏而未见其全也。

《纪年》卫懿公及赤翟战于洞泽。闵二年《左传》作荧泽。卫都朝歌，荧泽去卫当不甚远。《书》序汤归自夏，至于大坰。《殷本纪》引作至于泰卷陶。《索隐》曰：邹诞生卷作坰，又作洞。杨慎《丹铅录》，谓大坰即太行。行有形音，盖名其地为坰，名在坰之水，则曰洞也。襄二十三年《左传》齐侯伐晋，取朝歌，为二队，入孟门，登太行，张武军于荧庭。荧庭当即太行山下荧泽旁之平地，故沈约附注，亦云洞当作洄。

七、文王篇

五十七

太王王季之事既具前论，兹当继及文王以毕吾篇。夫"挚仲氏任，自彼殷商，来嫁于周，曰嫔于京"，此王季之妇，文王之母也。"在洽之阳，在渭之涘，于周于京，缵女维莘"，此文王之妻，武王之母也。两世之娶，皆在东土，未尝远及凤翔岐山之偏也。魏源《诗古微》卷十三，周在岐山，莘在洽阳，皆国渭北，而言亲迎于渭，造舟为梁者何？曰循渭而行，本非渡渭，自莘至周，当逾洛泾，百两迓送，造舟为梁，其洛泾之滨乎？既云洛泾之滨，何舍洛泾而言渭？若依余说，岐周在渭南。《诗》辞极晰，无烦强释矣。《孟子》曰："文王生于岐周，卒于毕郢，西夷之人。"然岐周毕程皆在雍东，均详前考，亦不远及凤翔岐山之僻也。至于文王断虞芮之讼，以及于伐崇而作丰邑，自来说地理者，皆知其在东土，不及泾渭上流，可无详辨。其言文王事，及泾渭上游，惟伐密须及得吕尚二事，请再分别言之！

五十八

《大雅·皇矣》之诗曰："密人不恭，敢距大邦，

侵阮徂共，王赫斯怒，爰整其旅，以遏徂旅，以笃周
祜。"旧说密须在安定阴密县，共阮皆在泾州，有共
池，窃考其说，盖似未然。何者？夫曰："密人不
恭，敢距大邦。"又曰："依其在京，侵自阮疆，陟我
高冈。"则周密之为争，盖至逼至近也。夫岂密人之
国，远在安定，而有其事？又曰："度其鲜原，居岐
之阳，在渭之将。"此密难已平，卜居新土，所谓笃
周祜而对天下者，乃在鲜原岐阳。则周密之争，又决
不远至千里之外安定山谷之间，断断然也。其后乃及
伐崇。曰："帝谓文王，询尔仇方，同尔兄弟，以尔
钩援，与尔临冲，以伐崇墉。"盖尝论之，灭密之与
伐崇，为文王建周两大事，故《皇矣》之诗人，尤缕
悉而道之也。而密周之争，衅自密启。自阮来侵，陟
我高冈，矢我陵而饮我泉，其势至蹙。而周人之为
胜，亦至仅焉。及其灭密须，居岐阳，国威方新，遂
以南伐而及崇土，则周崇之战，自周开之。攻御之形
既异，强弱之势亦变。故文王灭密须而国基乃定，及
其伐崇而弘规乃展也。《左》宣元年晋赵穿侵崇。杜
注：崇秦之与国，而未详其地。说者谓在鄠县。然鄠
密迩镐京，在上林苑南，与杜陵接壤，北隔渭水。周
京故地，既为秦据，赵穿岂能帅孤军穿秦境，南涉渭
而侵之。时晋虽渡河得少梁，而去鄠犹远，则此崇必
在渭北河湄，虽邻秦而地近晋。杜氏阙之，盖其慎
也。当日之形势既明，而密之为国亦可按图而索矣。

而故记晦绝，指证无从，则请先言阮！阮者，《左传》作阢，文公四年秋，晋侯伐秦，围阢新城以报王官之役，《汇纂》："阢秦邑，当在今澄城县境，新城今西安府澄城县东北二十里有故新城，地名考即梁国之新里也。"又《史记·魏世家》文侯十六年，伐秦，筑临晋元里，沈钦韩曰："阢即元里也，在同州府东北。"又考《汉书·成帝纪》阳朔元年，诏关东大水，流民欲入函谷天井壶口五阮者勿苛留。夫既云关东大水，流民遂入关西可知。函谷无论矣。壶口近蒲津，《尚书》所谓壶口雷首者也。天井在华阴，见《水经·河水注》，亦入秦关厄。五阮即阢也，元也，其地当近临晋，在壶口北，亦古者渡河入秦之道，《齐策》所谓临晋之关是也。然则函谷天井在陕南，壶口五阮则陕北，皆属关东入秦要塞。而应劭注天井在上党高都，壶口在壶关，五阮在代郡，失实甚远。今综上举阢元五阮诸地，推寻阮疆，自可得之。共者，《通雅》张氏曰："共，阮之地名。"今考《齐策》："王建入朝于秦，处之共松柏之间，饿而死。先是齐为之歌曰：松邪柏邪，柱建共者客邪。"则关内秦地有共，其势不甚远于秦都之咸阳。侵阮徂共，殆即其地。后世以甘肃泾州之共地说之，其失亦远。《皇矣》之诗又言之，曰："帝迁明德，串夷载路，天立厥配，受命既固，帝省其山，柞棫斯拔，松柏斯兑，帝作邦作对，自太伯王季。"而《绵》之诗亦言之，曰："柞棫拔矣，行道兑矣，混夷骏矣，维其喙矣。"
是太王太伯王季两世所居，其山多柞棫松柏，而又串
夷载路，必也柞棫拔而松柏兑，混夷既骏，而后可以
作邦作对也。今考元阮与串犬古音亦同部相通。然则
其地称阮疆，犹夫其称犬邱槐里鬼方，正以混夷载路
得名。而其地山中松柏之盛，盖至秦犹然。则所谓阮
共者，正周人初来雍东之新土耳。《史记·匈奴传》，
周西伯昌伐畎夷，后十有余年，武王伐纣居酆鄗，放
逐戎夷泾洛之北，以时入贡，名曰荒服。《史记·甘
茂传》："自殽塞及至鬼谷。"《索隐》曰："鬼谷在关
内云阳。"鬼谷之称亦自鬼戎。推此言之，起岐下达
河岸，东自郃阳澄城，西至三原泾阳，其在当时，载
路盈道，莫非混夷。故在澄城有邢里，而池阳有鬼
谷。若辜较而言，应可兼得阮疆之称。而共之为邑，
必在其间，不中不远。至于密者，《周语》："共王游
于泾山，密康公从，有三女奔之，康公不献，一年，
王灭密。"韦注："密，姬姓。"又云："密须之亡由伯
姞。"韦注引《世本》："密须姞姓。"吴卓信以为一
国，"周灭密须以封同姓"，是也。其国盖近泾水。然共
王康公君臣所游，应是泾之下游，去丰镐之都不远，
有别苑离宫之胜，而无为远至于安定山谷之间。则
密须为国，其疆土所在，大略可得而指矣。余又
考《史·正义》引《周书》曰："惟周王季宅郢。"《路
史·国名纪》亦云："程，王季之居。"今本伪《纪

年》："武乙二十四年，周师伐程，战于毕，克之。"
而《关中记》云："高陵北有毕原毕陌，南北数十里，
东西二三百里，无山川陂池，井深五十丈，故周程战
处。"则是王季时宅毕程，其地尚在高陵附近，即泾水
入渭之北原也。密人不恭，侵阮及共，盖乘泾水上流
而来，其战地即在高陵泾阳一带，而密之为国，大约
亦在泾阳境内。文王既克密灭之，乃遂度其鲜原，居
岐之阳，在渭之将，乃为文王所迁之程。则《路史·
国名纪》所谓在今咸阳故安陵，亦在岐南，与毕陌
接，所谓毕程，而《括地志》所谓"安陵故城在雍州
咸阳县东二十一里，周之程邑"者是也。疑王季与文
王二世之所谓程者，亦有不同。今本伪《纪年》分为
两事，盖有所承，而后世言地理者，多混为一邑，亦
未为是。而密之为国，阮共之为地，决不远在甘肃之
安定泾州，则其事尤至显，可以一辨而即明也。

五十九

何以又谓文王之得吕尚，亦不在渭之上流耶？
曰：《吕氏春秋·首时》："太公望，东夷之士也。"高诱
注："太公望，河内人也，于周丰镐为东，故曰东夷之
士。"《史记》亦云："太公望，东海上人也。"余考姜
姓本居晋，则吕尚为河内人，信不诬矣。《尉缭子》：
"太公望年七十，屠牛朝歌，卖食盟津。"《韩诗外传》：
"太公望行年五十，卖食棘津，年七十，居于朝歌。"

《说苑》："太公望，朝歌之屠佐，棘津迎客之舍人也。"
凡言太公事，皆在河东，不在西。《吕氏·谨听》又
云："太公钓于滋水，遇文王。"《水经·渭水注》："渭
水又东过霸陵县北，霸水从县西北流注之，霸者水上
地名也，古曰滋水矣。秦穆公霸世，更名滋水为霸
水，以显霸功。"《隋书·高帝纪》："开皇五年，改霸水
为滋水。"《括地志》："灞水古滋水也。"然则古者传说
太公钓滋水乃灞水耳。《吕氏春秋·首时》又称："太
公闻文王贤，钓于渭水观之。"灞既入渭，故曰钓于渭
水。而后世以为滋水在宝鸡，则又引而远之也。

六十

继此有附论者一事。武王伐纣，《牧誓》纪其事，
曰："及庸蜀羌髳微纑彭濮人。"旧说此八族皆西南远
方蛮夷，窃亦疑其不然。《元和姓纂》："庸蜀殷时侯
国。"《诗》有孟弋孟庸。《逸周书·世俘解》："庚子，
新方命伐蜀，乙巳，蜀至告禽。"五日而往返，明为商
人近畿小国。髳者，《左传》成公元年有茅戎，《方舆纪
要》："大阳津在陕州西北三里，黄河津济之处，志云津
北对茅城，古茅邑也。"商有微子启，去殷归周。洛水
所经有卢氏，在灵宝函谷之南。穀水广阳川口之南，
又有微山，地在新安。夏有大彭，《纪年》："帝启十五
年，武观以西河叛，彭伯寿帅师征西河。"又："商河
亶甲三年，彭伯克邳。"秦地有彭衙，秦纪称彭戏氏，

邑池亦称彭池。濮水乃大河分流，在延津滑县之境。凡此七名，皆在周之东南，未见为西南僻远之蛮夷也。殷墟甲文有羌方，虽无说以定其地，要亦在河东近殷可知。古史有貌若诞诬，其实则由后人之误说，如此比者极多。推以求之，庶得乎当时之真相也。

录自1931年12月《燕京学报》第十期

古三苗疆域考

古籍言三苗疆域者，莫备于《魏策》吴起对魏武侯之言。曰：

> 昔者三苗之居，左有彭蠡之波，右有洞庭之水。汶山[1]在其南，而衡山在其北。恃此险也，为政不善，而禹放逐之。夏桀之国，左天门之阴，而右天谿之阳。卢睪在其北，伊洛出其南。有此险也，然为政不善，而汤伐之。殷纣之国，左孟门，右漳釜。前带河，后被山。有此险也，然为政不善，而武王伐之。

此言三苗左彭蠡右洞庭，盖非后世江域之彭蠡洞庭也。何以言之？江域洞庭在西，彭蠡在东。此言左彭蠡右洞庭，以左孟门右漳釜例之，则左是西，右是

---

[1] 姚氏本作"文"，鲍彪作"汶"。

东，与江域彭蠡洞庭左右适得其反。故《水经·沔水注》引《吴记》，谓以太湖之洞庭对彭蠡，则左右可知。而郦氏非之曰："既据三苗，宜以湘江为正。"然于左右方位终无说。《史记·吴起传》直易其文为昔三苗氏左洞庭右彭蠡，此史公自据江域彭蠡洞庭方位言之。然吴起又何以谓汶山在其南，衡山在其北乎？史公并无以解，而删去不录。《韩诗外传》则改为衡山在南，岐山在北，然岐山又何山乎？[1] 自今论之，吴起所言三苗故居本不在江域。汉后人强以江域地理为附会，宜其枝梧难通也。

汶山者，《禹贡》：

> 华阳黑水惟梁州，崏嶓既艺，沱潜既道。

又：

> 导嶓冢至于荆山，内方至于大别。岷山之阳至于衡山，过九江，至于敷浅原。

又：

> 岷山导江，东别为沱。

---

[1]《说苑·君道篇》作"大山在其南，殿山在其北"，益无说。

《史记》岷山皆作汶山。言其地望，则《汉书·地理志》蜀郡湔氐道，云：

> 《禹贡》嶓山在西徼外，江水所出。

蒋廷锡《尚书地理今释》说之云：

> 岷山跨古雍梁二州，自陕西巩昌府岷州卫以西，大山重谷，嵱衚起伏，西南走蛮菁中，直抵四川成都府之西境。凡茂州之雪岭，灌县之青城，皆其支脉。而导江之处，则在今松潘卫北西番界之浪架岭，《汉书·地理志》所云，岷山在湔氐道西徼外，是也。

此说相承无异辞。然余观《禹贡》导山一节而不能无疑。吴澄谓：[1]

> 岷山南至衡山，至为荒远，相距数千里，不知山脉何以相承？若谓治山旁水，更不可通。又衡山在江南，九江在江北，敷浅原又在江南，其文参错，经意尤难究悉。

---

〔1〕 据胡氏《禹贡锥指》引。

阙所不知，其识最卓。而余谓《禹贡》衡山实不在江南。《史记·秦始皇本纪》始皇二十八年：

> 西南渡淮水，之衡山南郡，浮江至湘山祠。

是衡山在江北淮南也。《封禅书》记武帝：

> 巡南郡，至江陵而东，登礼灊之天柱山，号曰南岳。浮江自寻阳出枞阳过彭蠡，礼其名山川。北至琅琊。

是武帝祀天柱，即承始皇祀衡山，非二地也。后人谓汉武以衡山辽旷，移其神天柱，决不然。以秦皇汉武时衡山尚在江北，知《禹贡》衡山亦不在江南。魏默深[1]氏辨秦汉南岳衡山即指潜霍，在江北淮南，而习熟旧闻，犹谓导山衡阳在江南，指五岭言，可谓游移无定见。而余考《禹贡》衡山，似犹不在潜霍。据《汉书·地理志》：

> 南阳郡雉县衡山，澧水所出，东至郾[2]入汝。

《水经·汝水注》：

---

〔1〕 见魏氏《书古微》"释道山南"条阴列附。
〔2〕 郾旧误作"郦"，依齐《召南》说校改。

汝水又东得澧水口，水出南阳犨县，亦云导源犨衡山，即《山海经》云衡山[1]也。郭景纯以为南岳，非也。马融《广成颂》云"面据衡阴"，指谓是山。在犨县界，故世谓之犨衡山。

又见淯水、沶水篇。《说文》亦谓：

澧水出南阳犨衡山。

是南阳犨县有衡山，其山东西横列，正值《禹贡》荆州之北，故曰：

荆及衡阳惟荆州。

盖谓荆州在荆山及衡山之阳也。范书《西羌传》："西羌之本出自三苗，姜姓之别也，其国近南岳。"章怀太子注："衡山也。"今按汉人多指南阳衡山为南岳，东阿王诔王仲宣，谓振冠南岳是也。张载《剑阁铭》"岩岩梁山，积石峨峨，远属荆衡，近缀岷嶓"，亦荆衡连称。《禹贡》衡阳之衡，正是马融《广成颂》衡阴之衡，并不指潜霍，更无论祝融[2]矣。

---

〔1〕 按见《山海经》中次一十一经荆山条下犨山衡山。今犨山字误作雅山也。
〔2〕 旧说谓荆州南尽衡山之阳，见其地不止此山而犹包其南，窃疑《禹贡》言及江南者极少，不应荆州远及衡山之南也。

《禹贡》衡山之地望既得，乃可进而论汶山。《齐语》：

> 桓公南征伐楚，济汝，逾方城，望汶山。

韦注：

> 汶山，楚山也。

《管子·小匡》亦云：

> 南征伐楚，逾方地，[1]望汶山。

《霸形篇》又云：

> 遂南伐楚，逾方城，济于汝水，望汶山。

是汶山必在楚方城之南汝水之上游可知。

《水经·汝水注》：

> 汝出鲁阳县大盂山蒙柏谷西。

---

[1] 房玄龄注云：方地谓方城之地。

《淮南·地形训》：

> 汝出猛山。

焦循《孟子正义》谓：

> "猛"与"蒙柏"长短读。蒙谷即孟山，而
> "孟"与"盂"形近而讹，大盂山即猛山也。

余疑猛山蒙谷，其先或由汶山声转而讹。又《史记·
封禅书》：

> 桓公南伐至召陵，登熊耳山以望江汉。[1]

《齐世家》则谓：

> 南伐至召陵，望熊山。

《汉书·地理志》：

> 宏农卢氏，熊耳山在东，伊水出。

---

[1]《史记·五帝纪》黄帝南至于江，登熊湘。熊即齐桓登熊山，湘则秦始皇祠湘山也。别无熊湘山。

王先谦曰：[1]

> 南阳有三熊耳，卢氏之外，宜阳陕俱有之。卢氏熊耳山在鲁阳县之西。

又曰：[2]

> 《水经·伊水篇》，伊水出南阳鲁阳县西蔓渠山。注云：《山海经》曰：蔓渠之山，伊水出焉。《地理志》曰：出熊耳山。即麓大同，陵峦互别耳。此谓蔓渠亦兼熊耳之名矣。《一统志》伊水出卢氏县东南百六十里之鸾山，一名闷顿岭，即蔓渠也。

余按蔓渠闷顿与汶嵋声尤相近。盖蔓渠闷顿乃熊耳之俗称，而《史记》所谓桓公望熊山者，其实即《齐语》之汶山也。又《竹书纪年》：[3]

> 后桀伐岷山。

《楚辞·天问》作：

---

〔1〕 见王氏《水经注校》卷十五《伊水篇》。
〔2〕 见王氏《汉书补注》地理志弘农郡卢氏下。
〔3〕 《太平御览》一百三十五引。

> 桀伐蒙山。

此所谓蒙山者，未知即鲁阳蒙柏谷否。而要之汶山一名，所被必广。正如蜀西岷山，南阳熊耳之例。相其地望，大约在鲁阳境内，而汝水伊水皆出其阴。《禹贡》所谓岷山之阳至于衡山者，正此自西北斜趋东南之一脉。入汉诸水出其阳，入汝诸水出其阴，而此则江汉河淮一分水岭也。上不在雍梁，下不至湘皖，当在今河南省境内，正周初周公召公鲁燕封地，所谓二南[1]者是。汶山既在鲁境，故鲁之东迁而有汶水，亦余主古地名随民族迁徙一旁例也。[2]

云"导嶓冢至于荆山，内方至于大别"者，《汉书·地理志》：

> 六安国安丰县，《禹贡》大别山在西南。

俞正燮说之云：[3]

> 《禹贡》大别即《左传》大别。《左传》小别大别在汉北。其质言江夏界者，晋以后始名之，非古也。寻杜预注云然则在江夏界，是其时江夏

---

[1] 燕即郾，在郾县，召陵，鲁在鲁山，傅孟真先生《大东小东说》已言之，见《历史语言研究所集刊》第二本。

[2] 鲁有南阳，亦由河南南阳移名。

[3] 见《癸巳存稿》卷一"书禹贡地理古注考后"。

尚无大小别山名。杜镇襄阳，知之最亲也。《唐六典》水部十道山川云：大别在淮南寿州霍山县，明《中都志》大别在霍丘县，犹是古义。

沈尧则曰：[1]

大别山在光州西南，黄州西北，汉阳东北，霍丘西南。班志属之安丰，但据山之东北一面言也。若论其西南，则直至汉水入江处。故商城西南麻城黄陂之山，古人皆目为大别。洪氏亮吉有《大别山释》一篇甚详核。[2]

余谓山脉连绵，往往数百里间可被一名，此诚有之。惟后人所以必说大别近汉者，据《左传》吴既与楚夹汉，然后楚乃济汉而陈，[3]乃为推说云尔。然兵不交锋，无有吴师深入遽已临汉之理。且大别既败而陈柏举，柏举既败而及清发。按之《水经·浿水注》：

浿水南过江夏安陆县西，又南经石岩山北，即《春秋左传》定公四年吴败楚于柏举，从之及于清发。盖浿水兼清水之目矣。

---

〔1〕 据王先谦《汉书补注》引。
〔2〕 文见洪氏《卷施阁文》甲集卷七。
〔3〕 《左传》定四年《正义》语。

则清发在安陆，远在汉东，而大别犹应在安陆之东也。洪亮吉云：[1]

《墨子·非攻篇》云："吴阖庐次注林，出于冥厄之径，战于柏举。"……今信阳州之……大隧直辕冥厄也。据此而推，则柏举当在今黄随左右。……又按《水经注》，举水出龟头山，今山在黄州府麻城县东，相近有黄檗山。《图经》亦云举水出黄檗山也。"檗""柏"声同，则柏举或即在此。[2]……今麻城县东北至河南商城县七十里，商城县东至安徽霍丘县一百十五里。而龟头山又在麻城县东六十里，大别山又在霍丘县西南九十里。则自大别西至柏举，实不出三十余里。……柏举至清发又约百三四十里，皆自东北而渐至西南。[3]

则大别犹应在麻城之东也。今谓其在汉阳府东北即翼际山者固误，[4]即如魏默深说，谓其在襄阳之天门[5]者，亦犹未是。沈氏所论，固多其例，而意存回护，实不如洪俞之说为的。自此上推内方，洪魏谓在汉北

---

〔1〕《释大别山》，引见前。
〔2〕毕沅注《墨子》亦据《元和郡县志》证柏举在今湖北麻城。
〔3〕按此实自东至西，非自东北至西南，洪文微误。
〔4〕说始李吉甫《元和郡县志》。王鸣盛《尚书后案》亦有辨。
〔5〕见魏氏《书古微》卷四"释道山南"条阳列。

叶县之方城[1]者得之。而下及皖之潜霍诸山，亦以至于大别一语为括。是知当《禹贡》成书时，潜霍尚无南岳衡山之号。故《禹贡》不举衡霍，而言大别。则汶山之阳至于衡山者，更知其非江湘之衡岳，而汶山之非蜀西之汶阜者亦益显。盖《禹贡》导山嶓冢以下一节，尽在豫鄂皖三省大江北岸，昔人强分三条为四列者，亦无当也。

由上所论，《禹贡》汶山正与《齐语》《管子》之汶山地望相符，而《魏策》吴起所言"汶山在其南"者，其所指亦属一地，盖可推见。黄丕烈校《齐语》《魏策》已见及此，其识良锐。[2]古三苗疆域，当在今河南鲁山嵩县卢氏一带山脉之北，亦居可见也。

又云"衡山在其北"者，此与《禹贡》汶山之阳至于衡山又不同。盖"衡"者横列之名，凡长山连绵，皆得称之。今依鲁山卢氏诸山，向北推寻，疑《魏策》所谓衡山，乃指今山西南部河岸诸山，《禹贡》所谓"壶口雷首至于太岳"者而言。《括地志》云：

> 此山西起雷首，东至吴坂，长数百里，随地异名。

《通典》：

---

〔1〕 见魏氏《书古微》卷四"释道山南"条阳列。
〔2〕 见黄氏所刊《国语国策札记》。

> 雷首在河东县，此山凡有八名。历山、首阳
> 山、薄山、襄山、甘枣山、中条山、渠猪山、独
> 头山也。

窃疑此山在古代，宜亦可有衡山之目。且"衡"之
与"方"，古以音近相通。《孟子》："一人衡行于天
下。"注："衡，横也。"《齐语》："以方行于天下。"
注："方，横也。"是衡行即方行，为"衡""方"相
通之证。则山脉之横行而称衡山者，宜亦得称方山。
楚有外方内方。《郡国志》曰：

> 叶县有长山曰方城。

此足证长山之称方矣。而余考河东安邑县东北亦有方
山。《水经·河水注》曰：

> 太史公《封禅书》称华山以西名山七，薄山
> 其一焉。薄山即襄山也。徐广曰：蒲阪县有襄
> 山。……扬雄《河东赋》曰：河灵矍踢，掌华蹈
> 襄。注云：襄山在潼关北十余里。以是推之，知
> 襄山在蒲阪。

是河东诸山，起自蒲阪，即称薄山也。而《河水注》
又云：

> 大阳之山……亦通谓之为薄山。

是河东诸山，西起蒲阪，东极大阳，统可以薄山总目也。而薄山方山，实亦一声之转。余考是山又称防山房山，皆即方山之异称。[1]而方山则以长山连绵得名。以此推之，古代于此山容有衡山之号，非尽无稽矣。

余又考《吴越春秋·吴太伯传》谓：

> 太伯仲雍知古公欲以国及昌，古公病，二人托名采药于衡山，遂之荆蛮。

此虽晚书，其说亦时有所采获。证之《左传》僖五年宫之奇曰：

> 太伯虞仲，太王之昭也，太伯不从，是以不嗣。

不从者，谓太王之自邠迁岐，逾河而西，而二人未之从也。合之《穆天子传》所谓"太王亶父始作西土"，正为周人自太王始西迁极佳之明证。[2]而河东之虞，即为太伯虞仲之国。疑古籍自有称太伯虞仲采药衡山而之荆蛮者，衡山即指河东大阳之虞山虞阪而

---

[1] 参看余著《周初地理考》第十五节。
[2] 同上书，第三十六节。

言。此山既自蒲阪以迄大阳，统得薄山之称，亦均可有衡山之号也。《史记·封禅书》禹封泰山，禅会稽。《正义》引《括地志》：

> 会稽山一名衡山，在越州会稽县东南十二里。

余考周初地理，定会稽在河东大阳，正与虞山同地。[1]《括地志》所谓会稽一名衡山，又足为余衡山乃河东山之切证。惟云在越州者，则自是地名递播递远后之误说，所当分别而观也。又云荆蛮者，《吴越春秋》云：

> 禹巡天下，登茅山以朝群臣。乃大会计，更名茅山为会稽山，亦曰苗山。

《水经·河水注》：

> 大阳有茅亭，故茅戎邑。

"茅""蛮"一声之转，其先即称苗。吴起所谓"三苗之国，衡山在其北"者，自河东蒲阪以至安邑，在古本三苗之土，宜可称为蛮也。荆即《禹贡》"荆及衡阳惟荆州"之荆。古三苗疆域，南极荆山，而春秋

---

[1] 参看余著《周初地理考》第十三、十四节。

时荆山之苗尚盛，故常连称荆蛮。遂以太伯虞仲之居河东衡山者亦称之荆蛮也。古籍称太伯虞仲采药衡山之荆蛮，其初意盖如此。积久而昧之。作《吴越春秋》者采及其文而已失其义，遂以说太伯至江南之事焉。而后世考寻衡山者，或以为南岳，或以为在越州，或则于今江苏求之。则余说虽创，较之以江苏为荆蛮，而又以衡山为南岳或在吴越者，不犹胜乎？余考周初地理，以《越绝书》会稽山称茅山，证其在河东。此以《吴越春秋》言衡山，证太伯虞仲初未远逃江南。而河东诸山古亦称衡山，于此亦得一助证。盖书出虽晚，而其取材往往有可资考古之借径者，其例尚多，固不仅此而已也。

汶山衡山之地望既定，请继而言彭蠡。《禹贡》：

> 嶓冢导漾，东流为汉。又东为沧浪之水，过三澨，至于大别南，入于江。东汇泽为彭蠡。东为北江，入于海。

自汉以来，均谓彭蠡即鄱阳，在江南，无异说者。及宋朱子始疑之，[1]蔡沈《尚书集传》申其说，谓：

> 番阳……在江之南，去汉水入江处已七百余

---

[1] 见朱子《彭蠡辨》，大意与下引蔡语略同。

里。所蓄之水，则合饶信徽抚……数州之流，非自汉入而为汇者。又其入江之处，西则庐阜，东则湖口，皆石山峙立，水道狭甚。不应汉水入江后七百余里乃横截而南，入于番阳。又横截而北，流为北江。……又以经文考之，……彭蠡既在大江之南，于经宜曰南汇，不宜曰东汇。……汇既在南，宜曰北为北江，不应曰东为北江。以今地望参校，绝为反戾。

所辨极明白透尽。然朱子、蔡沈并不疑汉以后以彭蠡为鄱阳之非，而转疑《禹贡》本文之误。下逮清儒，犹沿旧说，支离牵强，踵缪莫解。惟崔述、倪文蔚、魏源诸人，始献异议。然后知《禹贡》彭蠡之非鄱阳而实在江北。崔氏之言曰：[1]

《汉书·地理志》豫章郡彭泽县下注云："《禹贡》彭蠡泽在西。"番阳在彭泽南，而云在西，则彭蠡自别一地，非番阳明矣。又云："水入湖汉者八，入大江者一。"不以彭蠡称番阳而称为湖汉，则番阳自名湖汉，非即彭蠡，又明矣。

倪氏之说曰：[2]

---

〔1〕 见《崔东壁遗书·夏考信录》。
〔2〕 见倪氏《禹贡说》，刻《续清经解》中。

《史记·封禅书》，上巡南郡，至江陵而东，登礼灊之天柱山，浮江自寻阳出枞阳过彭蠡云云。太史公记本朝掌故，闻见必真。汉寻阳在江北，枞阳在今安庆东境。……使彭蠡为鄱湖，岂既出枞阳，复上溯五六百里而过彭蠡耶？……武帝过彭蠡，北至琅玡，并海上，是彭蠡在扬徐之交。

魏氏之说曰：[1]

鄱阳在昔不名彭蠡，止谓之湖汉水。……其时彭蠡泽则在湖口下游，小孤山左右，为今彭泽县对岸。《山海经》赣水出聂都东山，东北注江，入彭泽西。庐江水出三天子都，入江彭泽西。此皆彭泽在九江下游北岸之明证。桑钦《禹贡山水泽地记》，彭蠡泽在豫章彭泽县北，此尤彭蠡在彭泽县北岸之明证。《山海经》赣水又北过彭泽县西北入于江，考今彭泽县对岸为宿松望江二县，尚有泊湖章湖青草湖武昌湖等水。又太湖县旧有大湖小湖五湖之名。皆魏晋时所谓大雷池也。"彭"者盛大义，"蠡"者旋螺义，（今按，蠡即螺字，取螺旋之义，徐文靖《禹贡会笺》已言之。）与"雷"音近。

---

〔1〕 见魏氏《书古微》卷五"释道南"条九江篇。

盖江水至此成大旋螺，语音转展呼"蠡"为"雷"，遂以彭蠡为大雷。其池下抵今桐城之枞阳，为汉武南巡射蛟之处。

又曰：[1]

> 南岸小孤山，北岸彭郎矶。彭郎即彭蠡之音讹。

总观三家之说，彭蠡之在江北，非鄱阳，断无疑者。而余以为彭蠡始名，则犹不在长江而在大河。

盖彭蠡本一通名，苟水流湍急，回旋如螺者，皆可以得彭蠡之称。犹山脉之横行连列者，皆可以得衡山之称。本不限于一地。而江域文化自河移植，其山川土地之名亦往往由河域播迁而来。循此推求，河域宜可有彭蠡之目。而河水湍急，则莫逾孟津之隘。《水经·河水注》：

> 《淮南子》曰：龙门未辟，吕梁未凿，河出孟门之上，大溢逆流。无有丘陵高阜，灭之。名曰洪水。大禹疏通，谓之孟门。……孟门即龙门之上口也。实为河之巨厄。……经始禹凿，河中

---

[1] 见《书古微》卷五"释道南"条汉水篇。

漱广，夹岸崇深。倾崖返捍，巨石临危，若坠复倚。……其中水流交冲，素气云浮，往来遥观者，常若雾露沾人。窥深悸魄。其水尚崩浪万寻，悬流千丈。浑洪赑怒，鼓若山腾。浚波颓叠，迄于下口。

其水流之湍急如是，目之彭蠡，固为宜矣。且余之为说，非尽理揣，复有实证。《吕氏春秋·爱类篇》有云：

昔上古龙门未开，吕梁未发，河出孟门，大溢逆流，无有丘陵沃衍，平原高阜，尽皆灭之。名曰鸿水。禹于是疏河决江，为彭蠡之障，乾东土，所活者千八百国。

此彭蠡在河域，指龙门以下急流而言之确证也。后人仅知彭蠡在大江以南，于《禹贡》江北之彭蠡，尚不得其解，更何论于《吕氏》文所举河水之彭蠡哉？故黄东发《日钞》疑其于地理不合，而卢文弨说之则曰：[1]"此为彭蠡之障，不必承上为文，且亦不必连下乾东土也。"然岂有既不承上，又不连下，横插此一语之文理。苟明余说，彭蠡即指龙门以下河流之

---

[1] 据毕氏校本《吕氏春秋》引。

湍急言之，则吕氏此文，皎然明白，无烦曲解。且言河域彭蠡者，其证尚不仅于《吕氏》，又见之于《淮南》之《人间训》。其文曰：

> 禹决江疏河，凿龙门，辟伊阙，修彭蠡之防。

《北堂书钞》四引作：

> 凿昆龙，开吕梁，修彭离。

是则彭蠡指龙门吕梁以下河流而言，更无疑义。且今吕梁之名，又误移于江苏之彭城。反而求之，则古代河域彭蠡当在吕梁附近。正犹余考周初地理，以汉扶风郇邑有豳，推迹公刘居邠，当近河东之荀城。[1]古史地名虽纷歧错出，乖误万端，而犹可以籀为通例以资推说有如此也。

且余谓彭蠡乃古者河自龙门以下水流湍急之称，其事犹可旁推以为证者。魏默深谓《禹贡》彭蠡在江北，即后世之大雷。"蠡""雷"以声近而讹。今河东有雷首山。《水经·河水注》云：

> 山临大河，北去蒲阪三十里，《尚书》所谓

---

〔1〕 参看余著《周初地理考》第二十七节。

壶口雷首者也。

是雷首起脉，正值黄河彭蠡之流。其与安徽大雷得名所由，南北一揆，又可知矣。雷首又名蒲山，其地称蒲坂蒲津，与所谓壶口者，"蒲"之与"壶"，盖亦自"雷"与"螺"声转讹而来。又河西有彭衙。《秦本纪》武公元年伐彭戏氏，《正义》曰"戎号也"，盖同州彭衙故城是也。衙从吾声，古鱼吾同音，彭蠡之转为彭衙，是支鱼之相转也。"戏"与"蠡"同属支韵，则彭衙彭戏皆彭蠡也。古者山名、水名、土地名、氏族名，往往相混相移，此又其一例矣。余考今洞庭湖入江，有彭城矶、白螺矶、蒲矶口、蒲矶山诸名，是"彭"者"蒲"者"螺"者皆与彭蠡有关，所以形容水势之盛壮而湍急。则以大河两岸蒲阪、蒲津、壶口、雷首、彭衙、彭戏诸名，亦足以推证古者河流历此有彭蠡之称矣。

吴起言三苗疆域，谓"汶山在南，衡山在北，彭蠡左而洞庭右"。汶山、衡山、彭蠡三者，既得其所在，则洞庭一地，自可推寻而得。请先言江域洞庭。江域称洞庭者有二，一为湖南洞庭湖，一为江苏太湖。左思《吴都赋》"集洞庭而淹留"是也。则其先洞庭亦通称，其后乃成湖南洞庭湖之专名耳。《山海经·海内东经》：

湘水……入洞庭下。

郭注：

> 洞庭地穴也，在长沙巴陵。今吴县南太湖中有包山，下有"洞庭"穴道，潜行水底，云无所不通，号为地脉。

《水经·沔水注》言太湖有苞山，

> 《春秋》谓之夫椒山，有洞室入地潜行，北通琅玡东武县，俗谓之洞庭。旁有青山，一名夏架山，山有洞穴，潜通洞庭。……是以郭景纯之《江赋》云："爰有包山'洞庭'，巴陵地道，潜达旁通，幽岫窈窕。"

唐张说《洞庭诗》亦云：

> 地穴通东武，江流下西蜀。

盖洞字本训中空通达，"洞庭"乃地室洞穴之称，确然不疑。若以彭蠡之例推之，凡水之潜行暗达，地脉相通者，宜俱可有"洞庭"之目。而其先起则亦在大河之域。(《唐书·地理志》，酒泉有洞庭山，出金。)余以"洞庭"二字之声义，及《魏策》吴起言三苗疆域之四至求之，则河域洞庭盖即《禹贡》之"荥波"也。

《尔雅·释木》云："荣，桐木。"《说文》："荣，桐木也。""桐，荣也。"是古音东冬亦与庚青相通转。"桐"之转而为"荣"，犹"荥"之转而为"洞"也。"荣""庭"则同属青韵。此以声类求之而见洞庭与荥之相通也。以言夫"荥"之取义，则亦与"洞庭"正类。《禹贡》：

> 导沇水，东流为济，入于河。溢为荥，东出于陶丘北，又东至于菏，又东北会于汶，又北东入于海。

吴澄说之曰：[1]

> 济既入河，其伏者潜行地下，绝河而南，溢为荥泽，再出于陶丘北。溢者言如井泉自中而满，非有来处，如菏泽被孟猪之被。出者言在平地自下而涌，非有上流，如某水至某处之至。荥泽后既填塞，陶丘亦无窦，济渎故道不可复寻矣。

是谓济水入河后，别有一脉潜行地下，遇空窦即涌

---

〔1〕 引见胡渭《禹贡锥指》卷十五。

出，故一见于荥泽，再见于陶丘也，此与"洞庭"地穴之义亦复相通。故知荥泽之与洞庭，不徒声近，兼亦义似。语出一源，殆无疑也。惟河之荥泽湮塞甚早。崔述云：[1]

《春秋传》云：潘党逐魏锜及荥泽，[2]见六麋，射一麋以顾献。郑氏云：荥今塞为平地，其民犹以荥泽呼之。是荥在春秋时已通车马，至两汉遂为田畴矣。

盖伏流涌出，势不壮旺。虽擅泽名，实多草陆。故吴起之言曰："左彭蠡之波，右洞庭之水。"波水异文，固属行文之便，亦兼状物之真也。

荥之为名，既为伏流涌出，地脉潜通之公名，故河域称荥泽者亦不尽于一地。《春秋》闵二年，卫侯及狄人战于荥泽，今《左传》本作荧泽。杜预云：此荧泽当在河北。孔氏《正义》谓："《禹贡》荥在河南，时卫都河北，为狄所败，乃东徙渡河，故知此荧泽当在河北。但沇水入河乃泆，被河南多，故专得荥名。其北虽少，亦称荧也。"惟卫都朝歌，河北荧泽

---

[1] 引见前崔书。
[2] 见《左传》宣公十二年。"荥"字从火作"荧"。段玉裁《古文尚书撰异》谓荧者光不定之貌，沛水出没不常，故取名曰"荧"。深以作"荥"者为非。而阎若璩《潜邱劄记》则仍依"荥"字为说。兹并各从其本字写之。

当去朝歌不远。孔氏以济水在河北者说之似误。恐是河北别有一荥泽也。杜氏《春秋经传集解》后序谓《纪年》又称卫懿公及赤翟战于洞泽，疑"洞"当为"泂"，即《左传》所谓荥泽也。盖"荥""泂"声近，故荥泽又作泂泽矣。《史记·殷本纪》：

> 汤归至于泰卷陶，中虆作诰。

《书》序亦云：

> 汤归自夏，至于大坰，仲虺作诰。

《史记》《索隐》说之云：

> 邹诞生"卷"作"坰"，又作"泂"，与《尚书》同。……其下"陶"字是衍。……解《尚书》者以大坰今定陶是也。旧本或傍记其地名，后人转写，遂衍斯字。

据《索隐》说，则定陶亦名大坰，即大泂。而金履祥说则大坰即荥泽。[1]今尚未能详定。惟《禹贡》济

---

[1] 见金氏《通鉴纲目》前编卷四。杨慎《丹铅录》谓大坰即太行，恐未是。

溢为荥，又东出于陶丘北。而《汉志》、《禹贡》陶丘在定陶县西南。则大洄一名，无论其在定陶与荥泽，要之"洄""荥"相通，皆指济水之伏流潜涌而言。而洄泽与荥泽声义皆一，又无疑矣。是则古代大河两岸，水泉伏涌，随地成泽，皆称"洄""荥"，而最著者惟河南荥阳之荥泽。地去陶数百里，而水脉相通，故陶丘之泽亦得"洄""荥"之名。语音转讹，遂为洞庭而乃以被之江南。后世则惟知河域有荥泽，有洄泽，江域有洞庭，而不知其名之本出于一矣。

且余谓古者河域有洞庭，其说尚有证。《淮南·本经训》：

> 至尧之时，十日并出，焦禾稼，杀草木，而民无所食。猰貐凿齿，九婴大风，封豨脩蛇，皆为民害。尧乃使羿诛凿齿于畴华之野，杀九婴于凶水之上，缴大风于青丘之泽，上射十日而下杀猰貐，断脩蛇于洞庭，禽封豨于桑林。万民皆喜，置尧以为天子。

此文凡及五地。桑林乃汤祷旱之所，其地在河域，无可疑者。高诱注北狄之地有凶水，又云青丘东方之泽名也。古称东方皆指齐鲁一带，则此两地亦在河域，又无疑。惟畴华洞庭，高氏皆以为南方泽名。此高氏自知南方有洞庭，遂以推之畴华。而古书传说尧舜

事，余疑其尚多在河域，未及江南也。洪亮吉云：[1]

　　畴华当即《国语》依畴、历华二地。

按此出《郑语》：

　　若克二邑 (虢郐)，邬弊补舟依縣[2]历华，君
　　之土也。

是畴华亦春秋郑地在河域，则洞庭之不在大江以南亦
从可知。若依余说，洞庭即河域之荥泽，则洞庭桑林
地望正近。《淮南》所言固属传说，然传说亦有自，
亦当于近情理处求之。如余此解，固当较旧释为胜
也。[3]《庄子·天运篇》："黄帝张咸池之乐于洞庭
之野。"成玄英疏："洞庭之野天地之间，非太湖之洞
庭也。"苟如余说，洞庭即荥泽，固可称洞庭之野，
不必以湖不称野疑之，而曲说为天地之间矣。《禹
贡》又称"大野既猪"，大野亦泽名而称野，盖以水
草沮洳而兼陆土，犹如潘党之猎麋于荥泽，此皆河域
有之。非所语于浩汗粘天，日月出没其中，如江南之
洞庭也。然则洞庭称野，其在河域，正犹大野之例，

―――――――――――――

〔1〕　引见刘文典《淮南鸿烈集解》。
〔2〕　《诗谱》作"畴"。
〔3〕　余《周初地理考》证会稽在河域，与此取径正同，可参看。

又可识矣。

据上所论，古者三苗疆域，盖在今河南鲁山嵩县卢氏一带山脉之北，今山西南部诸山，自蒲阪安邑以至析城王屋一带山脉之南，夹黄河为居，西起蒲潼，东达荥郑，不出今河南北部山西南部广运数百里间也。《尚书》言舜窜三苗于三危，[1]又称分北三苗，而吴起则谓禹灭三苗。舜禹事迹，正在河陕之间，[2]与三苗疆土同域。《隋书·志》党项即三苗，后分北三苗，别其部落，离其党类，以销其势也。《山西通志》，永宁州古离石地，离石有步落稽，即党项也。县南界永宁，群山错杂，党项散居山谷中，唐张说出合河关击党项即此。《禹贡》西戎即叙，析支渠搜，皆在西河外，唐虞都山西，故详于西北也。又传说三危在西土，舜禹之窜三苗，盖自河东逾河而之河西，与其后周古公之避狄西迁，大略相似。[3]若谓三苗初居江南洞庭彭蠡间，舜禹远迹南征，又窜之西北数千里外之三危，则其事颇涉荒诞，固不如余考之较近情实矣。[4]

---

〔1〕 见《尚书·尧典》，《大戴礼》、《史记·五帝本纪》皆言之。
〔2〕 参看余著《周初地理考》论舜葬苍梧，禹葬会稽诸节。
〔3〕 说详余《周初地理考》。
〔4〕 顾栋高《春秋大事表》春秋时楚地不到湖南论谓尝遍考《诗》、《书》及《春秋》三传与《职方》、《尔雅》之文，无有及洞庭两字者。盖古人言地域，少及大江之南，亦足为余此文一旁证。

近人章炳麟《检论·序种姓》谓今之苗古之髳也，与三苗异。然余考春秋河东有茅戎。[1]"茅""髳"同字，则茅亦在北方。又有陆浑蛮氏，[2]亦称戎蛮子，[3]杜云：河南新城县东南有蛮城。《方舆纪要》，新城县在河南府南七十五里，古戎蛮子邑。战国时谓之新城，隋改县曰伊阙。以山为名。北魏史，伊阙以南，大山长谷，蛮多居之。魏因以伊川土豪李长为防蛮都督。考《东汉书·祭遵传》有新城蛮，则蛮之居伊阙，由来旧矣。"蛮""茅"一声之转，蛮即茅，亦即苗也。楚人筚路蓝缕，以启荆蛮。此所谓蛮者，亦在河南汝水上流一带山中。则即以春秋时证之，北之茅戎，南之蛮氏，其地望亦与吴起所言三苗居土相吻合。自属古者三苗遗裔。而髳与三苗，亦未见其必为二也。《尚书·吕刑》言及苗民制刑，亦以吕国河南南阳，其先本苗土，故引以为戒。余考古籍言及三苗，若以《魏策》吴起所言地望，以余说推之，其情事皆较旧说为允。因作此考，为治古史考古代民族地理者作商榷焉。

录自 1932 年 12 月《燕京学报》第十二期

---

[1] 见《左传》成公元年。
[2] 见《左传》成公四年。
[3] 见《左传》昭公十六年。

《楚辞》地名考

分　目

一、引　言

先秦诸书不言屈原，自太史公《史记》始为之传。而宋司马氏《通鉴》削弃不录。近人乃颇疑屈原并无其人，此殊无说以证。而史公论屈原事，则实颇有误者。余读《楚辞》，意屈原被谗放居，乃在汉北，非至湘南也。[1]其死或当在怀王入秦前，非在顷襄之世。凡《楚辞》所言沅湘洞庭之属，皆大江以北之地名耳。因草此篇，为治《楚辞》考屈子行迹者进一新解焉。[2]

二、略论《楚辞》疆域源流

楚人始居丹阳，其地在商州之东，南阳之西，当

---

〔1〕　余论古史地名迁徙，曾草《周初地理考》（载《燕京学报》第十期）、《古三苗疆域考》（载《燕京学报》第十二期）两文。此篇亦其一例，读者幸参互读之。文中论洞庭一名本在江北，尤与《古三苗疆域考》论古彭蠡在江北不在江南者相足也。

〔2〕　本篇所释地名，专以与屈原行迹有直接关系者为限，其他不能尽及。

丹水析水入汉之处，故名丹析。[1]其在周初，则二《南》风《诗》之所自采也。考二《南》之所咏，曰江汉，曰汝坟，曰南山，曰河洲。约略言之，则自南阳襄邓向西以至商雒汉中；向东则及光黄汝颍，盖皆二南之所逮。[2]循此以东则为陈，其诗曰："坎其击鼓，宛丘之下，无冬无夏，值其鹭羽。"又曰："东门之枌，宛丘之栩，子仲之子，婆娑其下。"《汉书·地理志》称其"好祭祀，用史巫，故其俗巫鬼"是也。其循而北，则为郑。其诗曰："出其东门，有女如云。"又曰："溱与洧，方涣涣兮。士与女，方秉蕑兮。洵訏且乐，惟士与女，伊其相谑。"《汉书·地理志》谓其"土陿而险，山居谷汲，男女亟聚会，故其俗淫"是也。更循郑而东北，则桑间濮上，卫之所迁。《汉书·地理志》谓其"男女亦亟聚会，声色生焉，故俗称郑卫之音"是也。盖与《淇奥》之诗，美哉渊乎，如卫康叔武公之德者异焉。

《吕氏春秋·音初篇》："禹行功，见涂山[3]之女，禹未之遇而巡省南土。涂山氏之女乃令其妾候禹于涂山之阳。女乃作歌，歌曰：'候人兮猗。'实始作为南音。周公及召公取风焉，以为《周南》、《召

---

〔1〕 此据宋翔凤《过庭录》卷九"楚鬻熊居丹阳武王徙郢考"。
〔2〕 关于二南境域，略参王夫之《诗经稗疏》。
〔3〕 涂山在今河南嵩县西南十里，与二南地望正合，论详《周初地理考》第十七节。

南》。"是谓周之二《南》，乃采自夏人之南音也。孔子论《诗》，极赞二《南》，曰："《关雎》乐而不淫，哀而不伤。"又曰："师挚之始，《关雎》之乱，洋洋乎盈耳哉。"又曰："人而不为《周南》、《召南》，犹正墙面而立。"盖《关雎》二《南》，大抵皆合乐之诗。故既曰洋洋盈耳，又曰不为《周南》、《召南》，犹正墙而立。谓众人合乐，一人不习，若向隅也。〔1〕《周南》之《关雎》《葛覃》《卷耳》，《召南》之《鹊巢》《采蘩》《采苹》六篇，周人取以为房中之乐，用之乡人，用之邦国。与雅颂之专施于宗庙朝廷之间者不同。盖二《南》之风，取之江汉汝淮之间。巫鬼祭祀，男女相随，野舞民歌，别有天趣。其清新和畅之致，有非文武成康以来，天子公侯贵族在上位之雅乐之比者。宜乎孔子亦深喜之也。

子在齐，闻《韶》，三月不知肉味，曰："不图为乐之至于斯也。"孔子又言之，曰："《韶》尽美尽善矣。"《韶》相传为舜乐。陈舜后，春秋时陈公子完奔齐，故齐亦有《韶》。〔2〕《乐记》云："昔者舜作五弦之琴以歌南风。"然则《韶》之为乐，实亦南音也。《小雅·鼓钟》之诗曰："淮水汤汤，鼓钟钦钦，鼓瑟鼓琴，以雅以南，以籥不僭。"籥者管籥，季札观乐，所谓见舞象箾南籥，是籥亦南方之乐器也。周之王室，作乐

---

〔1〕 二南为合乐，详刘台拱《论语骈指》、凌廷堪《礼经释例》诸书。

〔2〕 此本《汉书·礼乐志》。

淮上，而鼓琴吹龠，[1]效为南音。陈国颍上，亦淮域也。谓陈之《韶》乐，与二《南》同源共祖，谅不诬矣。

孔子之论乐，既极赏二《南》与《韶》乐，而深不喜郑卫。《乐记》，子夏告魏文侯曰："郑音好滥淫志，宋音燕女溺志，卫音趋数烦志，齐音敖辟乔志，此四者，皆淫于色而害于德，是以祭祀弗用。"此四者皆新声溺音，与南雅之乐不同。郑兼河南濮上之卫言之，卫则河北淇水之卫也。大抵郑宋之音泛滥不振，而实近于南音，卫齐之音迫促倨肆，而实北音也。孔子之深恶于郑卫者，其实郑卫之乐，亦染于南俗，而特其变而益甚者也。[2]

然南人以巫鬼祭祀之俗，擅声乐之天性。男女相逐，歌咏舞蹈于川谷之间，平原之野，造为美人香草之辞，其风亦不自《周》、《召》、《宛丘》之诗而歇也。钟仪之见幽，操琴而歌南风。孔子周游，其至楚，有狂人接舆而歌凤兮，孺子濯足而歌沧浪。迄于战国，屈子被谗，放居汉北，而有《九歌》，则昔者二《南》、《关雎》之遗响也。楚都东迁，国于郢陈，宋玉景差之徒，继屈子而有作，则向者陈国《韶》乐之余音

---

[1] 琴为南音，瑟则北乐，故琴盛于楚，而瑟盛于赵，参读徐养原《顽石庐经说》卷七。又新声相传由卫灵公舍濮水，夜半闻鼓琴声所得，此亦郑卫新声近南音之证。

[2] 二《南》为前期之新声，而郑卫则后期之新声也。又郑卫之卫，指濮上，不指淇奥，均待别论，此不备详。

也。"《箫韶》九成",此舜乐以九为节也。"启《九辨》与《九歌》",是夏乐亦以九为节也。故《楚辞》有《九歌》、《九章》、《九辨》。又为《大招》、《招魂》,招即韶也。[1]曰"望夫君兮未来,吹参差兮谁思",参差即箫也。又曰:"奏《九歌》而舞《韶》兮,聊暇日以偷乐。"《楚辞》之继踵南韶,夫复何疑?而阳春白雪,下里巴人,属而和者,有逾千百。楚人之好擅音乐,有如此者。

及秦人一统,楚之故家遗族,流风余韵,尽促而东。则在淮泗以南迄于会稽,皆得楚称。项王围垓下,听汉军中四面皆楚歌。汉高命戚夫人楚舞,自为楚歌和之。虞姬之辞,《大风》之唱,皆楚声也。

其后王濞封吴,招致四方游士,齐人邹阳与吴严忌淮阴枚乘等皆集。及吴败,邹阳枚乘之徒皆游梁。梁复有齐人羊胜公孙诡之属。汉代辞赋,吴梁开其先。齐人滨海,神仙黄老之所权舆。泽之以楚人之辞藻,两者汇而同流,恢奇夸诈,要之与战国以来所谓

---

[1] 齐有《徵招》、《角招》,即《徵韶》、《角韶》。《史记·夏本纪》禹乃兴《九招》之乐,是韶作招也。又《太平御览》卷三十引《韩诗》曰:"溱与洧,方洹洹兮,惟士与女,方秉萠兮。郑国之俗,三月上巳之辰,此两水之上,招魂续魄,拂除不祥,故诗人愿与所悦者俱往观之。"《宋书》十五、又《初学记》三十六、《五行大义》卷三,所引俱同。秉萠者,即《陈风·泽陂》"有蒲与萠"之萠。此招魂之俗,水滨之祠,美人香草之词,男女相悦之歌,郑之为俗,渐染于南人之徵也。《招魂》、《大招》,即《九招》之招,《楚辞》有乱曰,即"关雎之乱"之乱。

楚辞者，犹是血脉相贯，非特起为异物也。刘安王淮南，继吴梁而起。好书鼓琴，亦染南风。其群臣宾客，皆出江淮间。武帝诏使为《离骚》赋，且受诏，食时毕，则《楚辞》《离骚》，传于淮南宾客之证也。[1]

吴梁淮南相继覆灭，而东南辞赋之盛，移于王室。然武帝时朱买臣召见言《楚辞》，宣帝时征能为楚辞，九江被公召见诵读。凡此皆《楚辞》始末源流疆域之可考者也。

然自贾谊赴长沙，渡湘水，为赋吊屈原，已谓原湛汨罗，地在湘南。史公承之作传，无异辞。下及后汉王逸又谓屈原《九歌》作于沅湘之间。余考《九歌》文字颇有疑者。近人既疑屈原未必有其人，乃谓《九歌》诸作，乃湘水之民歌。则前无承、后无继，蛮陬邅壤荒江寂寞之滨，何来此斐亹动宕之辞？以地域风气开辟被染之先后言之，《九歌》为湘江民歌之说，实断乎无可立之据也。

三、屈原年历

论《楚辞》者，不得不及屈原。兹姑据《楚辞》《史记》所载，先约略推定屈原生卒年历如次：[2]

楚宣王二十七年　屈原生。

---

[1]　参读《汉书·艺文志》、王逸《楚辞章句》。
[2]　关于屈原生卒时事，互详拙著《诸子系年》，此不尽备。

《离骚》："摄提贞于孟陬兮，惟庚寅吾以降。"此屈子自道其生辰也。王逸《章句》谓："太岁在寅曰摄提格。孟，始也。正月为陬。庚寅，日也。言己以太岁在寅正月始春庚寅之日下母之体而生。"陈瑑《屈子生卒年月考》、刘师培《古历管窥》，推定屈子生年在楚宣王二十七年。按之《史记》屈原事迹，大概相符，盖可从。

楚怀王元年　屈原年十六。

十一年　屈原年二十六。

屈复《楚辞新注》定是年屈子为左徒，谓是年楚为从约长，《惜往日》篇所谓"奉先功以照下，国富强而法立"是也。今按屈说亦非确证。[1] 大抵屈原为左徒用事，或可始此时，或稍后。

十六年　屈原年三十一。

《史记·楚世家》是岁张仪至楚。《世家》又谓："屈平既绌，其后秦欲伐齐，齐与楚从亲。惠王患之，乃令张仪详去秦，厚币委质事楚。"则张仪来，屈原已先绌。所谓忧愁幽思而作《离骚》者，亦应在此年前。

十七年　屈原年三十二。

是岁秦大破楚师于丹析，虏楚将屈丐。

十八年　屈原年三十三。

---

〔1〕《惜往日》是否屈原作亦可疑，辨详本篇末节。

是岁张仪重至楚。屈原使齐返，谏怀王何不杀张仪。《世家》谓是时屈平既疏，不复在位，使于齐。是使齐在失左徒位后。

二十四年　屈原年三十九。

是岁秦来迎妇。

二十五年　屈原年四十。

是岁，与秦盟黄棘。《悲回风》："借光景以往来兮，施黄棘之枉策。"王逸云："黄棘，棘刺也。枉，曲也。言己愿借神光，电景飞注，往来施黄棘之刺以为马策，言其利用急疾也。"洪兴祖曰："言己所以假延日月往来天地之间，无以自处者，以其君施黄棘之枉策故也。初怀王二十五年入与秦昭王盟，约于黄棘。其后为秦所欺，卒客死于秦。今顷襄信任奸回，将至亡国，是复施行黄棘之枉策也。黄棘地名。"朱子《楚辞辨证》不取洪说，仍主旧解。今按黄棘果属地名，则系怀王时事，洪氏强为牵涉于襄王，殊无理据。王逸之解，更属牵强。大抵此篇乃指怀王事言。〔1〕

二十六年　屈原年四十一。

是岁齐韩魏伐楚，楚使太子质秦。

二十八年　屈原年四十三。

---

〔1〕 至《悲回风》文字，亦未必屈原作。其谓"浮江淮而入海"、"望大河之洲渚"诸语，前人以此致疑者，其实《楚辞》皆道江北，非此篇独然也。

秦会齐韩魏之师攻楚，杀楚将唐眜。

三十年　屈原年四十五。（?）

是岁怀王入秦。今按屈原或不见怀王入秦事，其卒当在前。又屈原自怀王信谗见疏，曾使齐，其后放居汉北。或据《哀郢篇》至今九年而不复，谓原居汉北，至少当得九年。[1]或谓怀王十六年屈原被放，下历九年，其卒当为怀王二十四五年间。[2]然《哀郢》未必屈原之作，[3]则九年不复一语，不足以推屈原之年历也。

楚顷襄王元年　屈原年四十六。（?）

《史记》屈原至顷襄王时尚在，则顷襄元年，应为屈子之四十六岁。

三年　屈原年四十八。（?）

是岁怀王卒于秦。据《史记》则屈原迁湘自沉，应在此后。

二十一年　屈原年六十六。（?）

是岁，秦拔楚郢，顷襄王出亡走陈。纵谓《史记》之说可信，则屈原当死于顷襄三年后不久，其寿当止五十左右，决不至是尚存。后人考《楚辞》者，以顷襄奔陈后事说之，断误。[4]

---

〔1〕　此见王夫之《楚辞通释》。
〔2〕　此见王懋竑《白田草堂存稿》。详本篇末节。
〔3〕〔4〕　后人说《楚辞》者，均以《哀郢》为顷襄迁陈后作是也。即以"哀故都之日远"一语证之，已信。若非迁郢，则郢不称故都。惟必谓《九章》皆屈原作，殊无据。则本此而推原之卒年者，自不可恃。

四、屈原放居汉北考

屈原放居汉北，虽《史记》未之言，而《楚辞》有内证，可以补《史记》之缺者。

一 释汉北涔阳

《抽思篇》："有鸟自南兮，来集汉北。望南山而流涕兮，临流水而太息。惟郢路之辽远兮，魂一夕而九逝。曾不知路之曲直兮，南指月与列星。"此指屈原居汉北最显。下云"狂顾南行，聊以娱心兮"，则姑作快意之谈也。[1]

又《湘君篇》："望涔阳兮极浦，横大江兮扬灵。"《水经》："涔水出汉中南郑县东南旱山北，至安阳县南入于沔。"沔即汉水，涔阳即汉之阳也。《史记》"沱涔既道"，郑玄云："水出江为沱，汉为涔。"而王逸云："涔阳江崎名，附近郢。"《说文》："涔阳渚在郢中。"此俱强为之说。而后人遂谓涔阳在公安县南。皆由误于《史记》，不知屈原居汉北，故必造为其地以实之。

---

[1] 以《抽思》证屈原居汉北者，王船山《楚辞通释》、屈复《楚辞新注》、林云铭《楚辞灯》、蒋骥《楚辞注》、戴震《屈原赋注》引方晞原说，皆然。若谓《抽思》非屈原作，而后之辞人作此以道屈原，则为此辞者必尚知屈原曾居汉北，故其辞云云也。若谓其文并非原作，亦不道原事，则作此文而有所道者，必其所道乃指放居汉北之谁某，又可知也。今以《抽思》之文证之《史记》，则其所道被谗放居之谁某，自可推想先及于屈原之身也。

《招魂》"路贯庐江兮左长薄"，又曰"与王趋梦兮课后先"。今考《汉志》南郡有中卢县，《水经》："沔水东过中庐县东，维水自房陵县维山东流注之。"注："县即春秋庐戎之国也。县故城南有水出西山，名曰浴马港。候水诸蛮北遏是水，南壅维川，以周田溉，下流入沔。"则此庐江者，非浴马港，即维川也。中卢正在今宜城县北。王船山《楚辞通释》，襄汉之间有中卢水，疑即此水。则《招魂》无论为屈原作，抑宋玉作，而屈子之居汉北，此又一证矣。[1]

二 释沧浪之水

《水经·沔水注》："武当县西北四十里汉水中有洲，名沧浪洲，庚仲雍《汉水记》谓之千龄洲，非也。《地说》曰：水出荆山东南流，为沧浪之水，是近楚都。故渔父歌曰云云。余按《尚书·禹贡》言导漾水东流为汉，又东为沧浪之水。不言过而言为者，明非他水决入也。盖汉沔水自下有沧浪通称耳。缠络鄢郢，地连纪[2]

---

〔1〕《吴志》注，《襄阳记》曰：祖中在上黄界，去襄阳一百五十里，魏时夷王梅敷兄弟三人部曲万余家屯此，分布在中庐宜城西山鄢沔二谷中，土地平敞，宜桑麻，有水陆良田，谓之祖中。《清一统志》，八叠山在南漳县西南六十里，一名祖山。窃疑夷人之居，自春秋战国以来已然，故宜城西山又曰夷陵也。

习凿齿《襄阳耆旧记》，宋玉者，楚之鄢郢人也。故宜城有宋玉冢。冢在县南三十里宋玉宅后。

〔2〕汉有邔侯黄极忠。《清一统志》，邔县故城在襄阳府宜城县东北，疑纪即邔也。

都，咸楚都矣。渔父歌之，不违水地。考按经传，宜以《尚书》为正耳。"今按武当为今均县。沧浪洲在武当县西北，则亦汉北地也。郦氏谓汉沔自下有沧浪通称，而不知渔夫所歌，屈原所居，自在汉北，故必引而南之，谓其不违水地，亦与王逸、许慎之说溕阳同误。[1]又《史记》叙渔父事于顷襄王怒迁屈原后，恐亦失之。

三 释三闾大夫

《渔父篇》称屈原为三闾大夫。王逸云："三闾之职，掌王族三姓，曰昭屈景。序其谱属，率其贤良，以厉国士。入则与王图议政事，决定嫌疑，出则监察群下，应对诸侯。谋行职修，王甚珍之。"今按王氏以《史记》为左徒用事时语释三闾大夫之职，甚误。余意三闾乃邑名也。古无专掌统治王族之大夫。以公邑称大夫，私邑称宰之例，如赵衰为原大夫，狐溱为温大夫，凡称某某大夫者，率以邑名。楚则有县尹县公，然亦有大夫。如上官大夫谮屈原，上官亦邑名也。《姓纂》："楚庄王少子兰为上官大夫，后以为氏。"《通志·氏族略》："楚王子兰为上官大夫，因以

---

〔1〕 今湖南常德亦有沧浪水，正可为余说地名与故事传说相随迁徙之一证。若必谓屈原所遇渔父濯缨之沧浪在湖南，与孔子所遇孺子濯足之沧浪在湖北者不同，则本以故事传说之迁徙而造为地名以实之，今复以新造之地名证故事传说之无误，循环相证，自亦足以守其固见也。

为氏。秦灭楚，徙陇西之上邦。"是皆以上官为邑名也。应劭《风俗通》："三闾大夫屈原之后有三闾氏。"《通志》亦入以邑为氏类，则亦谓三闾乃邑名矣。惟三闾为邑，不见于他书。余考楚有三户，盖即三闾也。《左传》僖公二十五年，"秦晋戍都，楚申息之师戍商密。秦人过析隈以围商密。"杜注："都本在商密秦楚界上小国。其后迁于南郡都县。"商密今南阳丹水县；析，南阳析县。《水经注》："丹水又经丹水县故城南，县有密阳乡，古商密之地，楚申息之师所戍也。春秋之三户矣。"是都本在商密，后既南迁，而旧地乃名三户。《左传》哀公四年"以畀楚师于三户"，杜注："今丹水县北三户亭。"盖都畏秦逼，南迁而为楚之附庸。楚遂踞其故地，易名三户。三户者，即指楚昭屈景三族。楚南公曰"楚虽三户，亡秦必楚"也。[1]《南阳府志》内乡县有屈原冈。《括地志》内乡即析县故地。则原为三闾大夫正在此地，故有冈名遗迹。《太平寰宇记》卷一百四十三《述均州风俗》，谓："汉中风俗与汝南同，有汉江川泽山林，少原隰，多以力耕火种。人性刚烈躁急，信巫鬼，重淫祀，尤好楚歌。"[2]余谓屈原《九歌》，

---

〔1〕《汉志》勃海郡有三户县。《水经注》："滹水东北径参户亭，分为二渎。应劭曰：平舒县西南五十里有参户亭。故县也，世谓之平虏城。"《清一统志》：三户故城在天津府青县南。东汉有三户亭侯，即此北方之三户。疑古之三户亭，略如后世有三家村也。

〔2〕《寰宇记》此条引《汉书·地理志》而微易其文。

盖产其地，上承二《南》遗响，确有明据，[1]王逸以长沙沅湘之间说之，误矣。

五、《楚辞》洞庭在江北说

谓屈原居汉北，《九歌》《抽思》诸篇，作于南阳丹析之间，则屈原何以远引及于江南之洞庭？余据先秦诸籍，参稽考订，知《楚辞》洞庭亦在江北，不在江南也。

《史记·苏秦传》："秦告楚曰：蜀地之甲，乘船浮于汶，乘夏水而下江，五日而至郢。汉中之甲，乘船出于巴，乘夏水而下汉，四日而至五渚。"据此则五渚在汉水下流。[2]

又《秦策》："张仪说秦王曰：秦与荆人战，大破荆，袭郢，取洞庭五都江南，荆王亡走，东伏于陈。"《韩非·初见秦篇》作"洞庭五湖江南"。今按五都即五渚也。从水而言则曰五湖，据陆言之则曰五渚。五渚既近汉水，则洞庭自亦与汉水非遥。

《史记集解》裴骃案："《战国策》曰：秦与荆人战，大破荆，袭郢，取洞庭五渚江南，然则五渚在洞

---

[1] 以沧浪三闾之地望证之《抽思》之汉北，则屈原放居之地可推。以《九歌》湑阳之地望证之，则为此歌者，自为身居汉北之谁氏。而以《史记》所载，《淮南》所传证之，则为此歌者之谁氏，自可最先推论及于屈原之身也。纵疑《九歌》不必尽屈原作，而谓屈原放居汉北与《九歌》乃汉北祭神之歌，此二说仍可立。则继此而谓屈原居汉北作《九歌》，亦属颇为自然之联谊也。

[2] 此所谓下流者，自据秦楚形势言之，勿泥看。

庭。"今按裴说以五渚在洞庭是也。惟不知此洞庭实在江北，临汉水。

司马贞《索隐》云："五渚，五处洲也。刘伯庄以为五渚宛邓之间，临汉水，不得在洞庭。或说五渚即五湖，与刘氏说不同。"今按刘氏以五渚在宛邓之间临汉水，当有据，其说亦是也。惟不知洞庭亦临汉水，故曰不得在洞庭。

史载苏秦之语，又见《燕策》。鲍彪曰："五渚，史注在洞庭。"今按鲍氏盖与裴氏同误。吴师道云："今详本文，下汉而至五渚，则五渚乃汉水下流。洞庭在江之南，非其地也。"今按吴氏盖与刘氏同误。今即就史文内证，定洞庭本在江北，则诸家之疑均释矣。

且所谓洞庭五渚江南者，江南一名，亦非泛指。《史记·秦本纪》："昭三十年，蜀守若伐取巫郡及江南为黔中郡。三十一年，楚人反我江南。"《楚世家》："襄王收东地兵，复西取秦所拔我江旁十五邑以为郡距秦。"《六国表》："秦所拔我江旁十五邑反秦。"据此则《策》、《史》所谓江南，即指江旁十五邑，而秦人取以为黔中郡者。《正义》引《括地志》："黔中故城在辰州沅陵县西二十里。"则当时江旁十五邑，所谓江南者，其地在今洞庭之西，正值楚都之南。而洞庭五渚则在楚都北。故曰袭郢，取洞庭五渚江南。先袭郢，为用兵主力所趋。自郢而北则取洞庭五渚。自郢而南则取江南也。若洞庭即今地，则秦人用兵自西而东，应曰江南洞庭，不得曰洞庭江南。且不得偏趋于郢南，而不及于郢北矣。

今再以《九歌》《九章》言之，曰："嫋嫋兮秋风，洞庭波兮木叶下。"此不似江南洞庭，湖水广员五百里，日月若出没其中之所有也。曰："令沅湘兮无波，使江水兮安流。驾飞龙以北征，遭吾道兮洞庭。"自大江北征而遭道于洞庭，洞庭固非在江南也。曰："将运舟而下浮兮，上洞庭而下江。"洞庭在北称上，大江在南称下，又自分明言之矣。

洞庭之名，见于江北，其证犹不止此。《山海经·中山经》有洞庭之山。后人多以巴陵洞庭释之。然长沙巴陵之山不得列《中山经》。且自洞庭之山以下，又东南一百八十里曰暴山。又东南二百里曰即公之山。又东南一百五十九里曰尧山。又东南一百里曰江浮之山。又东南二百里曰真陵之山。又东南一百二十里曰阳帝之山。又南九十里曰柴桑之山。此乃今江西九江之柴桑。岂有巴陵洞庭转在其西北千余里之势？故知中条诸山尽属江北，而洞庭之山距江尚远。吴任臣《山海经广注》引刘会孟曰："今属湖广德安府应山县，中有一穴，深不可测。或云洞庭山，浮于水上也。"以洞庭之山谓在湖北之应山，较之长沙巴陵之说，远符形势。余考《秦策》或人之说秦曰："随阳右壤，皆广川大水，山林谿谷不食之地。"安陆应山，正值随阳右壤，自随而西有山曰偏头山，则即《中次十二经》洞庭山之首曰篇遇之山者是也。[1]自此而南，即为云梦。然则以《山海经》洞庭之山，定《楚辞》洞庭之泽，应在楚之随阳右壤，当今湖北安陆应山一带，其水脉与云梦相连，可无疑也。[2]

六、《楚辞》湘澧沅诸水均在江北说

《楚辞》洞庭既在江北，则湘澧沅诸水，亦非远指今湖南之湘澧沅而言，抑又可知。请先释澧。

一 释澧

《汉书·地理志》："南阳雉县有衡山，澧水所出。东至郾，入汝。"《说文》："澧水出南阳雉衡山，

---

[1] 今洞庭湖中有编山，又《汉志》南郡编县有云梦官，地名迁徙，常牵连丛集，自为组合。得其一往往可以迹其余，亦有大例可寻也。

《世说新语》注引《豫章旧志》："庐俗字君孝，汉八年封鄡阳男，食邑兹部，印曰庐君。俗兄弟七人皆好道术，遂寓于洞庭之山，故世谓庐山。"是匡庐旧亦名洞庭矣。后人读书不多，一见洞庭二字，即谓必在湖湘间，则岂足与论古。

[2] 治古地理者，每本《汉志》说《禹贡》，以为考证圭臬。然《汉志》与《禹贡》明明有相歧处，岂得必依《汉志》为通。且《禹贡》亦非出圣人手，宁遽无误（即谓有圣人为之，亦不得谓全无误）。而洞庭则明明不见于《禹贡》。余此所考，依本《国策》、《史记》，援地名迁徙之例，推定战国洞庭应在江北，又旁证之于《楚辞》、《山海经》而合。窃谓可为治古地理者辟一新途。即脱离《禹贡》、《汉志》以及此下言地理者，而先就古书原文求之，及其有得，仍可与后世言地理诸书相合，而复有大例可循。则余说虽创，读者平心观之，当弗怪其凿空妄造也。又此段与《古三苗疆域考》论古彭蠡在江北一谊相成，参互对读，作意始尽。下论巫山在南阳，用意亦同。

东入汝。"与志合。《水经·汝水注》作醴，云："醴
水出雉县，亦云导源雉衡山。"沅水注同。《山海经·
中次十一》有雅山，澧水出焉，东流注于观水。雅山
盖即雉山字讹。则澧水乃西起楚之唐叶，东至郾城而
会于汝。郾即西周初年以封召公，[1]所谓《周南》
《召南》二《南》风诗之所起也。其次请释沅。

二　释沅

沅水之名，不见于江淮之间。然考湘桂沅江，一名
沅水。而南阳之水，固亦有沅。以地名牵连相徙之例说
之，则南阳沅水宜得有沅称。《说文》："沅水由南阳舞
阴[2]东入颍。"《水经》则谓其入汝。《山海经》曰："朝
歌之山，沅水出焉，东南流注于荥。"盖荥沅两水，俱出
南阳之东，澧水之南。东流入汝，则在定颍之北，近于
上蔡。沅澧并称，相其地望，固甚合也。再次请释湘。

三　释湘

湘在江北淮域，其证见之于《楚策》庄辛之言。
庄辛谓楚襄王曰："蔡圣侯[3]南游乎高陂，北陵乎巫
山。饮茹溪之流，食湘波之鱼。左抱幼妾，右拥嬖

〔1〕　参读傅斯年《小东大东说》。
〔2〕　《汉志》武陵郡有无阳县，乃沅水上源，正亦犹南阳之有舞阴。
〔3〕　蔡圣侯《史记》作蔡声侯，谓蔡灭于声侯后十年。金正炜《国策补
　　　释》谓疑声侯先虏于楚。

女，与之驰骋乎高蔡之中，而不以国家为事。不知夫子发方受命乎宣王，系己以朱丝而见之也。"高注："高蔡即上蔡。"然则湘之为水，其必近上蔡之境矣。

余考《水经注》有灈水出汝南吴房县东，径灈阳县故城西，东流入溰水，乱流径其县南，又东入于汝。溰水出沂阴县，《山海经》谓之视水，东过上蔡县南，东入汝。《庄子释文》："瞿，大视貌。"《晋语》注："相，视也。"则瞿相视三字，训诂相通。《水经》溰水以《山海经》校之，乃视字之讹。灈湘视三字，实一水之名。又有泌水，亦出沂阴县入溰。《说文》："泌，直视也，读若《诗》泌彼泉水。"然则泌水即溰水之字省。此水称灈，称视，称湘，称泌，殆以其水清澈可鉴得名。[1] 以地望校之，其水在方城之东，醴沄之南，近于上蔡，而为淮域。虽水道纷歧，古今变易，而自大体言之，此则犹其可定者也。陈人之《诗》又言之曰："泌之洋洋，可以疗饥。岂其食鱼，必河之鲂？必河之鲤？"则泌湘之间多鱼，亦自有之。

湘波之地望既得，请再言茹豀。《水经·澧水

---

[1] 古人地名山水名，其先皆通名也，后乃渐变而为专名。因其山之横列而称衡山横山方山，宜亦可以因其水之清澄而称溰水灈水湘水矣。或其水多泊，如张目状，亦可称瞿称相。可参读《尔雅》释地、释山水诸篇。《唐书·地理志》，秦州天水郡州前有湘水，四时增减，故名天水。今按汉亦天河之称，故曰维天有汉。又曰倬彼云汉。然则汉水得名，正因其水骤增倏落，如自天而降也。因其势盛，襄驾山陵，故亦曰襄水。湘即襄也。秦州天水之称湘，正犹襄汉之称湘矣。

注》:"澧水又东，茹水注之。水出龙茹山，水色清澈，漏石分沙。庄辛说楚襄王，所谓饮茹溪之流者也。"如郦氏之说，不闻春秋南阳之蔡，疆境远及湖南之武陵。且声侯亡国之君，岂得远饮茹溪之水？其谬不待烦辨。[1]然则茹溪一水，亦当在南阳上蔡澧沅之间，乃为得之。[2]请再释巫山高唐，以证吾说。

七、宋玉赋巫山高唐在南阳说

一 释高唐

宋玉《高唐赋》谓："楚襄王与宋玉游于云梦之台，望高唐之观。宋玉告以昔者先王尝游高唐，梦见一妇人，曰：妾巫山之女也。为高唐之客。闻君游高唐，愿荐枕席。王因幸之。去而辞曰：妾在巫山之阳，高丘之阻。且为朝云，暮为行雨。朝朝暮暮，阳台之下。故为立庙。"唐人相传[3]濠州西有高唐馆，俯近淮水。御

---

〔1〕杨守敬《地图》竟以高蔡移之武陵，而湘波高陂，尚在湘阴之南，则是蔡之为国，包环洞庭之外，远较楚邦为大。何以先秦典籍，绝不言此。可见昔人治古地理，其方法自有不可恃者。彼惟觉湘之必在南，而不悟蔡之必在北。今与其迁蔡于湘南，不如移湘于淮北，以我地名迁徙之例说之，则豁然也。

〔2〕《汉志》如溪水首受沘，东至寿春为芍陂。如溪即濡溪。《方舆纪要》固始县东南四十里有茹陂。地近下蔡，是蔡邑与茹水连带迁徙之证也。今湖南有茹水，因其近澧水而得名。四川亦有茹水，则因其近巫山而得名。皆可以我地名迁徙自成组合之例说之。

〔3〕《封氏见闻记》、《南部新书》、《诗话总龟》均载此事。此录《诗话总龟》。

史阁钦授宿此馆，题诗曰："借问襄王安在哉，山川此地胜阳台。今朝寓宿高唐馆，神女何曾入梦来？"有李和风者至此，又作诗曰："高唐不是这高唐，淮上江南各异方。若向此中求荐枕，参差笑杀楚襄王。"《方舆纪要》："霍丘县西北六十里有高唐店，亦曰高唐市。宋绍兴初，金人繇颍寿渡淮，败宋军于高唐市，进攻固始。"依此言之，淮上固有高唐。襄王既东迁，都于陈城，岂遽远游江南？则求神女之荐枕者，与其在江南，不如在淮上。参差之笑，恐在彼不在此也。

然地名迁移，何常之有。余疑襄王所游之高唐，尚不在淮上。春秋有唐国，灭于楚，地在安陆随县西北八十五里。汉为上唐乡，属春陵。[1]上唐之称高唐，犹上蔡之称高蔡也。然则游云梦之台，而望高唐之观者，必在随水右壤而不在淮南，又可见矣。[2]请再释巫山。

二　释巫山

《楚策》："庄辛去之赵，秦果举鄢郢巫上蔡陈之

---

〔1〕　见《汉志》。

〔2〕　《史记·楚世家》，楚之先祖出于帝颛顼高阳，高唐即高阳也。《春秋》昭十二年纳北燕伯于阳，《左传》作唐，是其证。则高唐之观，其乃楚之祀其祖先帝高阳之所在者也。

　　《山海经·海内南经》，夏后启之臣曰孟涂，是司神于巴……居山上，在丹山西，丹山在丹阳南。郦道元《水经注》，丹山西，即巫山者也。楚人居丹阳，故于此祀其祖先。

　　《江水注》，丹山西即巫山，帝女居焉。宋玉所谓天帝之季女瑶姬。《离骚》，望瑶台之偃蹇兮，见有娀之佚女。《御览》百三十五引《竹书纪年》，后桀伐岷山，进女于桀二人，曰琬曰琰，桀受其二女，而弃其元妃于洛。是岂所谓瑶姬者欤？

地，襄王流掩于城阳。"考其事在襄王二十一年。明年，秦人复拔楚巫黔中郡。则二十一年所举之巫，在鄢郢上蔡之间，地在郢东北，与二十二年所拔之巫在郢西南者不同。楚自有两巫，后人必以巫夔之巫说巫山者非矣。[1]神女之居，在巫山之阳，高丘之阻，而蔡圣侯之事，则南游乎高陂，北陵乎巫山。然则神女之居高丘，即蔡侯之游高陂。而庄辛宋玉之所谓巫山者，当近上蔡高唐，不近夔州，又断断然也。[2]

刘向《新序》亦载庄辛语，谓蔡侯南游乎高陵，北径乎巫山。逐麋麚麘鹿，彏豯子，[3]随时鸟。嬉游乎高蔡之囿，溢满无涯，不以国家为事。不知子发受令宣王，厄以淮水，填以巫山。庚子之朝，缨以朱丝，臣而奏之乎宣王也。此又巫山东近淮，不远在江夔之证也。

且前人述巫山地望，尚有明于此者。《魏策》："楚王登强台而望崩山，左江而右湖，以临彷徨，其乐忘死。"司马相如《子虚赋》："云梦方九百里，缘以大江，限以巫山。"枚乘《七发》："既登景夷之台，南望

----

[1] 程恩泽《国策地名考》谓上蔡疑是上庸之误，陈衍文。是时楚方保陈，则陈蔡未举也。余谓陈蔡指言其境，非必举其国。郢东自有巫，不烦改字说之。《吴志》注引《会稽典录》，虞翻对王朗（景兴）问：越王翳让位，逃于巫山之穴。

[2] 《离骚》，忽反顾以流涕兮，哀高丘之无女。王逸云：楚有高丘之山，女以喻臣。言己虽去，意不能已，犹复顾念楚国无有贤臣。据是高丘不能与楚甚远。

[3] 《韩策》张仪说韩王，天下之强弓劲弩，皆自韩出。豯子少府，时力距来，皆射六百步之外。《淮南·俶真训》，乌号之弓，豯子之弩。此云彏豯子，弹时鸟，豯子即韩地弩名。楚居陈，与韩接壤。

荆山，北望汝海，左江右湖，其乐无有。"《说苑》云：
"楚昭王欲之荆台，司马子綦进谏曰：荆台之游，左洞
庭之波，右彭蠡之水，南望猎山，下临方淮。其地使
人遗老而忘死，王不可游。"后汉边让《游章华台赋》
云："楚王既游云梦之泽，息于荆台之上，前方淮之
水，左洞庭之波，右顾彭蠡之隩，南眺巫山之阿。"此
诸文，其所指盖为一地。《魏策》彷徨即方皇。方皇之
水，疑即湘水。湘可读为潢或湟。《墨子·尚贤》："舜
灰乎常阳。"《公孙尼子》及《路史》作潢阳。《海内东
经》潢水，《汉书》作湟水，《史记》作汇水，是其证。
方淮则系字讹。崩山即巫山，崩巫声相通也。崩山，
《淮南·道应训》作料山，疑料乃钘字之讹。钘山即荆
山也，崩荆声亦近。强台荆台即章华台，[1]在淮水之

〔1〕 程氏《国策地名考》章台条引《梦溪笔谈》亳州城父县（南九里，
    见《郡国志》、《元和志》）、陈州商水县（西北三里，见《方舆纪
    要》）、荆州江陵（东南十五里沙市，亦见《方舆纪要》）、长林（无
    考）监利县（见杜注，晋为华容县）俱有章华台。（《魏书·地形
    志》汝阳郡汝阳县注亦云有章华台）今按以《魏策》《说苑》之文考
    之，似当在今枣阳东南，上所谓楚之随阳右壤者近是。其地亦即古
    洞庭五渚之所在也。考《后汉·郡国志》，南阳郡章陵有上唐乡，疑
    章华之台即在县境，亦即宋玉《高唐赋》所谓云梦之台，乃楚国游
    眺驰猎之地。杜注见《左》昭七年。日人竹添氏《左氏会笺》驳
    之，谓吴语乃筑台于章华之上。盖章华高丘也，为章华之宫者，台
    上营宫也。《史记·十二诸侯年表》、《楚世家》俱云灵王七年就章华
    台。就者非所都治。《世家》又言十一年次于乾豀，十二年乐乾豀不
    能去，是章华必在乾豀。《文选·东京赋》薛综注，《左氏传》楚子
    成章华之台于乾豀，是古说皆言章华在乾豀。今按乾豀在城父县
    南，是竹添氏亦主第一说也。章华在乾豀，则巫山应是塗山，淮水
    在其南，不在北。

上，巫山之北，故曰南眺巫山，前临方淮也。左西而右东，是洞庭在其西，彭蠡在其东也。又曰：左江而右湖，不言彭蠡而言大江，湖则犹洞庭也。古彭蠡在江北，前人已多知之。今以刘边之说与《魏策》相证，则洞庭亦在江北，而巫山在淮域，其形势甚显豁矣。

今再进而求之，则诸书之所谓巫山者，其殆今随县西南百二十里之大洪山也。大洪山一名郧山，崩殒同训，则崩山即郧山，其证一也。今湘桂沅江，汉时名无，三国吴时作潕，晋宋时作舞，唐名武，又曰巫，又称雄溪，亦称熊溪，亦曰洪江。无武巫同声相通，雄熊洪则一声之转也。今郧山称大洪山，[1] 以巫溪得名洪江之例，则洪山亦得名巫山矣。其证二也。《水经注》称："其山盘基所跨，广员一百余里。峰曰悬钩，处平原众阜之中，为诸岭之秀，山下有石门夹障，层峻岩高，皆数百许仞。入石门，又得钟乳穴，穴上素崖壁立，非人迹所及。中多钟乳，凝膏下垂。望齐冰雪，微津细液，滴沥不断。幽穴潜远，行者不极穷深。"其玮丽幽异如此，宜乎为神女所栖止。其证三也。若以地望推之，大江在其南，方淮在其北，洞庭处其左，而彭蠡当其右，正与诸书之所谓者合。其证四也。余疑楚人指目高山，名之曰熊，声转而变为洪，为巫，故随县竟陵之间有大洪山，襄州

---

[1] 郧殒亦与洪熊巫诸字以声转相通。自今言之，沅无非一水，熊洪非一江，就求其原，则皆由一声，所指一水，非有别也。

有巫山，而湘之衡山亦称祝融，皆以楚望得名也。

《襄阳耆旧传》，赤帝女曰姚姬，未行而卒，葬于巫山之阳，故曰巫山之女，见《文选》李善注。

八、再论湘澧沅诸水

今更有继此而论者，则楚之溳水，或即沅水之前名，沅溳亦声近相通也。[1]《水经》："溳水出蔡阳县东，南过随县西，又南过江夏安陆县西，又东南入于夏。"溳水又兼清水之目，《左传》定公四年谓之清发是也。楚地又别有澧水。《水经·白水注》："澧水源出桐柏山，与淮同源别流，西北径平氏县故城东北，又西北注比水。"则沅澧两水，郢楚之境皆有

---

[1] 巫山不见于淮域，而余以近淮源之大洪山说之。沅水不见于汉域，而余以发源大洪山之溳水说之。骤读或疑无据。然《国策》庄辛语，及宋玉赋，刘向《新序》、《说苑》诸书，所言巫山皆不得以江夔之巫为说，此则极为显见。夫山水地名，决非限于一处所专有。即山东孝堂山亦名巫山，而湘桂沅水上流，亦有巫山，则巫山决非夔州十二峰之专名可知。而地名淆变，既多改易，则容有先擅此称，而后遂湮晦者。故陈氏变而为田，荆国转而为楚，此幸记载详备，故可称说。而犹有异闻，谓田乃陈之改姓，楚则荆之嘉号。凡此之类，难悉备举。则余本古籍旧文，详其形势，求其音义，而加推说，得其会通，虽若无据，固自有据矣。考湘桂沅水，其上流有巫山，其下流称洪江，则大洪山可得为巫山之变称，溳水可得为沅水之前名矣。又余疑楚人熊姓，故山水地名，往往以熊称，曰巫曰溳，实即熊也。楚有云梦，云即溳矣。又有熊耳，熊即巫矣。余疑古溳水与汉通流，今汉水上流犹称郧阳，是溳又即汉矣。凡此皆楚人之名也。滇中著姓曰孟、曰雍、曰茫、曰蒙、曰猛、曰莽、曰甕，说者谓殆皆由蛮字音转，随宜而名之。与此虽异，正可互通。

之。又《水经·沔水注》："一水东南出，应劭曰：城在襄水之阳，故曰襄阳，是水当即襄水也。城北枕沔水，即襄阳县之故城。王莽之相阳矣。"襄阳可以为相阳，则襄水亦得为相水。今枣阳县境有湘阳镇。然则《楚辞》之湘，或即襄之异字。乐史曰："荆楚之地，水驾山而上者，皆呼为襄，其名无定。故陆澄之《地记》曰：襄阳无襄水。"其说与水经不同，要之荆楚有襄水之名，则可无疑。萧詧《愍时赋》："始解印于稽山，即驱传于湘水。彼南阳之旧国，实天汉之嘉祉。既川岳之形胜，复龙跃之基趾。此旨赏之谬及，谓维城之足恃。"按詧以东扬州刺史除持节都督雍梁东益南北秦五州、郢州之竟陵、司州之随郡诸军事，居襄阳。则此所谓湘水者，决非指洞庭之湘矣。考后人呼汉为湘者颇少，不知萧氏何忽有此。《水经注》："均水发源弘农郡卢氏县之熊耳山，南径顺阳县，当涉都邑之北，南入于沔。《地理志》言熊耳之山淯水出焉。东南至顺阳入于沔。"又曰："顺阳县西有石山，南临沟水。沟水又南流注于沔水，谓之沟口。"又曰："沔水自武当县东南流，径涉都城东北，均水入焉，谓之均口。"则淯沟均三名，实一水也。按，疑沇即淯。王船山《楚辞通释》："汉水东为沧浪之水，在今均州武当山东南。"均州与均水当有连，则湘沇自近。《夏本纪》《正义》引《括地志》："均州武当县有沧浪水。"《太平寰宇记》一百四十三引在郧乡县。沧浪乃襄之声缓，故渔夫歌沧浪，而屈子则曰："宁赴湘流，葬江鱼之腹中。"[1]又按《隋书·地理志》："大抵荆州率敬鬼，尤重祠祀之事，昔屈原为制《九歌》，盖由此也。屈原以五月望日赴汨罗，土人追至洞庭不见。湖大舡小，莫得济者。乃歌曰：何由得渡湖！因尔鼓棹争归，竞会亭上。习以相传，为竞渡之戏。其迅楫齐驰，棹歌乱响，喧振水陆，观者如云，诸郡率然，而南郡襄阳尤甚。"《寰宇记》襄州风俗亦引《襄阳风俗记》，谓："屈原五月五日投汨罗江，今俗其日食粽，并有竞渡之戏。"则屈子投湘，其传说遗闻，亦盛于襄阳汉域。《后汉·延笃传》：笃，南阳犨人，其卒，乡里图其形于屈原之庙。至今南阳境屈原庙尚多有，又有屈原冈，在内乡境。屈原固未必远走长沙沅湘之间，即淮汝东土是否屈原最后放逐之地，亦无可考。惟以地名迁徙之例说之，沅湘澧诸水，荆楚有之，陈楚亦有之，其后则湘楚亦有之。后人惟知沅湘诸水在湘楚，遂若屈原放

---

[1] 今鄂人犹呼汉水下流曰襄河，则襄湘沧浪皆汉水矣。《史记》改《渔父篇》湘流为常流，盖疑湘与沧浪非一水。《后汉书》卷四十六注引，正作湘流。又按陆深《蜀都杂钞》，谓蜀山连绵延亘，凡居左者皆曰岷，右者皆曰嶓。凡水出于岷者皆曰江，出于嶓者皆曰汉。江别流而复合者皆曰沱，汉别流而复合者皆曰潜。恐属方言耳。故岷谓之汶，今汶川是也。汉谓之漾，或谓之沔，或谓之羌。今沿汉水而东，有宁羌州，有沔县，又东有洋县，即古洋州也。洋漾声相通，岂皆得名于汉水云。今按陆说亦岷嶓沱潜皆属方言，极是。汉称漾洋羌与襄湘，皆出一声，岂亦皆其地之方言欤？

居，必至长沙。[1]今既推寻始源，知凡此诸水，皆由北人南迁，始肇锡以嘉名，而其初本在江汉汝淮之间。则屈原投湘之不必在长沙洞庭，自可无辨而明也。至《楚辞》二十五篇，未必全出屈原之作，亦未必全述屈原之事。早或成于荆楚江汉之间，迟或起于陈楚淮汝之域。今亦难可确定。要之其辞上接二《南》、《陈风》，下被吴梁淮南，与长沙洞庭以南无涉，则亦可以决言耳。

九、杂 释

一 释九江

洞庭沅湘澧诸水，既在江北，则湘君湘夫人之祭祀，亦在江北，其故事流传，亦在江北，非江南也。故汉广游女，见咏于《周南》。泽陂美人，兴叹于陈俗。郑交甫汉皋台下，遇彼二女，[2]孔子阿谷之

---

[1] 《楚策》长沙之难，楚太子横为质于齐，事在怀王二十九年，其前年杀唐昧。长沙又作垂沙，《史记·秦本纪》攻方城，取唐昧。《吕览》唐蔑将兵夹沘而军，是长沙地近方城沘水。《离骚》，朝搴阰之木兰，王注：阰，山名。《广韵》，阰，山名，在楚南。又沘，水名，在楚。不知沘即阰否？《汉书·地理志》，庐江郡灉，沘山沘水所出，北至寿春入芍陂。庐江郡亦有沘，此亦地名迁徙后出也。又《史记·越世家》，犨庞长沙楚之粟，竟陵泽楚之材，则战国长沙亦北方地名，后人以江南长沙释之均误。《汉书·邹阳传》，越水长沙，还舟青阳。《史记·始皇本纪》，丞相御史曰：荆王献青阳以西，已而畔约击我南郡。此青阳以西即南郡之证。

[2] 《文选》《南都赋》《七命》《江赋》注引《韩诗说》。

隧，调其处子。〔1〕湘娥宓妃，〔2〕有虞二姚，亦不过同为江汉汝淮水滨居民想象传说之神女而已。且汉水有妫墟姚方，〔3〕陈则舜之后裔，江汉汝淮之间，歌咏及于帝舜，事无足疑，不必远说而逾巴陵之洞庭也。〔4〕《秦始皇本纪》，始皇廿八年渡淮水之衡山南郡，浮江至湘山，逢大风，几不得渡。上问博士曰：湘山何神？对曰：闻之尧女舜之妻而葬此。于是始皇大怒，使刑徒三千人伐湘山，赭其山。上自南郡由武关归。此湘山即在南郡近武关之归道也。《封禅书》，自殽以东，名山五：太室、恒山、泰山、会稽、湘山。（《汉书·郊祀志》同。）疑即《五帝本纪》所谓熊湘之山，黄帝南至于江，登熊湘是也。《集解》引《封禅书》曰，南伐至于召陵，登熊山。又《封禅书》，齐桓公曰：南伐至召陵，登熊耳，以望江汉。则自熊湘讹而为熊耳矣。或说湘山在长沙，又曰即青草山，近湘水，皆误也。古者江汉常通称。《王莽传》，南郡张

---

〔1〕 见《韩诗外传》卷一，又见《列女传》、《孔丛子》。

〔2〕 宓妃洛神，已见于《离骚》。马融《广成颂》云，湘灵下，汉女游。边让赋，招宓妃，命湘娥。此与巫山神女地域相近，故见于歌咏想象者亦肖。若移巫山于夔州，迁湘妃于洞庭，则地望暌隔，于风俗传说，理难通贯。又《九歌》云中君，乃指云梦水神，与湘君湘夫人同。前人多误说。惟徐文靖《管城硕记》得之。

〔3〕 《水经·沔水注》，汉水又东径妫墟滩，《世本》曰舜居妫汭，在汉中西城县。又曰，汉水又东历姚方，盖舜后枝居是处，故地留姚称也。

〔4〕 《庄子》，黄帝张乐于洞庭之野。《太平御览》卷八十一引《荀子》，舜禅禹于洞庭之野。凡此传说，均在江北，不在江南。

霸、江夏羊牧王匡等起云杜绿林，号曰下江兵。此自南郡以下称下江，正犹始皇由江转汉至湘山，而曰浮江矣。

《山海经》有云："洞庭之山，帝之二女居之，是常游于江渊。澧沅之风，交潇湘之渊，是在九江之间。"考秦立九江郡，治寿春。楚汉之际为九江国。汉高四年更名为淮南国，以封英布。文帝六年为九江郡。十六年，复为淮南国。武帝元狩元年，淮南王安国除，复故。[1]则秦汉九江本在江北。而洞庭沅澧潇湘之地望，二女之故事，依《山海经》说之，亦在江北无疑。[2]刘安所王，正是其地，故其宾客传《楚辞》，非无因也。《汉书·地理志》："庐江郡寻阳，禹贡九江在南，皆东合为大江。"汉庐江郡无江南地，寻阳汉时亦在江北，则《禹贡》九江在江北，班氏犹明指之。后人自以江南鄱阳诸水说之，九江始移而南。又益后以湖南洞庭诸水说之，则九江更移而西。舍秦汉之实证，而轻为此纷纭之辨者，皆误于不知洞庭沅澧潇湘之在江北，故不得不驰骛于大江之南，以求其一当也。

二 释鄂渚

沅湘之地望既得，而其他可牵连以为说者，姑

---

〔1〕 参读全谢山《汉书地理志稽疑》。
〔2〕 参读上论洞庭诸节。

举一例论之。《涉江》云:"哀南夷之莫吾知兮,且余济乎江湘。乘鄂渚而反顾兮,欸秋冬之绪风。步余马兮山皋,邸余车兮方林。乘舲船余上沅兮,齐吴榜以击汰。船容与而不进兮,淹回水而凝滞。朝发枉渚兮,夕宿辰阳。苟余心之端直兮,虽僻远之何伤。"鄂渚者,《汉志》南阳有西鄂,其地有淯水、方林,则方城之野,《汉志》南阳叶有长城号曰方城是也。[1]今考西鄂地望,西值丹析汉北,迄今犹有郧阳之称。南则随国唐乡,又适涢水之源。东乃舞阳㳘水,则当澧水之南。所谓乘舲船而上沅者,沅之为水,即涢(郧)、即㳘(舞),必近南阳西鄂,又无疑也。枉渚辰阳溆浦,今难确指。江淹《建平王散五刑教》:"旧楚地旷,前郢氓殷,水带枉渚,山匝鲁阳。"则枉渚亦似不在湘楚也。又杜诗《宿青溪驿》:"漾舟千山内,日入泊枉渚。"《寰宇记》:"青溪在峡州远安县南六十里,源出青溪山下。"又陆云《答张士然诗》"通波激枉渚",杜甫《两当县吴十侍御江上宅诗》"鹍鸡号枉渚",皆取斜曲为义,岂独武陵湘潭有枉渚哉?谓《楚辞》所歌,屈子所放,远在湖湘之外,固不如谓在淮汉之

---

[1] 《尔雅》,野外谓之林。王粲诗:"悠悠瞻澧,郁彼唐林。"李注:"唐林即唐地之林也。"《山海经·海内南经》:"苍梧之山,帝舜葬于阳,帝丹朱葬于阴。氾林方三百里,在狌狌东。狌狌在舜葬西。"疑氾林即方林。又《海内北经》,昆仑虚南所,有氾林方三百里。

间者，较近情实矣。[1]《悲回风》："吾怨往昔之所冀兮，悼来者之悐悐。浮江淮而入海兮，从子胥而自适。望大河之洲渚兮，悲申屠之抗迹。骤谏君而不听兮，任重石之何益。"若谓屈原居汉北，则篇中地望皆洽。若谓在洞庭湖南沅湘之间，则淮海河渚子胥申徒皆为不切矣。《九歌》有河伯亦然。

三 释汨罗

屈子沉湘，自投汨罗，此虽不见于《楚辞》，而

---

[1] 今湖湘间有枉渚、辰阳、溆浦诸名，自据《楚辞》名之。又据以证《楚辞》，则循环相成，自无罅漏。然即就湖湘间地言，亦复有其不可解者。《左传》郑楚盟辰陵，杜注颍川长平县东南有辰陵，今河南淮阳县。据《汉书·地理志》武陵有辰阳，而王逸《章句》枉渚辰阳皆言地名，未确指为何地。又曰："枉、曲也，陼、沚也。辰、时也，阳、明也。言己将去枉曲之俗，而趋时明之乡也。"是王氏亦未确信其必有所指矣。郦氏《水经注》始云："沅水又东径辰阳县南，东合辰水。旧治在辰水之阳，故即名焉。《楚辞》所谓夕宿辰阳也。"又曰："沅水又东历小湾，谓之枉渚。"然此等地，既远在沅水上流，又何得曰济乎江湘乎？王船山《楚辞通释》谓："自江夏往辰阳绝江而南，至洞庭，乃西折沅水而上。洞庭九派，湘水为其正支。涉洞庭则涉湘矣。故前云济湘，此云上沅，不相悖。"此必以相悖者为不相悖，由习以后世之地名说前代之故事，而不悟后世地名，本以影射前代故事而得。非可以后世影射而起之地名，反证前代故事之必产其地也。《九章》有《橘颂》，《太史公书》江陵千树橘，则橘盛于楚，而楚本称南国。然其辞云："受命不迁，生南国兮。"王逸《章句》："南国，谓江南也。"此乌见其必为江南？而后人自好以江南说之，积非成是，乃若不见可疑耳。又按《楚辞》香草，大率生湖北产也。《山海经》，洞庭之山，山多柤梨橘柚，草多菌蘼芜芍药芎䓖。《御览》引《范子计然》杜若，出南郡汉中。《神农本草》云，辛夷出汉中。《寰宇记》椒蓁蘼产均州。《图经本草》，荆州随州皆产泽兰。《湖北省志》，兰草嘉鱼通城应城云梦荆州兴山诸志皆有之。其他如蕙兰菊荷诸香草，《湖北志》物产皆有之。

后世有其说。所谓汨罗者又何在乎？《黄氏日钞》：汨水在罗，故名汨罗。考《左传》桓公十一年，楚屈瑕将盟贰、轸，郧人军于蒲骚，将与随、绞、州、蓼伐楚师。楚败之于蒲骚。明年，楚伐绞，师分涉于彭，罗人欲伐之。又明年，楚屈瑕伐罗，罗与卢戎两军之，楚师大败。此一罗也。[1]又昭公五年，楚子伐吴，薳射以繁阳之师会于夏汭。[2]越大夫常寿过帅师会楚子于琐。[3]闻吴师出，薳启疆帅师从之，遽

───────────────

[1] 《春秋传说汇纂》贰，今随州应山县境。轸，今德安府应城县西。郧，《水经》郧水径安陆故城，古郧城也。今为安陆县。蒲骚，今在德安府应城县北三十里。随，今湖广德安府，古城在州南。绞，今郧阳府西北。州，今荆州监利县东三十里，有州陵城。蓼，今在河南南阳府唐县南八十里。彭水，《后汉志》房陵有筑水，即彭水也。罗，今襄阳府宜城县西二十里罗川城，乃罗故国。今按贰、轸、郧、随、州、蓼、蒲骚诸地，皆在楚东。《汇纂》说州恐误。罗人谋之，屈瑕济鄢伐罗，罗自与鄢为近。《汇纂》以宜城罗川说之，揆之地势，当是。然则屈原自沉汨罗之传说，仍在湘汉鄢郢附近也。又按今河南信阳有罗山县，旧有罗水北入淮，则汉源有罗，淮源亦有罗，屈子所沉，或彼或此，皆较湖湘之罗为合。又按沈钦韩云：前志六安蓼国故地。《水经》，漳水出临沮县东荆山，东南过蓼亭，又东过章乡南，是今襄宜鄢水附近亦有蓼。《一统志》在光州固始县东北，与颍州霍丘县接界，古蓼国，今有蓼城冈，在县东北七十里，亦较《汇纂》说谛。

[2] 繁阳，《方舆纪要》在汝宁新蔡北。夏汭旧说即汉口。然上年昭公四年，吴伐楚入棘栎麻，楚沈尹射奔命于夏汭。咸尹宜城钟离，薳启疆城巢，然丹城州来。《一统志》棘城在新蔡北二十里，栎在永城，麻在砀山。则奔命夏汭，决非今之汉口，以缓不济急也。所城钟离巢州来皆在安徽庐凤境，知夏汭定较今汉口为东。薳射以繁阳之师会夏汭，乃引而益前，决非转退而至今湖北之汉口。则夏汭尚在新蔡东南之前线。《汉书·地理志》，城父县夏肥水东南至下蔡入淮，今其入淮处在下蔡西南十里。此传夏汭即此下蔡西南夏肥水之汭也。

[3] 琐，《汇纂》今寿州霍丘县。按此乃越师来会楚子于此，非楚子已至其地。

不设备，吴人败诸鹊岸。〔1〕楚子以驲至于罗汭。楚师济罗汭，沈尹赤会楚师次于莱山。薳射帅繁阳之师先入南怀。楚师从之，及汝清。〔2〕吴不可入，楚子遂观兵于坻箕之山。〔3〕则又一罗也。是汉北有罗，淮源有罗，而汝南又有罗，罗之见于大江之北者多矣，又乌见其必在湖湘之间哉？后人既疑屈子沉湘在江南，遂致亦认《左》昭五年之罗汭，谓即江南屈子自沉之地，此其为说之牵强无理，固可不深辨而知。〔4〕

---

〔1〕 鹊岸，《方舆纪要》：池州府铜陵县北十里，山在鹊洲之头，因名。

〔2〕 汝清，沈钦韩云："汝水入淮之口。"据此，亦证罗汭必在汝口上流。

〔3〕 坻箕之山，《太平寰宇记》在庐州巢县南三十七里。

〔4〕 见郦氏《水经注》，而沈钦韩《左传地名补注》依其说。读者以此役前后用望推之，即知楚子决无远涉江南而至长沙湘阴之理。且若楚子至湘阴，逾江渡湘皆水道，何云以驲？郦氏轻妄为说如此，而可信据乎？高士奇《春秋地名考略》已知其谬，谓信阳州罗山县旧有罗水北入淮，楚子当至此。当时出师，盖分南北二道。江永《春秋地理考实》立说尤较慎。谓楚之东境别有罗川，非故罗国之水也。郦氏说虽在前，虽确有所指，然实不可信。高、江二氏说虽在后，虽若空洞无据，而其说实可从。考古之事，有可确知其必然者，亦有虽无从确知其必然而犹可确知其必不然者。今设喻以明之。如有某氏离北平南行，众说皆谓其至南京。有一人得种种证据，知其实至济南，则其不至南京，决矣。设或无从知其何至，而犹可有种种证据断其必不至南京者，此我所谓虽无从确知其必然，而犹可确知其必不然者也。若因其人不能确知某氏之何往，遂并其种种证据断某氏之必不至南京者而疑之，则妄矣。江氏虽不能知罗汭之何在，然确知其不在长沙之湘阴，此即其人虽不知某氏之何往，而确知其不往南京之例也。既确知其不至南京，则不妨继此推测，谓某氏或在济南，或在徐州，以备可能之一说，如高、江二氏之定罗川在楚之北或东境是也。余以文论洞庭不在江南，巫山不在夔州，皆所谓确有明证，知其必不然者。至洞庭究何在，巫山究何在，则不幸而史阙有间，虽推测言之，而非有十分之圆证。然不能知洞庭巫山必在何地，与确知洞庭巫山必不在何地者，自为两事，读者所当分别而观也。

然治古地理学者，闻言罗汭在江南，或不见疑。闻言洞庭湘水在江北，则虽有明证，不能遽信。良以传习之久，信心自坚，固难以一日摇也。

十、屈原卒在怀王入秦以前说

屈原放居汉北，其自沉亦在襄汉之域，否则或在淮汝，而决非湖南之湘水，已辨如前。至其卒年或尚在怀王入秦前，则王白田《草堂存稿》已论之。[1]其说曰：

> 《离骚》之作，未尝及放逐之云，与《九歌》《九章》等篇，自非一时之语。而《卜居》言既放三年，《哀郢》言九年之不复，壹反之无时，则初无召用再放之事。原之被放在十六年，以九年计之，其自沉当在二十四五年间，而谏怀王入秦者，据《楚世家》乃昭睢，非原也。夫原谏王不听而卒被留以至客死，此忠臣之至痛，而原诸篇无一语及之。至《悲回风》《惜往日》临绝之言，愤懑伉激，略无所讳，而亦只反复于隐蔽障壅之害，孤臣放子之冤。其于国家则但言其委衔勒，弃舟楫，将卒于乱亡，而不云祸殃之已

---

〔1〕 见卷三《书楚辞后》。

至是也。是诱会被留，乃原所不及见，而顷襄之立，则原之自沉久矣。

又曰：

> 史所载得于传闻，而《楚辞》原所自作，固不得据彼以疑此。原所著惟《九章》叙事最为明晰，其所述先见信后被谗与史所记怀王时相合。至于仲春南迁，甲之朝以行，发郢都，过夏首，上洞庭，下江湘，时日道里之细，无不详载，而于怀王入秦诸大事乃不一及。原必不若是之颠倒也。怀王客死，君父之仇，襄王不能以复，宗社危亡将朝夕，此宜呼天号泣以发其冤愤不平之气，而乃徒叹息于谗谀嫉妒之害，而终之曰不毕辞以赴渊兮，恐壅君之不识，则原之反复流连，缠绵瞀乱，仅为一身之故。而忠君爱国之意亦少衰矣。

今按《哀郢》未必屈原作，[1]《惜往日》云："临沅湘之玄渊兮，遂自忍而沉流，卒沉身而绝名兮，惜壅君之不昭。"此亦非屈子自道之辞。至《悲回风》非屈子作，昔人更多疑者。王氏据此数篇为说，皆未惬

---

[1]《哀郢》后幅文句有与《九辩》同者，亦可疑之一端。

当。然《楚辞》二十五篇，绝不及怀王入秦事，则诚如王氏之论。《史记·屈原传》顷襄王怒迁屈原一节，文词断续，本颇可疑。则屈原之卒，其固在顷襄王之世否，诚未可专据史文以为断。今既谓屈原放居在汉北，《楚辞》所歌洞庭沅澧诸名皆在江北，则顷襄王迁之江南一节，事绝无根。屈原之卒，或早在怀王入秦之前，固有可能之理也。[1]

录自 1934 年 7 月《清华学报》第九卷第三期

---

[1] 此文仓促所成，结思未密。亦缘立论创辟，未敢轻为十分肯定之辞。今再自校读，颇疑屈子沉湘，实在汉北，不徒与湘楚无关，亦与陈楚不涉。文中第八节"再论湘澧沅诸水"及第九节"释鄂渚"二条正文小注论此已明，惟未径下断语耳。特再标出，以谂读者。二十三年二月属稿，六月校后自记。

古史地理论丛部乙

黄帝故事地望考

《史记》言黄帝，谓：

> （黄帝）东至于海，登丸山，及岱宗。西至于空桐，登鸡头。南至于江，登熊、湘。北逐荤粥，合符釜山。而邑于涿鹿之阿。迁徙往来无常处。

又曰：

> 余尝西至空桐，北过涿鹿，东渐于海，南浮江淮矣。至长老皆各往往称黄帝尧舜之处，风教固殊焉。

黄帝行迹，固若是其窎远乎，抑史公谰言，俱不足信耶？曰：史公宜亦有受，决非谰言谎世。然黄帝行迹，亦不能若是之逴。盖古今地望迁移，史公自以西汉疆域说上古传记。今虽不能详定，姑举一二较近情者推说之，或转得古昔传说之真相也。

顾炎武《郡国利病书》五十三引范守己《豫谈》一则，谓：

> 崆峒山在汝禹二州境，上有广成子庙及崆峒观，下有广成墓及城，即黄帝问道处。平凉临洮各有崆峒山，各云广成子隐地。第《庄子》言黄帝问道崆峒，遂言见大隗，迷于襄城之野，其为此山无疑。阌乡，古鼎湖地，黄帝采首山之铜，铸鼎荆山之阳，鼎成，有龙下迎，乘之而去，因名其地鼎湖。案《禹贡》云：道岍及岐，至于荆山，逾于河，壶口雷首，至于太岳，则荆山鼎湖之地，固自不相远也。

《嘉庆一统志》汝州：

> 崆峒山，在州西南六十里。《庄子》黄帝问广成子在空同之上，往问至道之精。唐汝州刺史卢贞碑，山名崆峒者有三，一在临洮，一在安定，而《庄子》述黄帝问道崆峒，遂言游襄城，登具茨，访大隗，皆与是接壤，则此为近是。《寰宇记》，崆峒山在梁县西十里，即黄帝问道于广成子之所。

刘攽《彭城集·崆峒山赋》，谓大隗居具茨之山，黄帝至襄城之野而迷。皆与崆峒相近，事未必皆虚。汝州又有广成泽水，《水经注》广成泽水出狼皋山北泽中，东南入汝水。《魏书·地形志》，梁县有广成泽。又汝州有广成苑。《后汉书》注，广成聚有广成苑，永元五年，以上林广成圃假贫民。延嘉元年，校猎广成，遂幸函谷关。(汝州又有尧山洗耳河，乃尧与许由之故事。)

又《一统志》开封府：

> 大騩山在禹州北，亦曰具茨山。《国语》，史伯谓郑桓公曰：主芣騩而食溱洧。注：芣騩，山名，即大騩也。《山海经》，大騩之山，其阴多铁。《汉书·地理志》，密县有大騩山。《水经注》，大騩即具茨山也，黄帝登具茨之山。又有大騩镇，在密县东南大騩山下。

又许州：

> 襄城故城战国时为魏邑。《说苑》，襄城君始封之日，服翠衣，带玉佩，徙依于流水之上。即汝水。

则先秦言黄帝登空同，明明在汝许禹密之间，而史公必远移之关陇之西者，史公自以后世疆域地望说古代史迹，故言黄帝西至空同，必在凉境，若汝州空同，尚在中原，不得为西也。

史公所谓黄帝西至空同者，其行迹既可得而说，则请进而推言黄帝北辙之所至。沈括《梦溪笔谈》卷三：

> 解州盐泽方百二十里。久雨，四山之水悉注其中，未尝溢。大旱，未尝涸。卤色正赤，在版泉之下，俚俗谓之"蚩尤血"。惟中间有一泉，乃是甘泉，得此水，然后可以聚。

考《一统志》山西解州，有风后故里，在州东解池西南隅，相传黄帝得风后于海隅，即此。又有蚩尤城，在安邑县南十八里，见《太平寰宇记》。《县志》蚩尤村在盐池东南二里许。又有浊泽，在州西二十五里，一名涿泽。（《括地志》称涿水。）则黄帝与蚩尤战涿鹿之野者，其地望应在此。（《史记》黄帝与炎帝战于阪泉之野，阪泉亦即《梦溪笔谈》之版泉也。荤粥即獯狁异称，其先踞地亦在河东，已详《周初地理考》及《西周戎祸考》。解州并亦有尧许由传说故迹。）

黄帝西至空桐，北逐荤粥，而邑涿鹿之阿，其说既然，请再进而论南至江，登熊湘。《史记集解》裴骃曰：

> 案《封禅书》曰：南伐至于召陵，登熊山。

《地理志》曰：湘山在长沙益阳县。

今按登熊湘乃一山，不得既登"熊"，又登"湘"，而两山相距千里而遥也。成孺《史汉骈枝》谓：

> 《封禅书》之熊耳山，即《汉志》所称弘农郡卢氏，熊耳山在东者是，今河南宜阳县西接永宁县界有熊耳山，后汉建武三年，赤眉积兵宜阳城西与熊耳山齐是。其地东南距召陵冈仅数百里，故桓公至召陵，得登之以望江汉。《楚世家》，齐桓公以兵侵楚，至陉山，即《左传》所谓决于陉是，《正义》引《括地志》云：陉山在郑州西南一百一十里，此山今在新郑县西南，与大隗山并峙，适当鄾城召陵西北，宜阳熊耳东南，亦其证矣。

《左》昭十七年，梓慎曰，郑祝融之虚也。《元和郡县志》，今郑州新郑县，本有熊之墟，又为祝融之墟。于周为郑武公之国都。《方舆纪要》，新郑故有熊地。黄帝都焉。周封黄帝后于此，为桧国。考《一统志》河南陕州，熊耳山在卢氏县南，又有轩辕陵，在阌乡县南十里铸鼎原，南北相距，百里之遥。则谓黄帝登熊山，即齐桓之所登，盖与所谓黄帝上空峒，登具茨，地望皆相近也。至称熊湘，疑是山本有"湘"名。后人见"湘"

字，必谓在江南长沙，故裴骃谓熊湘乃召陵长沙南北两山矣。（江北有湘水，详《楚辞地名考》。又《庄子》有黄帝张乐洞庭之野，亦在江北，亦见《楚辞地名考》。）

余前论古代关于夏禹传说之地望，乃起自今之河南西部山地，而北极于黄河北岸今山西之南部。此篇略考黄帝传说故事，其地望乃与夏禹传说不期而合。然则言黄帝夏禹者，其殆为古代比较相近之两民族所传述也。

录自《禹贡》半月刊第三卷第一期

余著《黄帝地望考》，论及蚩尤传说与解州盐池之关系，兹有元人胡琦著《关帝事迹》引宋代轶事一段可资参证者。其原文云：

宋大中祥符七年，解州奏，解盐出于池，岁收课利，以佐国用。近水减盐少，亏失常课，此是灾异，不可不察。奏入，上遣使往视，还报曰：臣见一父老，自称城隍神，令臣奏云：为盐池之患者，蚩尤也。忽不见。上怪而疑之，顾问左右。皆以灾害之生，有神主之为言。上乃诏近臣吕夷简至解池致祭。事讫之夕，夷简梦神人戎衣怒言曰：吾蚩尤也。上帝命我主此盐池，今者天子立轩辕祠，轩辕吾仇也，我为此不平，故绝池水。尔若急毁之则已，不然，祸无穷矣。夷简还白其事，侍臣王钦若曰：蚩尤，邪神也。臣知信州龙虎山张天师者，能使鬼神，若令治之，蚩尤不足虑也。于是召天师赴阙，上与之论蚩尤事。对曰：此必无可忧。自古忠烈之士，殁而为神，蜀将关某，忠而勇。陛下祷而召之，以讨蚩尤，必有阴助。（下略）

今按：此事极怪诞，本无可信，然关羽亦解人也，此见蚩尤故事之流传，其有关于解之盐池者，历千年之久而勿衰，则黄帝伐蚩尤，其地望应在今山西南部，岂不转反可以援此为信据乎？

又按：宋真宗降旨重修解州关庙有云：南面条山，北连硝水。硝水即指盐水言。

雷学淇《纪年义证》论夏邑郭鄩

《左传》襄四年、哀元年，记夏太康失国，迄于少康中兴，其间历数十年事，曲折甚详。而《史记·夏本纪》，顾不着一字，则甚矣史公之疏也。故记旧闻，其足与左氏相参证者，颇不多，（马骕《绎史》卷十三少康中兴，历引诸书，而独不录《左传》，则亦马氏之疏。）而独《汲冢纪年》载其事为详备。今本《纪年》虽非旧物，然亦异乎全无所受，凭虚臆撰者。清代治其书者，前后无虑十许家。独通县雷氏之书用力最深，而流传转最狭。陈逢衡集证，不辨真伪，取材虽博，别择未精。朱右曾存真，限断严，别择精矣，而采纳不富，阐发自少。（王国维《古本辑校》，即朱书而去其阐说，则秋水尽而寒潭竭，益不足以昭揽物象。今本疏证如《陈诗集注》，然今本虽伪，亦有来历，一概抹杀，则貌似谨严，而情益疏旷也。）惟雷书能辨本书之真伪，而又能存其伪中之真。能博采群言以相阐，而又能剔去群言之伪。兼陈朱两家之所长而较无其短者，庶其在是。顾雷书刊行者曰《纪年考订》，仅十四卷，又非定本。其后为《义证》四十卷，写定未刊，余曾见其稿本，洵可谓卓出诸家之上矣。而其释地尤精善。独惜以毕精萃力之书，而身后未获刊布，遂不为学人所知。因姑摘取其论夏太康、少康时事地望者，备尝鼎之一脔。亦以见《纪年》所载，不仅以战国事为可信。（余著《诸子系年》，备论《纪年》载战国事可信，胜于《史记》处。）即记三代以上，亦时资多闻，其书不仅以散见唐以前称引者为可恃，（即如王氏《古本辑校》所录。）即今本《纪年》，亦未尝全不足取也。若谓古史当断自殷墟物证，自兹以往，全等臆测，则曲士之拘笃，余与雷氏，甘同讥焉。（以下皆摘录雷书。）

帝启放季子武观于西河（按此条见今本）

观国名，韦昭《楚语》注，谓即洛汭之地。沈约附注，取《左传》杜注说，谓今顿丘卫县。愚案，观即灌也，亦作鄻。观乃本字，因为国都，故曰鄻。因其近河，故曰灌。又曰观津。季子居之，故曰武观。因其以西河叛，故曰叛观。且本陆终后斟姓之墟也，故曰斟灌。《世本》及汉晋人记传，皆谓斟灌氏姒姓。（《世本》见《夏本纪》《索隐》。）即季子之国也。……韦杜说，元凯为是。洛汭止近斟寻，无所谓观，北海之郱灌，乃自河洛往迁者，无与于此。《战国策》曰："齐伐魏，取观津。"高注云："故观邑临河津，故曰观津。"《汉书·地理志》，东郡有畔观县。（按观与畔似两县，《汉书》刻本误以畔观二字连书，中未空格，后人遂误以为一县，非也。）应劭注云："夏国也，东汉为卫国县。"《水经》曰："浮水故渎，又东径卫国县故城南，古斟观。"《世纪》曰："斟观，卫地。"臣瓒《汉书注》云："汲郡古文，相居斟灌，东郡灌是也。"（《水经·巨洋水注》。）晋废东郡立顿丘，改曰卫县，见《晋书·地理志》。后遂因之。隋以后改观城县，今山东曹州属县之西古观城是也。西河亦地名，……郑康成《礼记注》云："西河龙门至华阴之地。"盖自龙门以南至于华阴，近河左右之邑，皆曰西河，不专大河之西矣。（按雷氏说西河犹误，参读拙作《子夏居西河考》。）

夏太康即位居斟寻

斟寻，古国名。字本作寻，以为国邑，故作鄩。祝融后斟姓居之，故曰斟寻。斟姓无后，夏人以封同姓，故《世本》曰斟寻氏姒姓。（见《左传疏》及《夏本纪》《吴世家》《索隐》。）地之所在，有三说焉。《汉书·地理志》曰："北海郡斟县，古国，禹后。"又有平寿、寿光二县，应劭于平寿注云："古斟寻，禹后，今斟城是也。"于寿光注云："古斟灌，禹后，今灌亭是也。"盖东汉省斟县，分其地入平寿寿光，故应氏云云。杜氏《春秋传注》，京相璠《春秋土地名》，司马彪《汉书·郡国志》，皆同应说。璠又谓"二斟相去九十里"（见《水经·巨洋水注》，《通志》引作七里。）此谓斟寻在山东，即今莱州潍县西南八十里之斟城，西与青州寿光县东四十里之斟灌城迫近者也。此一说也。傅瓒《汉书音义》云："斟寻在河南，盖后迁北海也。"（此句据《夏本纪》《正义》引改，今《汉书·地理志》《颜氏集注》作不在此也，盖承应说言之故易其文。）汲冢古文云："太康居斟寻，羿亦居之，桀又居之。"《尚书》序云："太康失邦，昆弟五人，须于洛汭，此即太康所居为近洛也。"（《史记·夏本纪》《正义》。）此谓斟寻在河南，即《左传》所谓"郊鄩溃"，杜注所谓"巩县西南有地名鄩中"，《括地志》所谓"巩县西南五十八里故鄩城"，（《张仪列传》《正义》。）是也。此又一说也。二说之外，有谓斟寻在卫者，《水经·河水篇》云："浮水故渎，又东径卫国县故城南，古斟观。"又《巨洋水注》引《世纪》云："夏相徙商丘，依同姓之诸侯斟灌斟寻氏。"《史记》《正义》引《世纪》云："相徙于商丘，依同姓诸侯斟寻。"此谓寻近帝丘。（商丘皆帝丘之讹，王应麟谓误出《帝王世纪》也。）在东周时之卫地者也。此又一说也。是三说，《水经》郦注兼取之，谓"既依斟寻，明斟寻非一居矣。（节）盖寓其居而生其称，宅其业而表其邑。纵遗文沿袭，亭郭有传，未可以彼有灌目，谓专此为非，舍此寻名，而专彼为是。以土推传，应氏之据，亦可按矣"。盖郦又终祖应说也。今案周地有寻而无灌，卫地有灌而无寻，《世纪》与《左传注》说皆误也。观下纪传言依鄩侯，贾逵《左传注》依斟观而国等说，可知相之徙居，未尝依于斟寻。杜元凯谓"依于二斟"，（见襄四哀元《左传注》。）盖误用应氏之说也。其实傅应二义，瓒说较长。斟县之灌寻，乃从河洛往迁，被名海澨者。即郦氏所谓寓其居而生其称，非初国矣。不然，使帝居近海，何乃畋于洛南？寻不迁都，何以战于潍水？考验纪文，知傅为得实。班志应注皆得半遗半耳。且太康之居，汉以前无明文，惟《书序》之言，《纪年》与之合。盖洛汭即洛水入河处，须谓处于其地，待其至焉之谓也。鄩城即在洛汭西南五十余里，傅云"居为近洛"，此之谓也。《帝王世纪》云："夏太康五弟，须于洛汭，在巩县东北三十里。"^(《汉书·郡国志》注。)此晋以前之巩县，《水经注》所谓巩县故城者是，在今县西南亦三十里。古时洛汭在今县正北，^(诸家地志谓隋大业始置今县，误。)所谓洛口者是。诸地志谓之什谷口，非是。什谷口乃寻口也。寻邑故址在今巩县西南五十八里，在古县故城西南二十八里，在东訾故城西南十八里，^(《左传》尹文公焚东訾。)在郾师县东北十三里。寻本水名，《汉书·郡国志》，巩有寻谷水是也。其说亦不一。尝合京相璠《土地名》、徐广《史记音》、郦道元《水经注》、魏王泰《括地志》及唐宋以后地书考之，盖寻水发源于古县东北之寻谷，^(《史记》谓之斜谷，徐广曰，一作寻谷，《水经注》谓之北山寻豀，即诸志所言什谷也。即斟谷之误。)其水西南流至鄩城，共行五十余里，是谓上鄩。又曰北鄩。^(见《土地名》，郦氏谓其水南流，当是传脱西字。)即《元和》《舆地》等志谓偃师东

北十四里有鄩豀者也。 亦谓之温泉水。 其邑即斟
鄩。所谓鄩中也。鄩水自鄩城东北，又折而东南流，
至訾城西北，是为下鄩。又曰南鄩。于是东入于洛。
其入洛处谓之鄩口，犹洛水入河处谓之洛口也。徐广
曰"巩县有鄩口"，《史记》谓之斜谷之口，京相璠所
云"巩洛渡北"者也。自唐宋以来，《水经注》传
本，多将洛水注北山鄩豀下即什谷也三十六字，误置
谓之洛汭下，于是诸家地志，皆谓洛入河处为什谷之
口。此非郦书之误，传郦书者误也。不宁惟是，郦注
什谷，乃卝谷之误。《玉篇》曰："卝鄩，古国名。"
《史记·张仪传》作"斜谷之口"，《战国策》作"镮辕
缑氏之口"。盖镮辕关北与鄩口相值，故史迁易镮辕
为斜谷，实又斟谷之误也。因斟姓尝国于鄩，故鄩谷
亦曰斟谷。姓既被于国土，故鄩口又曰斟谷之口也。
韦昭《国语注》，谓观在洛汭，亦斟谷之名误之耳。
斟谷非洛水所出，则洛口安得被以斟鄩之名乎？世之
传《史记》者，误斟为斜，而刊郦注者，又误斜为
什。斟斜卝卝什转写益讹，久乃忘返。观于斟谷鄩
谷，愈知太康所居，河南为是。盖邑与口因水得名，
国与谷以姓得名。而《世本》谓如姓有斟鄩氏，又因
所居之国邑得名也。

太康畋于洛表，羿入居斟鄩

水内为汭，外为表。洛表，洛之南也。《夏书

序》曰："太康失邦，昆弟五人，须于洛汭，作《五子之歌》。"春秋襄公四年《左传》曰："昔有夏之方衰也，后羿自鉏，迁于穷石，因夏民以代夏政。恃其射也，不修民事，而淫于原兽。"又曰："在帝夷羿，冒于原兽，忘其国恤，而思其麀牡。"……《楚辞·离骚篇》曰："启《九辨》与《九歌》兮，夏康娱以自纵。不顾难以图后兮，五子用失乎家巷。羿淫游以佚田兮，又好射乎封狐。"……愚案"不顾难以图后"，谓纵欲往畋。羿袭其后，入居斟寻，代夏政也。观下云"又好"，知太康即以此失国，而羿复不戒之，故《左传》曰"羿犹不悛"也。说与《竹书》符合。《帝王世纪》曰："河南西有郏鄏陌，太康畋于有洛之表，今河之南岸传有负犊山，_(见《汉书·郡国志》刘昭注。)此皆古人相传旧说，可以参证者。……羿者，有穷之君。……以善射闻，及夏之衰，自鉏迁于穷石，因夏民以代夏政。"_(见《夏本纪》《正义》。)穷石与鉏，传注皆不言所在。《史记》《正义》引《括地志》云："故鉏城在滑州卫城县东十里，即今卫辉府滑县东十五里之鉏城也。"又引《晋地记》云："河南有穷谷，本有穷氏所迁。"此说与传记《书序》并合。穷谷即《左传》"单武公刘桓公败尹氏于穷谷"者。定七年杜注云："周地，不详其处。"说者谓因其名不美，举相反者易之。华延《洛阳记》云"城南五十里有通谷"_(《文选·洛神赋》注。)即是。然则穷在刘尹二邑间，与斟寻实逼处矣。[杜注刘在缑氏西北，《路史》云："尹在巩西南，近偃师，谓亦杜说。《水经注》谓穷在鬲县，今德平东十里。"薛季宣谓穷在删丹，今甘肃西境。《路史》谓穷在安丰，今英山县地。三地去斟寻皆远，与《左传》因夏民之说不合，与寒浞杀羿烹之以食其子，死于穷门之说尤不合。 盖寻（按此处原文似脱一穷字）接壤，羿乘帝之出猎，袭居帝城，拥有寻土，使其子仍居穷邑以为声援，故《左氏》云云也。若穷距帝都千余里，或数千里，传说之谓何矣。]

仲康即位居斟寻（按此条见今本）

居斟寻者，夷羿入居后，自立为相，挟天子以令诸侯，故灭伯封，用寒浞，弃武罗伯因熊髡庞圉以自逼。今太康陟而立仲康，己仍相之，故仲康亦居斟寻。

世子相出居帝丘

依斟侯。（按此处斟字，今各本俱作邳。）帝丘旧讹作商丘。《左传》曰："卫颛顼之虚也。"（昭十七。）又曰："卫迁于帝丘，卜曰三百年。卫成公梦康叔曰：'相夺予享，公命祀相，宁武子不可。'"杜注曰："夏后启之孙居帝丘，今大名开州西南三十里濮阳故城即是。"（帝丘见僖三十一。）相出居帝丘者，迫于羿也。……依斟侯者传文，斟即武观国，所谓斟灌也。……贾逵《左传注》亦云："相依斟观而国。"（《吴世家》《集解》及《左传》哀元年疏。）可知周末相传其说如此。贾君犹有得于师承者。

寒浞杀羿，使其子浇居过（按此条见今本）

寒，国名。《左传》杜注曰："北海平寿县东有寒亭。"今故址在莱州潍县东北五十里，西南至斟寻城百里也。寒浞，羿臣寒君伯明之族子也。《世本》曰："寒，邧姓。"（《路史·国名纪》。）盖羿之同族也。……浇，《论语》作奡。《左传》曰"处浇于过"，即此事。杜注云："东莱掖县北有过乡。"今在莱州府城北，西南至寒亭二百三十许里。又西南至斟寻百余里，浞之处浇于此，岂以斟寻来迁，恐为寒患，故使浇图之欤。

相居于斟灌

此寒浞僭立迁相于斟灌也。灌本武观国，寻乃禹之子姓所封也。自太康居寻，而寻迁平寿。今后相居灌，故灌亦迁寿光也。应氏劭、杜氏预、京相璠谓二斟在平寿寿光，盖非其初国矣。傅氏《汉书注》曰："寻本在河南，后迁北海。斟灌当亦然也。"

按雷氏谓相居帝丘，即依斟观而国，又谓后相居灌，而灌亦迁寿光，是俱然矣。然《纪年》云："后相居帝丘。"（见《御览》八十二，帝讹商。）又云："相居斟灌。"（见《水经·巨洋水注》、《汉书·地理志注》、《路史·后纪》十三引臣瓒。）今本《纪年》旧注："斟灌之墟，是为纪。"

帝丘，后缗方娠，逃出自窦，归于有仍。"则相居帝丘与居斟灌，即是一地。相之见弑，后缗之出逃，亦即在斟灌之墟之帝丘也。似今本伪《纪年》，拾掇旧文，未能董理，而妄加比次，遂谓帝相元年居商丘，（即帝丘字讹。）九年居斟灌。则显分帝丘与斟灌为两地。然则，岂相居帝丘之斟灌，而斟灌迁邑于寿光。其后相又见逐，乃自帝丘斟灌又迁依寿光之斟灌乎？苟依此说，则旧注"斟灌之墟是为帝丘"一节，又难通矣。又此注今本在二十八年寒浞使浇弑帝，后缗归于有仍之后。而陈氏集证移斟灌之墟是谓帝丘八字于九年相居于斟灌之下，则于元年相居帝丘一条仍难说。盖今本《纪年》虽未必全无据，而其以意安排，决非本真，本不能一一就文证说也。雷氏此条，下语含混，盖亦悟其难通，而未能抉出今本之伪。故此引《纪年》，皆去其标年之语，而特献所疑，为雷氏进一解焉。

寒浞灭戈（按此条见今本）

《左传》曰："浞因羿室，生浇及豷。处浇于过，处豷于戈。"杜注云："戈在宋郑之间。"（襄四。）今归德开封二府，即宋郑界。开封之杞县东北，有地名玉帐，或谓即宋郑隙地之玉畅也。戈当去此不远。

寒浞使浇帅师灭斟灌，浇伐斟寻，大战于潍，覆其舟灭之。（按此条见今本）

此斟灌斟寻，即从河洛来迁者。潍，水名，《汉·地志》云："潍出箕县。"《淮南子》曰："潍出覆舟。"《说文》曰："潍出箕山。"《水经注》曰："出潍山。"名异实同也。《左传》："浞使浇用师，灭斟灌及斟寻氏。"即此。战于潍，覆其舟者，用舟师也。《论语》曰："羿荡舟。"《楚辞·天问》曰："覆舟斟寻，何道取之。"即此事。后名潍山为覆舟，亦以此也。

后缗归于有仍（按此条见今本）

《左传》曰："昔有过浇杀斟灌以伐斟寻，灭夏后相。后缗方娠，逃出自窦，归于有仍，生少康焉。"（哀元。）……今按古文任仍通，故仍叔穀梁作任叔。仍国即太昊风姓后，今山东济宁州是。传曰："任宿须句颛臾，风姓也。"（僖二十一。）又曰："夏桀为仍之会。"（昭四。）皆指此。仍叔之邑，则传谓次于任人者矣。（昭二十二。）

按自帝丘之斟灌逃至济宁之仍，亦较谓自寿光之斟灌者为近情。

少康自仍奔虞（按此条见今本）

《左传》谓"少康为仍牧正，惎浇能，戒之，浇使椒求之，逃奔有虞，为之庖正，以除其害，虞思于是妻之以二姚，而邑诸纶，有田一成，有众一旅，能布其德，而兆其谋，以收夏众，抚其官职"。贾注云："有虞，帝舜之后，纶，虞邑。"杜注云："梁国有虞县，思，有虞君也。姚，虞姓。"《汉书·续志》曰："梁国虞有纶城，少康邑。今虞县故城在归德府虞城县南三里，纶城在县西三十五里。"《博物志》谓"纶在汾阴"，《世纪》谓"虞城在河东大阳县西山上"，俱非是。

伯靡杀寒浞，少康自纶归于夏邑（按此条见今本）

《左传》曰："靡自有鬲氏，^{（国名，在今山东德平县东十里。）}收二国之烬以灭浞，而立少康。"（襄四。）夏邑，即禹为夏伯时所封国。《水经注》谓："颍水东出阳关，历康城南，又东南径上棘城西，又屈径其城南，城西有故堰，颍水自堰东径阳翟县故城北，夏禹始封于此，为夏国。"《十道志》云："阳翟有少康城。"（《路史》注。）《洛阳记》云："夏少康故邑也。"（《寰宇记》许州。）《寰宇记》谓即康叔之故城，在今禹州西北三十里。

录自《禹贡》半月刊第三卷第三期

西周戎祸考上

附：辨春秋前秦都邑

余前著《周初地理考》，谓周室避狄患，乃由东西迁，非由西东迁，读者或疑之。然古书所谓蛮夷戎狄，并不全在边荒，此意不明，则治古史地理，每多窒碍。兹姑再举一例论之。

《史记·周本纪》："幽王废申后，去太子，申侯怒，与缯，西夷犬戎，攻幽王，杀幽王骊山下。"今按申国在两汉为南阳宛县，今南阳县北有故申城；周宣王时申迁于周南谢地，则在南阳之南。春秋时楚文王伐申，后遂为楚邑。骊山则在陕西新丰县南，故骊戎国。西周都镐，骊山则在周都与申邑之间，据《竹书》载此事谓：

> 八年，幽王立伯服为太子，
>
> 九年，申侯聘西戎及缯；
>
> 十年春，王及诸侯盟于太室，王师伐申。
>
> 十一年，申人缯人及犬戎入宗周，弑王于

戏，及郑桓公。

戏，水名，在骊山下。则申周之役，乃周王伐申而申侯迎战，故杀周王于骊山之下。《郑语》亦谓："申缯西戎方强，王室方骚。王欲杀太子，必求之申，申人弗畀，必伐之。若伐申而缯与西戎会以伐周，周不守矣。"此亦骊山一役由周王伐申而起之助证。缯为申之与国，申侯结以同叛。据《左传》哀公四年，"楚人谋北方，致方城之外于缯关"，此必缯之故国，在方城之内，与申接壤。《史记》《正义》说缯，谓《国语》"缯，姒姓，夏禹后。《括地志》云，缯县在沂州承县，故侯国"。此缯乃后徙。若西周幽王时，申侯方将资其力以同抗王室，岂得远在山东之沂。缯申之地望既得，则当时犬戎踞地亦可推迹以求。旧说每以犬戎远在周疆之西北，故崔述《考信录》疑其事，谓：

> 申在周之东南，千数百里。而戎在周西北，相距辽远，申侯何缘越周而附于戎。（《丰镐考信录》卷七。）

窃谓崔疑诚是。犬戎若远在周之西北，则事前申固无缘越周而附于戎，而临事戎亦不得越周而与申联师于骊山。魏源《诗古微》则疑幽王先已去丰镐，故见杀于骊山。不知骊山之役，由周王兴师伐申而起，王师未败，何由先去丰镐？此皆误认犬戎在周西北而云也。今以当日形势推之，犬戎居地，定在周之东南或西南，近于申缯，而决不在周之西北。《左传》昭公四年，"周幽为大室之盟，戎狄叛之"。此所谓戎狄，自兼指犬戎。犬戎叛周，即指联申缯同抗王命而言。大室杜注谓中岳。此在《禹贡》谓之外方，《国语》谓之崈山，《尔雅》谓之嵩高，戴延之云：嵩山三十六峰，东曰太室，西曰少室。今山在河南登封县。夫谓周幽盟太室而戎狄叛之，则此等戎狄亦必离太室不远，而犬戎亦在其内，则犬戎宜距太室非远矣。《史记》又谓幽王既见杀，"诸侯乃即申侯而共立故幽王太子宜臼，是为平王。平王立，东迁于雒邑，辟戎寇"。此亦可疑。夫杀幽王者申侯，立平王者亦申侯。犬戎之于幽王固为寇，而于申侯平王则非寇实友也。然则平王东迁，特以丰镐残破，近就申戎以自保，非避戎寇而远引也。

继此有可附论者，则为秦戎之关系。据《秦本纪》：

秦之先，帝颛顼之苗裔。

仲衍之后，遂世有功，以佐殷国，故嬴姓多显，遂为诸侯。

仲衍之玄孙曰中潏，在西戎，保西垂，生蜚廉。蜚廉生恶来。恶来传四世生大骆。大骆生非子。

非子居犬丘。善养马，孝王召使主马于汧渭

之间，马大蕃息，孝王欲以为大骆适嗣。申侯之女为大骆妻，生子成，为适。申侯乃言于孝王曰：昔我先郦山之女，为戎胥轩妻。（《正义》：胥轩，仲衍曾孙也。）生中潏，以亲故归周，保西垂。西垂以其故和睦。今我复与大骆妻，生适子成。申骆重婚，西戎皆服，所以为王。王其图之。于是孝王邑非子于秦，（徐广曰：今天水陇西县秦亭。）亦不废申侯之女子为骆适者以和西戎。

　　据《史记》此段所载，则秦之先世本在东方，佐殷为诸侯。及中潏始西迁，则以其母乃西土郦山氏女故也。其时所谓西垂者，即与周室丰镐不甚相远。其云申骆重婚，西戎皆服，尤证西戎与申邻近，并不远隔。非子初居犬丘，盖即其父大骆封地。徐广曰：今槐里也。其地近在周西，即今之兴平，与丰镐相距不过百里，自此南至盩厔县界不到三十里。县有骆谷水，谷名来历或与大骆有关。当日所谓西戎，大抵当自兴平盩厔迤东越郦山以至河南南阳之申国一线相近求之。 应在周室之西南乃及东南，而去周京不远。故曰不废申甥骆适以和西戎。至非子主马渭汧之间而孝王邑之秦，然后秦人益移而西，别有一支居于陇西。此乃周室近畿大骆犬丘之分封。若谓秦人本自此方来，则《秦本纪》云云，岂全为凿空乎？（王国维《观堂集林·秦都邑考），割弃《秦本纪》大骆非子以前一段不论，又不能辨大骆适子成与庶子非子之分土别居，因遂不能分大骆地犬丘与非子后庄公居西"故犬丘"之非一地。乃轻疑徐广，凡所云云，无往不误。然亦由误谓秦祖先起戎狄，则必僻在四裔故也。）

《本纪》又云：

> 周厉王时，西戎反王室，灭犬丘大骆之族。周宣王即位，乃以秦仲非子之曾孙为大夫，诛西戎，西戎杀秦仲。秦仲有子五人，周宣王使伐西戎，破之。于是复予秦仲后及其先大骆地犬丘，并有之，为西垂大夫。

夫西戎反王室，而灭犬丘大骆之族，是犬丘近王室，而西戎亦近王室之证也。大骆适子成一族居犬丘者既灭，故周室命非子一族邑秦者诛西戎，而以大骆地犬丘并封之，是秦自宣王后大骆一支既灭，而其地遂合于非子之后也。《本纪》又云：

> 秦仲长子曰庄公，居其故西犬丘。

称西犬丘者，别于东方槐里之犬丘而言。称故者，秦仲乃非子一支，本居西，与大骆一支别也。亦称犬丘者，此余谓古代地名随民族而迁徙之一例。《本纪》又云：

> 庄公长男世父，曰，戎杀我大父仲，我非杀

戎王，则不敢入邑。遂将击戎，让其弟襄公为太
子。襄公二年，戎围犬丘世父，世父击之，为戎
人所虏，岁余复归世父。

庄公居西犬丘，其子世父欲报大父仇，不敢居，让弟
襄公，是襄公仍居西犬丘。而称戎围犬丘世父，则世
父所居犬丘，乃其先大骆地犬丘，地近戎，世父谋报
大父仇，故居之，而戎亦得围而虏之也。若以秦人居
天水陇西，而戎尚在秦西北，则此段记载又难通。
《本纪》又云：

> 襄公七年春，西戎犬戎与申侯伐周，杀幽王
> 郦山下，而秦襄公将兵救周有功，襄公以兵送周
> 平王，平王封襄公为诸侯，赐之岐以西之地。
> 曰：戎无道，侵夺我岐丰之地，秦能攻逐戎，即
> 有其地。

此段有不可解者。平王因申侯而得立，幽王则为申侯
所杀。既谓秦襄公将兵救周有功，即不啻与申侯平王
为敌，如何又谓以兵送平王？戎之入周，申侯平王召
之，如何又曰戎无道，侵夺我岐丰地？惟自当日地势
论之，则所谓岐丰之地、岐西之地者，岐即近在丰
镐，所谓岐毕，而决非凤翔之岐山，此则与上辨犬戎
踞地可牵连论定者也。（关于西周岐山之地望，详见《周初地理考》，此不再及。）秦戎本

世仇，戎因周乱而踞丰镐，秦人则因周室之东而侵地自广，所谓救周有功，赐地封侯云云，则未必尽信史也。《秦本纪》又云：

> 襄公十二年，伐戎至岐卒。
>
> 文公元年，居西垂宫。三年，文公以兵七百人东猎；四年，至汧渭之会，曰昔周邑我先秦嬴于此，后卒获为诸侯，乃卜居营邑之。（《正义》云：在郿县。）十年，初为鄜畤。（徐广曰：鄜县属冯翊。）
>
> 十六年，文公以兵伐戎，戎败走，于是文公遂收周余民有之，地至岐；岐以东献之周。

据此则秦自大骆适庶分国，而戎祸常被于大骆犬丘之一支。及秦仲以后，秦又合为一，而戎祸仍在大骆犬丘，不在西犬丘。秦人之力征经营，与戎为进退者，其势所向亦在东南不在西北。以秦戎之形势论之，亦可论西周一代所谓"西戎"及犬戎踞地之大概也。

录自《禹贡》半月刊第二卷第四期

西周戎祸考下

附：西周对外大事略表

　　余论西周戎祸，多在东而不在西，既证以幽王犬戎之事，请再上推之于宣王。

　　宣王伐淮夷徐戎，其为东讨，可以无论。即"薄伐玁狁，至于太原"，亦东征，非西驾。太原者，《左》昭元年传："晋中行穆子败无终及群狄于太原。"《穀梁》："中国曰太原，夷狄曰大卤。"（《公羊》同。）大卤指其产盐，其地在晋南。^{（参读拙著《周初地理考》八、十一、五十六各节。）}盖群狄之盘踞河东，至春秋犹然，而其来历实远在西周也。

　　《后汉书·西羌传》："王遣兵伐太原戎，不克。后五年，王伐条戎、奔戎，王师败绩。"又《周语》，宣王"三十九年，战于千亩，王师败绩于姜氏之戎"。其事亦见于《左传》。桓二年云："初，晋穆侯之夫人姜氏，以条之役生太子，命曰仇。其弟以千亩之战生，命曰成师。"《史记·晋世家》亦言之，"晋穆侯七年伐条，生太子仇。十年伐千亩，有功"。《赵世家》云："造父以下六世至奄父，曰公仲，周宣王时，伐戎为御；及千亩战，奄父脱宣王。"则千亩之役，王师失利，而晋军则有功。

宣王伐条戎、姜氏之戎，而晋师常从，则条戎、姜戎宜亦近晋。故杜预云："条，晋地。千亩，西河界休县南地名。"(《汉书·郡国志》亦云。) 高氏《春秋地名考》以条为安邑中条山北之鸣条陌。则此二戎固皆在今山西之南部也。

范书又云："伐条戎，奔戎后二年，晋人败北戎于汾湿。戎人灭姜侯之邑。"汾湿亦晋地，此固甚显。(《左》桓三年传，"曲沃武公逐翼侯于汾湿"，林尧叟曰："汾水边"。) 而范书此条，窃疑其有误。当云"晋人败北戎于汾湿，灭戎人姜侯之邑"。(今本伪《纪年》亦作"戎人灭姜侯之邑"，此盖袭范书讹文耳。) 盖北戎即姜氏之戎，以其在晋北，故曰"北戎"；晋人败之汾水之下而灭其邑，故曰"灭戎人姜侯之邑"也。范书谓在伐条戎后二年，《晋世家》穆侯七年伐条，十年伐千亩，时距亦合，然则汾湿之胜即千亩之役也。(仇与成师乃同母兄弟，相距二三年，亦合。惟《周本纪》载此事在后，同于《纪年》、范书、《周语》所载。《晋世家》载此事在前，《十二诸侯年表》同之。其间参差尚待考核。又按《国语》宣王即位，不籍千亩，虢文公谏籍田，不应远在塞外。) 王师虽败，晋军勤王，克灭戎邑，故名其子曰成师焉。

《周语》又谓"宣王既丧南国之师，乃料民于太原"。韦昭曰："丧，亡也。败于姜戎时所亡也。南国，江汉之间也。"此谓宣王南征江汉之师丧于姜戎，故乃复料民于太原。姜戎既在晋，宣王料民太原亦必在晋。则宣王时所谓太原之戎、条戎、奔戎、姜戎，皆晋戎也。故晋人自谓"居深山之中，戎狄之与邻"矣。后人不深晓，凡见戎狄，必引之远西以为说，故多有难通耳。

然则宣王时所谓太原戎者既在晋，其前又如何？请再上论之于穆王。范书《西羌传》："穆王西征犬戎，获其五王，又得四白鹿，四白狼。王遂迁戎于太原。"据此似宣王时太原戎、条戎、奔戎、姜戎，凡诸戎之在晋，皆自穆王时迁徙以来者。然据《穆天子传》"天子北征于犬戎"，郭注引《纪年》曰"取其五王以东"，无"迁戎于太原"语。（今本伪《纪年》则云"穆王迁戎于太原"，盖袭范书也。）则范书所谓迁戎太原者，或是蔚宗自下语。蔚宗亦认此下宣王伐太原戎在东方，而据《纪年》"取其五王以东"之说，以意说之，为是迁戎于太原也。其"获四白鹿，四白狼"之说，本之《周语》，然《周语》亦无迁戎之文。是则所谓"迁戎太原"者，明为蔚宗意说矣。

且按《穆传》："天子北征，绝漳水，至于铏山之下；绝铏山，北循滹沱之阳，遂北征于犬戎。"则犬戎早在东方太行滹沱之北，无待穆王之迁而再东矣。郭注引《纪年》，仅著"取其五王以东"一语，前后不备，无可详论。要之即据《穆传》，亦证犬戎本在周之东北，并非周之西北。而范书所谓"迁戎太原"者，苟真有其事，则是犬戎本在东北，穆王迁之太原，乃向西南内地迁动也。其后太原之戎侵周而至泾阳，仍是益向西移，非远从西来。此乃穆宣两代周戎对峙大势，无论据《纪年》，据《穆传》，据《左氏》、《史记》、范书，皆可约略推说耳。

穆王时犬戎之地望既得，再循而上，则有王季与燕京戎之交涉，已详《周初地理考》。

附：西周对外大事略表

	《史记》《诗》《左传》《国语》	今本《纪年》	他书
武王		十二年，王率西夷诸侯伐殷，败之于坶野。（见《水经·清水注》）	
		十五年，肃慎氏来宾。	
		十六年秋，王师灭蒲姑。	
成王		二年，奄人徐人及淮夷入于邶以叛。	周公立，相天子，三叔及殷东徐奄及熊盈以略。（《逸周书·作雒解》）
		三年，伐奄，灭蒲姑。	伐奄三年，讨其君。（《孟子》）
	召公为保，周公为师，东伐淮夷，残奄，迁其君蒲姑。（《史记》）	四年，王师伐淮夷，遂入奄。	成王东伐淮夷，遂践奄，作成王政。（《书序》）
		五年，王师在奄，迁其君于蒲姑。	
		八年冬十月，王师灭唐，迁其民于杜。	
	既伐东夷，息慎来贺，王锡荣伯，作贿息慎之命。《史记》	九年，肃慎氏来朝，王使荣伯锡肃慎氏命。	

	《史记》《诗》《左传》《国语》	今本《纪年》	他书
成王		十年，越裳氏来朝。	越裳氏重译来朝。（《尚书大传》、《说苑》
		十三年，王会齐侯鲁侯伐戎。	
		二十四年，于越来宾。	
		二十五年，王大会诸侯于东都，四夷来宾。	（《逸周书·王会解》
		三十年，离戎来宾。（旧注，骊山之戎）	（《逸周书·史记解》
康王		十一年，王南巡狩，至九江庐山。	
昭王		十六年，伐楚荆，涉汉，遇大兕。（见《初学记》）	昭王将亲征荆蛮，辛余靡为右。王及祭公陨于汉中，辛余靡振王，周乃侯之于西翟。（《吕氏春秋》
		十九年，祭公辛伯从王伐楚，丧六师于汉。（《初学记》七）	
	昭王南巡狩，不返，卒于江上。（《史记》）昭王南征而不复。（《左》僖四）	末年，王南巡不反。（《御览》八七四）	昭王德衰，南征济于汉，船人恶之，以胶船进王。王御船至中流，胶液解，王及祭公俱没于水中而崩。（《帝王世纪》
穆王		六年，徐子诞来朝。	
		八年春，北唐来宾。	

	《史记》《诗》《左传》《国语》	今本《纪年》	他书
穆王	穆王将征犬戎，祭公谋父谏。（《史记·周本纪》、《国语·周语》）	十二年，毛公班、共公利、逢公固，帅师从王征犬戎。冬十月，王北巡狩，遂征犬戎。	
		十三年，祭公帅师从王西伐，次于阳纡。秋七月，西戎来宾，徐戎浸洛。	天子西征，骛行至于阳纡之山。（《穆传》）徐戎僭号，乃率九夷以伐宗周，西至河上。（《后汉书·东夷传》）
		十四年，王师楚子伐徐戎，克之。秋九月，翟人侵毕。	穆王使造父御以告楚，令伐徐。（《后汉·东夷传》）季秋，毕人告戎曰，陵翟来侵。天子使孟悆如毕讨戎。（《穆传》）
		十五年，留昆氏来宾。	
		十七年，征昆仑，西王母来朝。秋八月，迁戎于太原。	穆王西征犬戎，获其五王，遂迁戎于太原。（《后汉书·西羌传》）《穆传》，天子北征于犬戎。《穆传》注引《纪年》曰，"取其五王以东"，无迁于太原语。
		二十五年，荆人入徐，毛伯迁帅师防荆人于泲。	
		二十七年，伐楚，至于纡，荆人来贡。	《文选·恨赋》注引作伐越。

	《史记》《诗》《左传》《国语》	今本《纪年》	他书
共王			
懿王		七年，西戎侵镐	
		十三年，翟人侵岐	懿王时，王室遂衰，戎狄交侵，暴虐中国。中国被其苦，诗人始作，疾而歌之曰："靡室靡家，玁狁之故。岂不日戒，玁狁孔棘。"（《汉书·匈奴传》）
		十五年，王自宗周迁于槐里。	
		二十一年，虢公师师北伐犬戎，败逋。	
孝王	申侯之女为大骆妻，生子成，为适。申侯乃言孝王曰："昔我先骊山氏之女，为戎胥轩妻，生中潏，以亲故归周，保西垂，西垂以其故和睦。今我复与大骆妻，生适子成，申骆重婚，西戎皆服，所以为王。"（《史记·秦本纪》）	元年，命申侯伐西戎。	
		五年，西戎来献马。	
夷王		三年，蜀人、吕人来献群玉。	
		七年，虢公帅师伐太原之戎，至于俞泉，获马千匹。（见《后汉书·西羌传》）	

	《史记》《诗》《左传》《国语》	今本《纪年》	他书
厉王		三年，淮夷侵洛，王命虢公长父伐之，不克。（见《后汉书·东夷传》）	
	厉王无道，诸侯或叛之，西戎反王室，灭犬丘之族。（《秦本纪》）	十一年，西戎入于犬丘。	
		十四年，玁狁侵宗周。召穆公帅师追荆蛮至于洛。	
宣王	周宣王即位，乃以秦仲为大夫，诛西戎。（《秦本纪》）	三年，王命大夫仲伐西戎。	及宣王立四年，使秦仲伐戎。（《后汉书·西羌传》）
	玁狁匪茹，整居焦获，侵镐及方，至于泾阳。（《六月》）薄伐玁狁，至于太原，文武吉甫，万邦为宪（《六月》）来归自镐，我行永久。（《六月》）	五年夏六月，尹吉甫帅师伐玁狁，至于太原。	
	王命南仲，往城于方，出车彭彭，旟旐央央。天子命我，城彼朔方。赫赫南仲，玁狁于襄。（《出车》）赫赫南仲，薄伐西戎。赫赫南仲，玁狁于夷。（《出车》）蠢尔荆蛮，大邦为仇，方叔元老，克壮其犹。（《采芑》）显允方叔，征伐玁狁，蛮荆来威。《采芑》	秋八月，方叔帅师伐荆蛮。	

	《史记》《诗》《左传》《国语》	今本《纪年》	他书
宣王	江淮浮浮，淮夷来求。江汉之浒，王命召虎，式辟四方，彻我疆土，于疆于理，至于南海。（《江汉》）	六年，召穆公帅师伐淮夷。	
	南仲太祖，太师皇父，整我六师，以修我戎。（《常武》）王谓尹氏，命程伯休父，左右陈行，戒我师旅，率彼淮浦，省此徐土。（《常武》）	王帅师伐徐戎，皇父休父从王伐徐戎，次于淮。	
	宣王时，以秦仲为大夫，诛西戎，西戎杀秦仲。（《秦本纪》）《十二诸侯年表》，秦仲尽宣王六年。	西戎杀秦仲。	
		九年，王会诸侯于东都，遂狩于甫。	车攻，宣王复古也。宣王能内修政事，外攘夷狄，复会诸侯于东都。（《诗序》）
		三十三年，王师伐太原之戎，不克。	宣王立四年，使秦仲伐戎。后二十七年，王遣兵伐太原戎，不克。（《后汉书·西羌传》引）
	初晋穆侯之夫人姜氏，以条之役生太子，命曰仇。其弟以千亩之战生，命曰成师。（《左传》桓二年）晋穆侯七年伐条，生太子仇。（《晋世家》）	三十八年，王师及晋穆侯伐条戎、奔戎，王师败逋。	王遣兵伐太原戎后五年，王伐条戎、奔戎，王师败绩。（《后汉书·西羌传》）

	《史记》《诗》《左传》《国语》	今本《纪年》	他书
宣王	三十九年，战于千亩，王师败绩于姜氏之戎。（《史记》、《国语·周语》） 晋穆侯十年，伐千亩有功。（《史记·晋世家》） 造父以下六世至奄父，曰公仲，周宣王时伐戎为御；及千亩战，奄父脱宣王。（《赵世家》）	三十九年，王师伐姜戎，战于千亩，王师败逋。	
		三十九年，王征申戎，破之。（《后汉书·西羌传》）	
	宣王既丧南国之师，料民于太原，仲山甫谏。（《史记》、《国语·周语》）	四十年，料民于太原。戎人灭姜邑。晋人败北戎于汾湿。	按《后汉书·西羌传》，晋败北戎于汾湿，戎人灭姜侯之邑。疑当作"灭戎人姜侯之邑"。北戎即姜戎，姜侯即北戎，为晋所败而灭也。今本伪《纪年》疑误，不足据。
幽王	秦庄公生子三人，长男曰世父，将击戎，让其弟襄公。（《秦本纪》）《年表》襄公立在次年。	四年，秦人伐西戎。	
	幽王得褒姒，欲废申后，并去太子宜臼，太子出奔申。（《周本纪》）	五年，世子宜臼出奔申。	平王奔西申。（《左》昭二十六年疏）
		六年，王命伯氏帅师伐六济之戎，王师败逋。西戎灭盖。（疑犬丘字讹。）	王破申戎后十年，幽王命伯士伐六济之戎，军败，伯士死焉。其年戎围犬丘，虏秦襄公之兄伯父。（《后汉书·西羌传》）

	《史记》《诗》《左传》《国语》	今本《纪年》	他书
幽王	史伯曰："申，缯，西戎方强，周室方骚，将以纵欲，不亦难乎！"（《国语·郑语》）	九年，申侯聘西戎及缯。	
	周幽为太室之盟，戎狄叛之。（《左》昭四年传）	十年，王及诸侯盟于太室。	
	王欲杀太子以成伯服，必求之申；申人弗畀，必伐之。（《郑语》）	王师伐申。	
	申侯与缯西夷犬戎攻杀幽王骊山下。（《史记·周本纪》）	申人鄫人及犬戎人宗周，弑王及郑桓公。犬戎杀王子伯服。	伯服与幽王俱死于戏。（《左》昭二十六年疏）

录自《禹贡》半月刊第二卷第十二期

重答李峻之君对余
《周初地理考》之驳难

　　余于民国二十年春，草创《周初地理考》一文，刊载于是年十二月出版之《燕京学报》第十期。翌年春，得读李峻之君驳文。李君方肄业清华史学系，而余于清华亦有兼课，恨未相识。其时吴君春晗，方主编《清华周刊》，谋出一文史专号，来征文。谓同学李君，笃学嗜书，其所为《周初地理考》驳文，用力颇勤。同学皆推服。最好有对李君答辩文发表，可资比观。余初允之。嗣再细读李君文，觉其大体可分三部。一则由于误会余文而起。误会乃一人一时偶然所有，他人读者不必尽有此同样之误会。余与李君同在一校，他日见面作一番谈话已得，无事形之笔墨为答辩也。二则余文有旁枝所及未能详尽者，此当各各另为专篇，络续发表，亦不能在答辩文中草草包括。三则李君提出之意见，与余恰处反对方面者，此层最关重要。然余文本属创说，李君则主旧解。苟非李君别有新的证论，则余文本为摧破旧说而发，于李君亦无多一番答辩之必要也。因见李君文中有方草《周民族西来考》之说，极愿见其正面文字后再作商榷。因此久久未为答文，而吴君文史专号征文，则别为一文应之。是年夏，顾颉刚先生自杭北返。见李君文，颇器许。一日告余，清华李君驳子《周初地理考》一文，颇能穿穴证会，青年能如此用心细密，大不易得。子何不为一答辩，《燕京学报》近拟特辟学术商榷一类，子答辩可与李君文一并刊载也。余闻之意动，遂匆匆草答辩文一篇。既成，自为复阅，觉所言仍不出原文范围，不过自加申辩，殊无意味。因思与其空为此等往复，何如另从积极方面做文，较为有益。遂继续写《古三苗疆域考》一篇，同付顾君。并嘱答辩李君文，虽勉成之，可勿发刊，不足妄占学报篇幅也。而《古三苗疆域考》一文，则登载于学报之十二期。是年秋，余在清华讲东汉史，李君亦来受课，始相识。李君果一恂恂诚笃好学之青年也。余询以关于周民族西来之问题，有无继续作品。李君谓暑中多病，未能续作。近来于此问题，亦未有更深自信，暂时不愿再为文字。余深喜李君诚笃虚心之态度。是夜，李君特来余室，关于《周初地理考》一文，有所质疑，余细剖彼对余文误会各点。直至深夜电灯且熄，乃去。而是后，余亦以忙于课务，未能将余对于古史地理上之各种见解，逐一为文发表。今年，余在清华讲东汉史已毕，李君久不见。忽一日，春假方毕，余上近三百年学术史退课，吴君春晗特前告李君峻之死矣。余骤闻愕然，询病状及经过。吴君又告余周刊今年又拟出一文史专号，而同时彼与李君他友数人，谋为李君汇刊其生前遗文，索余前所允为答辩之作，可否草成附刊其后。余闻之凄惋。念李君气静心细，好学向上，苟天假之年，必能有成。而遽此夭折，真可浩叹。而余自去夏草为《古三苗疆域考》后，至此行将及岁，亦并不能对此问题续有文字。今李君已遽卒，人生如草露，学问之事，不精进奋发，则因循复因循，数十年间夭寿复何辨。余一时不克别草他篇，仍不免向顾君处讨出去年答辩原稿略删数语以付吴君，此情何止悼念李君之不寿而已耶。吴君亦好学勤奋，他日必有成就无疑。是日与余言李君死事，面色若重有余恻者。古人云，既痛逝者，行以自念。兹又值外患之殷，平津且岌岌虑不保。然学问之事，无所容其衰沮。窃愿与吴君及李君他友谋刊其遗文者同益奋勉，因识数语，效古人重答之体卒为发表，而文中云云，固已于去秋灯下，一一与李君剖及之也。

二十二年四月二十三日

李君谓余文"最使人不满意者，为全盘接收了自《尧典》、《世本》、《五帝德》，以至于《古史考》、《路史》等书底荒谬不经的古史系统"。其实余对古史见解，并不如此。此层乃李君误会也。

李君又谓："试问既承认了尧、舜、禹、稷，乃至于许由、伯夷、神农氏、金天氏等，均真有其人，那可靠的古史，还何从说起？"其实尧舜禹稷许由伯夷神农氏，固无从必证其有，亦无从必证其无。至多在今日只能谓此等古史尽属传说，则就传说而论传说，亦未尝无思辨探讨之余地。如顾颉刚先生《古史辨》第一册之见解，谓夏禹治水之故事，起于南方民族，由楚而播及中国。余文则仍主旧说，谓夏禹治水故事本起中原河域。颉刚先生谓夏禹治水故事之流传于中国，为时已晚，尚在《周颂》三十一篇之后，余文则仍本旧说，谓夏禹治水故事之流传，其事甚早，并不在周人有天下之后。又如康有为《孔子改制考》之见解，则神农氏全是战国农家许行之徒托古改制之伪说，余文则依旧说，谓神农氏故事流传甚早，当始于山西之姜民族。据旧传一般之见解，则周之祖先后稷，其起在陕西，余文则不信为旧说，而谓后稷故事之流传，其先当亦在晋地之汾域。居今而言，以记载之残缺，以及地层发掘之有限，物证之不足，而欲完成十足可靠之古史，诚哉其难。试问治古史者，如何直截判定尧舜禹稷之诚无其人。且余文亦非直接肯定尧舜禹稷之必有其人。余文只就传说而论传说，假定其传说之初相为如此。若此种自古相沿之传说，并非全出后人之伪造与说谎，则古人传说，虽非即是古史真相，亦可借此窥见古史真相之一面。李君谓尧舜禹稷倘真有其人，可靠的古史便无从说起。余对李君此等见解，嫌其稍过于偏激也。

李君又谓："现在我们对于禹之有无尚属疑问，其封土（？）究在何处，更非几句空话，几条传说的证据，可以断定。前提既无法断定，则后稷'缵禹之绪'何以必在河东，这岂不是没有看见人，而即武断照相的像不像吗。""现在我们既已确定了稷和虞夏，毫无关系，则《周语》上说'昔我先王世后稷，以服事虞夏云云'当然是一篇谎话。"其实稷和虞夏是否毫无关系，现在亦并无充分证据，可以确定。《周语》云云，亦未见定是一篇谎话。若只就传说而论传说，若谓古人传说，亦有相当来历，并非全是伪造说谎，则余文所论，亦未尝不是有意于古传说中努力寻求其更会通更近情之一种解说。李君谓余没有看见人而即武断照相的像不像，亦嫌过分。

稷封有邰一层，李君力辨谓战国以前无此说，其说始见于《史记》。余意古人传说，应活看，不应死看。稷封有邰，不妨作稷居有邰解，封建自然是后世制度，而《诗·生民》"即有邰家室"，李君亦认是后稷事。则稷封有邰云云，可不为辨。惟李君谓有邰在今陕西之武功，此本是旧说相传如此。然当思有邰是否即陕西武功，则此层不仅战国以前无人说过，即《史记》亦未交代明白。李君谓"其地正当渭水北岸，正为周民族最初活动的区域"者，其实亦并无可靠之来历。亦不过是古代人之一种传说，经过记载，而又经后人之解说，乃如此云云也。李君既谓古人传说多不可信，记载亦多不可信，不悟有邰在陕西武功一层更属后人对古传说古记载之解说，实更应有吾人怀疑之余地。余文尚不敢轻疑古代传说、古代记载，只就古代传说与记载中发见后人解说有其矛盾不可通之点，乃努力别求一更会通更近情之新解说，以推测古代传说与记载之真意。故余文就《诗经》《尚书》《易经》《春秋左氏传》《竹书纪年》《穆天子传》《逸周书》《孟子》《史记》等种种古书中种种古人语言记载，而怀疑有邰在陕西之旧解，别创有邰在山西之新解。李君谓余"遂把陕西底有邰，轻而易举地移到河东去了"，此亦似李君误解余文之用意也。

李君又谓："古代部落间的移徙，是非常困难的。尤其在农业发明之后。他们的发展，只有沿着河流逐步地向着下流推进。"李君本此见解，谓余文所说周初居地之迁徙，未免过于曲折。然余文乃就史料而为之解释如此，当史料未得确定之解释以前，一般之原则，甚难确立。且余文所论周初之迁徙，多半由于外力之驱逼。李君对于古代民族迁徙纵有此肯定的原则，于余文亦无甚碍。若依旧说，后稷有邰在陕西之武功，公刘居豳，在邠县，如此路线，亦并不合李君所定之原则。太王迁岐山在凤翔，其路线更不合李君之原则也。且商人迁地屡屡，李君原则亦难适用。然则李君此一原则，并不足以说明史迹，拥护旧说，则自不足以驳倒余文也。

考古之事，其时逾古，愈感其渺茫。然其事稍后，则史籍记载较详，未尝无可靠之把握。余文论文王居岐，凡所谓歧山岐周岐丰岐毕岐阳荆岐，一一考其地望，为定为即在泾渭之下流，所列证据，已不下一二十处。李君驳余文，惜于文王一节未能注意。当思文王岐山既在泾渭下流，可以翻前人之陈说，则太王王季之岐山，何必定在泾渭之上流，非确守汉后人之解说不可耶。李君若早就注意及此，谅必能同情于余文也。

李君解"自土沮漆"一语，谓"历来解此诗者，多将'沮漆'误为两个水名，其实大误。《毛传》'自用，土居也'，本尚能自圆其说。钱先生将'自'解为From之意，而以'沮漆'两水为其目的语，这句诗就简直讲不通了"。其实余文云：

> 民之初生，自土沮漆，陶复陶穴，未有家室者，此言沮漆之地，其民居覆穴，自古公之未来，则未有所谓家室也。

余文正依《毛传》，训土为居，李君云云，又属误会。李君认"土"字乃凤翔之杜山、杜水、杜阳谷、杜阳川，改沮为且，而训作往意。然"民之初生，自杜往漆"，两句连文，亦非妥当。

李君又驳"豳即邠"一层，谓：《史记·周本纪》引《佚周书》升汾之阜，汾作豳，乃"后人据《说文》改《史记》，自然愈讲愈不通"。此亦误。《孟子》已作太王居邠，《吕氏春秋·开春论》、《淮南·道应训》尽然。此皆在《史记》前，不得谓俱出后人据《说文》改也。

《公刘诗》逝彼有泉，余文认为即古山之鼓堆泉，李君谓《诗》有观其流泉，"除绛之外天下果真还有不流的泉？"李君此处下语，颇嫌轻慢。余特以古山有鼓堆泉，亦为与《公刘诗》情境相符之一项。至于除绛以外天下尚有流泉，自属尽人皆知，惟余文固非只据古山有流泉，遂认即《公刘诗》所咏也。

李君又谓："钱先生既明白地说：'《禹贡》晚出，远在《大雅》之后。'又考知《大雅·皇矣》所谓的'居岐之阳'，和《绵诗》所谓的'至于岐下'，均当在咸阳泾阳一带，是陕西早有岐名。但钱先生在解释《禹贡》的'治梁及岐'时候，曾经说'狐岐得名，亦由狐戎。而曰岐山，则因山势之盘岐'。到了解释泾阳的嵯峨山的时候，又说：'古公自邠来，其居本为岐山，见此山之岐峯互出，因亦以岐名之。'这不仅是又承认了《禹贡》时代早于《大雅》，而且在论理上也陷于循环论证的错误。"其实余文特假定河东梁岐之岐山得名在前，泾阳嵯峨之名岐较晚，凤翔之岐山得名尤后。《禹贡》所指乃河东之梁岐，《大雅》所指乃泾阳之嵯峨，而后人皆误释以为在凤翔。并未说《禹贡》又出《大雅》之前。因《禹贡》成书时河东仍有岐山之名，故作《禹贡》者自指河东岐山为说。此如甲文出乙文后，而甲文说及孔子，较乙文说及孟子为早，并不即是甲文又出乙文前。此处又是李君读余文不仔细也。

李君又谓："钱先生每每凭了孤证，便作结论。如根据了厉之与烈，界之与厉，皆以声转相通的原则，即断定界休的界山为烈山氏原住的地方。"其实余文以厉山氏即烈山氏，证并不孤。又以烈山即介山，则因介山有焚山之传说，又因随地之关联，而始为此假定，亦非只用声转相通一孤证。

凡此，尽属小节。出于误会，一经解释，便可释然。李君又论余对于材料取舍过宽，有出后人附会，绝不可信，而余文均概加征引，不知别择者。惜其未切指余文某事某节，无从答辩。

兹再就李君文中所提正面立论言之。如据《说文》及章太炎《检论》谓姜羌一族，又据《水经·渭水篇》有姜水，谓姜姓故事传说早在陕西，证论似嫌单薄。若谓陕西亦有姜氏故事则可，未见姜氏之必起于陕也。又引铜器鄝子妆簠记秦许通婚，谓许必在陕西西部。然秦人居邑若未详定，则此论亦难圆。余将草《秦居邑考》论其事。至姜戎见于春秋，更不得谓姜姓原起陕西之证。余文于姜姓始起，亦语焉不详，将别草一文论之。

李君谓："后来的秦楚，明明是和诸夏毫不相干的两个部落。"故对《史记·楚世家》及《秦本纪》所载秦楚祖先均不置信。然李君并未详说。余将别草《楚族起始考》与《秦居邑考》分论其事。

李君谓山戎孤竹，即以小匡篇论，"何尝露出在太原的痕迹"。余文于此层论证未详。然山戎确不在河北幽燕，余别有详证，当特撰《春秋时代戎狄考》备论之。

李君指摘余文论九夷事，余文亦太略，当别为《古东夷考》。

李君引吴先生说，谓"京即是镐"，驳余引"九京一名九原"，以释《公刘》之京原。不悟金文所述，已属西周后事，未必可以说周初。地名演变，其先均由通名进而成专名，实未见"京"字之必专指镐京也。今余已草《古三苗疆域考》发其例矣。（按《古三苗疆域考》一文已载《燕京学报》第十二期。）

录自《清华周刊》第三十九卷第八期

再论《楚辞》地名答方君

余草《诸子系年》，藏稿经岁，不欲轻出。何者？中多创论，独发二千载之秘，自非冥会玄契之士，难资共信。疑者惊其凿空，好者慕为炫异，皆非鄙意也。即如论洞庭本在江北，屈原不死湖南，正其一例。兹承《禹贡》学会转示方君驳议，自念《系年》语求简要，作意容有未尽，读吾书而疑者，决非方君一人。而方君谓余说谬误已无可辩余地，又不容不姑有申说也。

古史地名，其先皆为普通名词，有义可说，如《尔雅》释地、释山、释水诸篇可证。故往往有异地同名者，如《尔雅》云："大山宫小山，霍。"凡具此状皆可得此名，初非限于一地。故河东有霍，淮南有霍，"霍"乃一普通名词，非特殊名词也。然异地同名，决非同时并起，亦非偶然巧合。古人迁居不常，由此至彼，往往以故地名新邑，如殷人所都皆曰"亳"之类是也。故鄙论谓探索古史地名，有可以推见古代民族迁徙之遗迹者，在此。异地同名既有先后，则必其地人文开发较早者得名在先，人文开发较迟者得名在后。故湖南地名有与湖北相同者，大抵皆湖北人迁徙至湖南，而挟其故乡旧名以肇锡兹新土，非湖南之山水土地自始即有此名，与湖北所有者暗合。此虽古人无一语说及此事，而古今人不相远，后世如魏晋南迁，及近代如西洋殖民历史，皆可援以相证。即以情理推说，亦居可信。然地名亦非一成不变，往往其地人事之变剧者，其地名之变亦剧，其地人事之变缓者，其地名之变亦缓。故人文开发较早之地域，以人事之繁变，而地名亦繁变，新名掩其故名，久则故名渐致遗失，而后人惟知有新名。其人文开发较迟者，以人事久滞无变，而地名遂得历久而反著。此例又不胜列举。中国古史传说，如黄帝登空同，舜葬苍梧，禹会会稽，此等地名，其实皆在大河两岸华夏人文开发较早之中原区域。因中原人事多变，新名继起而掩故名，而边鄙四裔，因于中原文化传播，而地名亦有移植。于是空同在甘肃，苍梧在湖南，会稽在浙江，中国古代圣帝名王，其活动传说乃尽在边区。此非古代传说之全属荒诞，亦有后人之误解焉。鄙说则谓《庄子》所记黄帝登空同，其实所指在今河南境，司马迁作《史记》，乃始误认空同在甘肃，此由西汉人地理观念与战国人不同。若《庄子》即谓黄帝登空同在甘肃，此始为荒诞，而司马迁则觉黄帝登空同自应至甘肃始觉像样也。然犹幸河南空同山尚有其名，并有广成泽、襄城之野种种地名，可资互推。故知《庄子》所谓黄帝登空同者，应指河南，不指甘肃。若禹会会稽，则中国地名至今惟有一会稽可指，即今浙江之会稽是，而余则终疑其不然。纵谓禹会会稽，其事本身即系一传说而非信史，然传说之起，在其当时，亦不能大背情理。春秋中叶以前，黄河两岸中原诸侯，恐尚不知有浙江之会稽，即以春秋末叶及战国时代之地理形势论之，会诸侯亦不必到此偏区僻壤。故余意当时人谓禹会会稽者，其所指实非今浙江之会稽。即以《吕氏春秋·有始览》所举九山、九塞言之，九山为会稽、太山、王屋、首山、太华、岐山、大行、羊肠、孟门，余八山全在秦晋间，何以独会稽远在浙江。自非古今人绝不相似，否则此等处不伦不类，殊为索解。盖"会稽"本亦通名，章炳麟说，稽借为棨字，会稽即会棨，犹云合符。黄帝合符釜山，大禹合符某山，后人略其名而即名之曰会稽，其山当亦在河域中原。此后以地名变革，新名掩故名，而浙江以越人自称大禹后裔，故亦有会稽之传说。及司马迁作《史记》，好奇轻信，因以浙江会稽真为大禹会诸侯之所至。今余独谓当战国时，《吕览》诸子所称会稽，实别有所在而不在浙江，则闻者不免惊而生疑矣。

洞庭、彭蠡为长江以南两大泽，而《禹贡》彭蠡实在江北不在江南，此有清一代论者已多。夫彭蠡之名在战国时既可在江北，则洞庭一名在战国时自亦有在江北之可能。而况洞庭之在江北，实证尚多，较之仅据《禹贡》而断彭蠡在江北者，犹更可信乎。

谓洞庭在江北，其第一证即《系年》所举《国策》、《韩非子》及《史记》诸文之互证是也。方君谓鄙文曲解，是方君犹为旧说缠缚，未加细思耳。此层《系年》所辨已详，可不再列，然亦有稍当申说者。据《荀子·议兵篇》："楚人汝颍以为险，江汉以为池，限之以邓林，缘之以方城，然而秦师至而鄢郢举，若振槁然。"鄢郢者，在都，不在江陵。楚君曰若敖氏，都者沿若水得名，盖楚人之先也。江陵之郢，《公》、《穀》定公四年皆称南郢，以别于鄢都之郢。盖自吴师入郢，而楚即去之不复都矣。楚都鄢都，至荀子时犹然。夫以荀子而言楚故，岂宜不信。然则白起之入楚都，乃汉域之鄢郢，非江域之纪郢也。《左》昭十三年，王沿夏，将欲入鄢，此指宜城之鄢，故沿汉水而入。《史记·白起传》："昭王二十八年，攻楚，拔鄢邓五城。明年，攻楚，拔郢，烧夷陵。"此所谓郢，即鄢郢也。其前年先拔鄢城者，楚昭王尝自都徙鄢，逾年而复，鄢都相近，而非一地。

（《方舆纪要》鄢城在宜城县西南九里，都城在宜城县东南九十里。）楚既都都，都亦称郢，以其近鄢，故名鄢郢，以别于旧郢也。秦兵先得鄢，遂破郢。《水经·沔水注》："夷水东注沔，昔白起攻楚，引西山长谷水，即是水也。水溃城东北角，百姓随水流死于城东者数十万，城东皆臭，因名其陂为臭池。城故鄢郢之旧都，城南有宋玉宅。"此当北魏郦氏时，白起破楚鄢郢在于宜城之遗闻轶事尚未全失也。《楚世家》云："十九年，秦伐楚，楚军败，割上庸汉北地予秦。二十年，秦将白起拔我西陵。二十一年，秦将白起遂拔我郢，烧先王墓夷陵，楚襄王兵衰，遂不复战，东北保于陈城。二十二年，秦复拔我巫黔中郡。"此与白起传参合观之，二十年拔西陵，即昭王二十八年攻楚拔鄢邓五城时也。旧注于西陵皆不得其地望。盖前一年既割汉北，鄢郢之屏蔽已失，故翌年秦即下鄢，又明年遂破郢。西陵夷陵，皆鄢郢附近，楚先王冢墓所在耳。《水经注》："鄢水东南流历宜城西山，谓之夷谿。"此所谓西陵夷陵者，殆即在宜城西山一带。后人乃以今湖北宜昌之夷陵西陵说之，不知秦拔巫郡黔中尚在后，且系蜀师东下，亦与白起不涉。故毛遂蔡泽之言曰"白起率数万之众，一战而举鄢郢，再战而烧夷陵，三战而辱王之先人"也。陈余遗章邯书，亦曰白起南征鄢郢。秦拔郢，襄王众散，始东退保陈，若当时楚都在江陵，秦兵已先取鄢邓，长驱南下，楚都既破，何能转迎秦锋，越其兵路，而东北避地于陈哉？^(陈之与江陵，亦偏在北，不应云东避。)《楚策》又云："秦举鄢郢巫上蔡陈之地，襄王流掩于城阳。"城阳在河南淮域，自城阳再东乃至陈，此楚襄失鄢郢即东北退至豫境，未在江陵郢都之一证也。然则以《荀子》《史记》合观，楚襄王都当在鄢郢不在江陵，断断明矣。楚人自昭王徙都，后遂无复还江陵之明文，先秦故籍斥言楚都，亦率曰鄢郢，而后人每疑楚都仍还江陵者，盖依《汉书·地理志》，未有他据也。（《汉志》之误，高士奇已疑之，若其谓楚始封在丹阳郡丹阳县，则尽人知其谬矣。）就《荀子》说之，岂不较班书为可据乎？战国楚都之所在既得，秦楚当时交兵之形势既显，则所谓"秦与荆人战，大破荆，袭郢，取洞庭五渚江南"者，其地望所在亦可见。夫苏代既云：秦以汉中之甲，乘船出巴下汉，四日而至五渚，五渚之在汉域，与汉通流，绝无疑矣。故刘伯庄谓五处洲临汉水也。今曰"洞庭五渚"，洞庭亦当与汉通流，其不能在今湖南三湘之间，更复何疑？窃谓洞庭五渚，当正在汉水鄢郢附近，故苏代既曰四日而至五渚，《秦策》亦云袭郢取洞庭五渚也。否则岂有鄢郢既破，楚王方避地向东北而去，乃秦兵穷追，转远往长沙洞庭之理？且《策》《史》俱云"拔鄢郢东至竟陵"，（竟陵地望旧注亦未必是。）此则秦人兵锋固未南向岳州洞庭之明证也。故曰洞庭五渚当断如《系年》之所论也。然则江南奈何？曰，此《系年》亦言之：白起既破楚都，（鄢郢。）不敢逼取楚王，而秦之偏师自蜀东下，又取楚巫黔中地，则在襄王之二十二年，游兵所及，至于江陵以西一带之南岸。此即所谓江南，《秦本纪》"昭王三十年蜀守若伐取巫郡及江南为黔中郡"是也。苏秦说楚合从曰："大王不从亲,秦必起两军,一军出武关,一军下黔中,若此则鄢郢动。"此其指陈当时秦楚兵争形势,可谓了然矣。而两路之尤重者,则在北不在西。此观于秦楚历次战斗,而确然可见者。亦以楚都鄢郢非江陵,其立国形势,亦重北不重西也。故知此所谓江南,当远在今洞庭西北,正值江陵之南以西,与洞庭五渚之在汉北者非一地,则亦非泛指大江之南,谓秦兵直至今巴陵岳州一带也。洞庭岳州,在后世自为冲要,而当时则决不为秦楚兵争之区,此稍治战国地理形势即可得之,惟人自缠缚旧说,不肯致思耳。

《系年》旧说如此,然今细思,窃恐仍犹未是。盖古人江汉互称,此处既连言洞庭五渚江南,则江南殆即汉南耳。陆机《辨亡论》有云:浮邓塞之舟,下汉阴之众。《水经注》:邓塞者,即邓城东北小山也。据此汉邓之塞,可通舟师。汉阴即江南,更可明矣。洞庭断在汉北,五渚全在汉北与否不可知,或可有绵亘及汉南者,而江南则指汉南言。然则所谓洞庭五渚江南,殆指襄阳宜城一带附近汉水之两岸,尚不远指江陵之南。如此言之,始当于古人之文理。要之其不在今湖南境,则决然无可疑耳。

余谓战国洞庭在江北,尚有第二证,则为《山海经》之洞庭山。《山海经·中山经》前后所列诸山脉尽在江北，此一条不容独在江南。自洞庭之山东南千余里始为柴桑之山，则洞庭之山不能在江南甚显。方君所以不敢信者，因《山海经》有"是常游于江渊，澧沅之风交潇湘之渊，是在九江之间"数语，方君以澧沅潇湘尽在江南，不悟九江一名，自秦迄汉，明在江北不在江南也。后人惟误认洞庭在江南，故曲说九江亦在江南，然此则《史》《汉》明文俱在，彰彰可稽矣。（《系年》只以湖北有洞庭山推证亦可有洞庭湖，并未即指洞庭之山为洞庭之泽也。惟《系年》于楚都鄢郢一节考辨未及，故于洞庭地望，仍嫌模糊，只能断其在江北汉域而已。今以郢都之辨补之，则洞庭五渚之地位更益明显。《系年》容俟增改，读者先以此文与《系年》并参之可也。）方君疑鄙文于澧水之在江北者未指实何地，实则澧水在江北最有明文可指，较之沅湘洞庭尤显。（拙作《楚辞地名考》论及澧水，而《系年》略之者，著书体例所限，不能尽详也。）《汉志》："雉衡山，澧水所出，东至郾入汝。"《说文》云："澧水在南阳，经衡山东入汝。"今则澧水衡山，一望而认其为在湖南境矣。此非地名迁徙一极好之例证乎？方君又疑若洞庭湘澧诸水尽在湖北，则湖南洞庭沅湘诸水古当何名？不知山川土地初本无名，必俟其地人文渐启，乃始有名。以古史大体论之，湖北人文开发先于湖南，湖南之人文即由湖北移植，湖南地名固可由湖北来而较后于湖北也。故自鄙意论之，正因湖南之有洞庭沅湘诸名，而疑湖北应亦先有此诸名，否则湖南地名全出新创，别无因袭，转为可怪矣。（方君驳余文有极误者，如鄙论指地名迁徙，而方君误谓指水道之移动是也。人虽好怪，亦不能不顾情理。若余谓江北洞庭沅湘诸水至汉初尽迁至湖南，此等怪论，不将大为通人所嗤鄙乎？又余以洞庭之山在江北，推论江北亦可有洞庭之水，方君乃误谓余指洞庭山之一穴即谓是屈子所歌之洞庭，鄙人虽浅拙，亦何至于如是？）

凡此所论，聊以补吾《系年》所论之未详。余早年读《楚辞》，即信屈原居汉北之说，而洞庭沅湘诸水亦在湖北，则得之甚后，实会通古史地理诸方面之问题而为此说。方君疑我考辨之疏，实则鄙人著《系年》一书，此问题蓄疑胸中者最久，而其确定今说亦最迟，此与鄙人交游稍密者始知之。我说亦不敢必其无误，不敢必谓其得古人之真相，而立说自有层累，非轻率为之，则可坦白自辨者也。

屈原曾居汉北，我自始即深信不疑。何者？以《楚辞》有明文可为内证，不容怀疑也。屈原不当死在襄王时，此清儒亦言之，余论《楚辞》之创说，惟洞庭亦在江北一义耳。然以古史异地同名之多，与夫地名迁徙之大例言之，则今湖北在战国时可以有洞庭，其说虽创，而理据平实，无足深怪。若承认战国时湖北亦可有洞庭之名，则余《系年》所举《国策》、《韩非子》、《史记》诸条，及《山海经·中山经》之洞庭山，其实皆今湖北之洞庭，而非湖南之洞庭也。（余并疑河域亦有洞庭，说详《三苗疆域考》。）战国时江北既可有洞庭，而屈原又居汉北，则相传屈原作品中之洞庭，推论所及，自可在江北不在江南矣。

余论《楚辞》地名洞庭沅湘诸水皆在江北，本诸古史地名迁徙之通例，会之楚国人文演进之大势，核诸《楚辞》之本文，旁推之于《山海经》、《国策》、晚周诸子以及《史记》之所载，细大兼存，六通四辟，无所窒碍，然而犹不免乎起疑而召难，则不徒旧说之入人者深而骤难革也。《史记·贾生传》："贾生为长沙王太傅，过湘水，投书吊屈原。"此若为汉人以屈原投湘在江南之确证。然贾生之渡湘投书固曰"侧闻屈原自沉汨罗"矣，此特行道传闻，偶尔枨触，聊寄吾情，未足以为典要也。方楚人之去郢而东迁，盖有不克追随，而避地江南，以生聚苟安于今湘沅洞庭之间者，楚国之遗闻轶事，挟而俱往，于是若者为洞庭，若者为沅，若者为湘，若者为屈子之所沉，凡以寄其故国之思，抒悲愤之忠情，而故老相传，遂成典实。至于鄢郢故土，受虐既重，孑遗靡存。故曰"楚虽三户，亡秦必楚"，楚仅三户，此证其备遭痛酷。此后陈涉首祸，揭竿起义，自称楚后，其实皆在江淮吴越之间，知鄢郢荆襄无复豪杰矣。及汉初分封，楚王在淮域，长沙亦有王者，而独鄢郢荆襄之地缺如。

（楚分共敖为临江王，为汉高所废。）盖其地既无崛起割据之雄，因亦无分茅胙土之典。不徒此也，凡前汉所指目为楚人者，皆江淮吴越之产耳。前汉二百数十年，惟荆襄人物最少，可谓绝无而仅有，则以受秦惨毒，久勿自振，故传《楚辞》者在淮南，而称屈子遗迹者在江南，旧楚之文献尽矣。贾生投湘而吊，此犹如后世苏东坡赋赤壁耳，考古者岂可即据东坡文而坚信三国赤壁即在黄州乎？(且史公以贾生与屈原同传，然屈原传中固绝无一语明白谓屈原曾迁江南也。然则谓史公亦肯定屈原迁江南者，恐尚非必然之说。)

方君谓《楚辞》地名当在《楚辞》中求本证，其说是也。然诗歌与史传行文不同，苟非别有所据，则彼此游移，尽可曲解，故后人解《楚辞》者绝众，乃不悟其地望之有问题也。《系年》指说已详，复有一义当申说者。余观《诗》与《楚辞》于"江汉""江湘"每每连举，此多不得专指长江言。如"江汉浮浮"、"江汉之浒"，以及"滔滔江汉，南国之纪"，大率即指汉不指江。故曰："汉有游女，不可求思。汉之广矣，不可泳思。江之永矣，不可方思。"则诗人之所谓江者，即汉也。《荀子》："汝颍以为险，江汉以为池，限之以邓林，缘之以方城，然而秦师至而鄢郢举，若振槁然。"此所谓江汉，亦指汉言。昭王南征，诸书皆谓溺于汉，《史记》独称卒于江。南方水通称江，其于此等处本通用也。《楚辞·涉江》："哀南夷之莫吾知兮，且余济乎江湘。"江湘并称，即湘水也。湘即汉，屈原渡汉而北，故曰"哀南夷之莫吾知，余将济乎江湘"也。又《渔父》："屈原既放，游于江潭，渔父见而问之，屈原曰：'宁赴湘流，葬于江鱼腹中。'渔父歌曰：'沧浪之水清，可以濯我缨；沧浪之水浊，可以濯我足。'"此文"沧浪""湘流"与"江潭"并称，其实所指皆一水，即汉水也。此又《楚辞》作者江汉不别之一证也。（《悲回风》："浮江淮而入海兮，从子胥而自适。"此所谓江者即淮也。）《山海经》："帝之二女，是常游于江之渊，澧沅之风交潇湘之渊。"此江渊即潇湘之渊，又湘得江称，非即大江也。"潇湘"犹云"沧浪"耳。此处潇湘当是一水，非于湘水外别有一潇水。岂得以后世有潇湘二水，而谓《山海经》之潇湘必在湖南乎？"汉有游女"，诗人既咏之，《韩诗》亦有郑交甫于汉皋遇二女解佩之说，舜之二女，殆即此种故事之流传。舜之故事本多在汉域，丹朱墓传在房县，丹水之名即与丹朱有关，则舜女之为湘妃，最先实在今湖北之汉水，而非湖南之湘水矣。《史记·秦始皇本纪》：始皇二十八年，自彭城西南渡淮水，之衡山，南郡，浮江至湘山祠，逢大风，几不得渡。 上问博士曰：湘君何神？对曰：闻之，尧女舜之妻，而葬此。于是始皇使刑徒三千人，皆伐湘山树，赭其山。上自南郡由武关归。今按此处衡山在淮南，而后人亦误解为在江南长沙。此处湘山，亦决非指今湖南洞庭湖中山，更非洞庭以南湘江沿岸之山。此湘山实即自南郡达武关，沿汉水而上，有此湘山也。《水经注·江水篇》引《韩诗·周南序》曰：其地在南郡南阳之间。《楚地记》：汉江之北为南阳，汉江之南为南郡，盖汉世南郡，兼湖北荆州宜昌施南襄阳四府地，南阳兼河南南阳府汝州之地。（关于舜之故事地望，余当别为文详论之。）屈原居汉北，所祭湘君既为汉水之女神，故望神之来享，而谓"驾飞龙以北征"，又曰"遭道于洞庭"，正以洞庭亦与汉通流，而当时屈原放流则犹在洞庭之北也。"望涔阳兮极浦"，涔阳即汉北也。"横大江以扬灵"，大江即湘水也。诗人虽富想象，然抒写景物，亦贵目前亲切，当不倏忽飘扬至千百里外。而《楚辞》之与二《南》，其地望亦正合，又何必远索之于今湖南洞庭潇湘，在当时为蛮荒，中原文物所未被，风教所未及，而谓屈子之辞，乃本之当地之民歌土风乎？

至哀郢为楚襄失国时作品，昔人已多言之。顷襄二十年秦取鄢邓五城，二十一年始拔郢，哀郢云"方仲春而东迁"，当为顷襄二十二年之仲春，郢都已危，犹未拔。故曰"何皇天之不纯命"，又曰"哀见君而不再得"，皆切当时情事。又曰"去故乡而就远，遵江夏以流亡"，则自鄢遵汉，由水道行也。将运舟而下浮，上洞庭而下江者，自郢泛汉，洞庭在北居上流，故曰上，大江在南居下游，故曰下。曰"过夏首而西浮"者，夏首乃鄢水入夏之口耳。其曰"西浮"，贯下"顾龙门而不见"言，鄢郢在汉西也。故又曰"背夏浦而西思"矣。此篇既为顷襄亡国时作，则自不出屈原。后人误说郢在江陵，又自以后世境况想象前世，故道楚故者多据江陵武昌一带说之。不知战国楚人情实不如此，其揣测影响而不可信者多矣，固不止关于屈原之传说也。

至罗之地望，据《水经注》鄢水径罗川城，《左传》屈瑕伐罗渡鄢，杜注今襄阳府宜城县西二十里罗川城，乃罗故国，是屈原沉罗传说，正与其所谓"宁赴湘流"者合，实亦近鄢郢也。又河南信阳有罗山县，旧有罗水北入淮，《左传》昭公五年，楚子伐吴至罗汭，高士奇以此说之，江永则谓楚之东境别有罗川，说虽无据，而较高说为近是。相其地望当近汝水。是则春秋时汉源有罗，淮源有罗，汝源亦有罗，江北之水以罗名者多矣。郦氏乃以长沙汨罗说《左》昭五年之罗，最为失之，高、江诸氏皆已知其非是。古人注地望谬者极多，不可轻据为说也。

方君文颇信湘君湘夫人为今湖南湘江之水神，并认《楚辞》中《湘君》、《湘夫人》两篇为古代湘江流域之民歌，此亦随俗未经细思。方君谓嘉应州山歌，有高于人境庐诗者。不悟嘉应州文化绵历，时间已久，岂战国时湘江所得并论？且嘉应州民歌亦非湘江湘夫人之比。若就湘江流域文化沿革及《楚辞》文学境界仔细参对，自知此等文学决非当时湘域民间所有。方君又谓地既僻远，当时视为猿狄所居，不在大江以南，还在何地？方君若仔细读汉北一带地志，自知山鬼幽篁猿狄夜鸣诸景象，不必定在湖南。且湘江地带既以猿狄所居为征象，既称之为较落后的民族，恐仍难产湘君湘夫人诸歌文采。方君殆一意针对鄙文，忘却自陷矛盾耳。

其他琐节，不复详及。余关于古史地理之论文，有《周初地理考》、《古三苗疆域考》(登《燕京学报》。)、《楚辞地名考》(登《清华学报》。)、《黄帝故事地望考》、《西周戎祸考》(登《禹贡》。)诸篇，方君似均未见。《系年》语焉不详，方君谓其说谬误已无可辩余地，故不禁稍申鄙意；郢都一辨，乃此文之新获，然亦不能详尽。前举诸作，年来鄙意稍有变异，而未遑改作，然大体尚颇自信。读者若见《系年》所论而有疑，幸一读此诸文，庶稍见鄙意之详也。

录自《禹贡》半月刊第七卷第一二三合期

秦三十六郡考

《史记·秦始皇本纪》载始皇二十六年从廷尉李斯议，分天下以为三十六郡，按之班氏《汉书·地理志》，列举秦郡，适得三十六。

一、河东：按《秦始皇本纪》，始皇即位时，秦地已并巴蜀汉中，越宛有郢，置南郡。北收上郡以东，有河东太原上党郡。此秦郡有河东之证。据《秦本纪》，秦置河东郡应在昭襄王二十一年。

二、太原：《秦本纪》，庄襄王四年，初置太原郡。

三、上党：说见河东下。据《秦本纪》置郡应在昭襄王四十八年后。

四、三川（汉河南）：《秦本纪》，庄襄王元年，初置三川郡。

五、东郡：《秦始皇本纪》，五年初置东郡。

六、颖川：《秦始皇本纪》，十七年攻韩，以其地为郡，名曰颖川。

七、南阳：《秦本纪》，昭襄王三十五年，初置南阳郡。

八、南郡：《秦本纪》，昭襄王二十九年，白起攻楚取郢，为南郡。

九、九江：《水经·淮水注》，秦始皇立九江郡。据《始皇本纪》，秦置九江郡应在始皇之二十四年。

十、泗水（汉沛郡）：《水经·睢水注》，始皇二十三年置。

十一、巨鹿：《水经·浊漳水注》，始皇二十五年灭赵，以为巨鹿郡。

十二、齐郡：当为二十六年灭齐后置。

十三、琅邪：亦当为二十六年灭齐后置。

十四、会稽：《始皇本纪》，二十五年王翦定荆江南地，降越君，置会稽郡。

十五、汉中：《秦本纪》，惠文王后十三年，攻楚汉中，取地六百里，置汉中郡。《水经·沔水注》，周赧王二年，秦惠王置汉中郡。按赧王二年乃秦惠王后十二年，则二年当作三为是。

十六、蜀郡：《水经·江水注》，秦惠王二十七年，遣张仪司马错等灭蜀，遂置蜀郡。《秦本纪》惠王后元十四年，蜀相壮杀蜀侯来降，即惠王二十七年也。

十七、巴郡：《水经·江水注》，秦惠王遣张仪等救苴侯于巴。仪贪巴苴之富，因执其王以归，置巴郡。又见河东下。

十八、陇西：《匈奴传》，昭襄王时有陇西北地上郡。《水经·河水注》，秦昭王二十八年置。

十九、北地：见《匈奴传》，秦昭王伐残义渠，于是有北地郡。

二十、上郡：《秦本纪》，惠文王十年，魏纳上郡十五县。《水经·河水注》，昭王三年置上郡。

二十一、九原（汉五原）：《赵世家》，武灵王二十六年复攻中山，攘地北至燕代，西至云中九原。（《通典》，赵至九原郡，秦因之，盖误，说详下。）

二十二、云中：《匈奴传》，赵武灵王北破林胡楼烦，而置云中雁门代郡。《水经·河水注》秦始皇十三年因之置云中郡。

二十三、雁门：见云中下。

二十四、代郡：见云中下。《秦始皇本纪》，二十五年王贲攻燕，还攻代，虏代王嘉，置郡应在是年。

二十五、上谷：《匈奴传》，燕置上谷、渔阳、右北平、辽西、辽东郡以拒胡。《水经·圣水注》，秦始皇二十三年置上谷郡。

二十六、渔阳：《水经·鲍丘水注》，"秦始皇二十二年置"。

二十七、右北平：《水经·鲍丘水注》，"始皇二十年灭燕，置"。

二十八、辽西：《水经·濡水注》，"始皇二十二年，分燕置辽西郡"。

二十九、辽东：《水经·大辽水注》，"始皇二十二年灭燕辽东郡"。

三十、南海：《秦始皇本纪》，三十三年，略取陆梁地，为桂林象郡南海，以适遣戍。

三十一、桂林（汉郁林）：见南海下。

三十二、象郡（汉日南）：见南海下。

三十三、邯郸（汉赵国）：《秦始皇本纪》，十九年尽定取赵地。置郡当在此年。

三十四、砀郡（汉梁国）：《水经·睢水注》，始皇二十二年为砀郡。

三十五、薛郡（汉鲁国）：《水经·济水注》，始皇二十四年置。泗水注云二十三年。

三十六、长沙（汉长沙国）：当为始皇二十三四年灭楚后置。

上举三十六郡，南海、桂林、象郡，置于始皇三十三年。九原郡据《匈奴传》，赵有雁门、代郡、云中三郡以备胡，九原特云中北界，未置郡也。始皇二十五年以前，边郡多仍前旧，不闻增设。三十三年蒙恬辟河南地四十余县，（《本纪》作三十四县。）盖以此置九原。则九原亦不当在三十六郡内。（全祖望说。）又《秦始皇本纪》，三十五年除道道九原抵云阳，自是九原之名始见。故三十二年始皇之碣石归，巡北边，自上郡入。至三十七年，始皇崩于沙丘，其丧乃从井陉抵九原，从直道至咸阳。明始皇三十二年前未有九原郡也。（王国维说。）然则《汉志》所列三十六郡，南方之南海、桂林、象郡，北方之九原，皆在始皇二十六年后。始皇二十六年所分天下三十六郡者，《汉志》实尚缺其四。历来考史者于此颇多争议。或主三十六郡乃秦一代郡数，以班说为信。(钱大昕《潜研堂集》。) 或以三十六郡乃始皇二十六年所分，后此所置者不与。(裴骃《史记集解》。) 今从后说，再为补列：

一、广阳：《水经·漯水注》，秦始皇二十一年灭燕，以为广阳郡。全祖望曰：渔阳、上谷、右北平、辽东、辽西五郡，皆燕所置以防边，渔阳四郡在东，上谷在西，而燕之国都不与焉。自蓟至涿三十余城，始皇无不置郡之理，亦无反并内地于边郡之理。始皇并六国，其国都如赵之邯郸，魏之砀，楚之江陵、陈、九江，齐之临淄，无不置郡。何以燕独无之？(《汉书地理志稽疑》。) 故知《水经注》实可信。

二、楚郡：《楚世家》，王负刍五年，秦将王翦蒙武破楚国，虏楚王负刍，灭楚，名为楚郡云。其事在始皇二十三四年。全祖望曰：秦灭楚，置楚、九江、泗水、薛、东海(东海后置，说详后。)五郡。及定江南，又置会稽。楚郡盖自淮阳以至彭城，泗水则沛也，薛则鲁也。东海则郯以至江都也。皆江北地。会稽则江南地。惟九江兼跨江介。又《陈涉世家》有陈守。全祖望曰：楚郡即陈郡也。楚郡治陈，故亦称陈郡。

三、黔中：《秦本纪》，昭襄王三十年，伐取巫郡及江南，为黔中郡。《汉志》亦失载。

四、闽中：《东越列传》，秦并天下，废闽越王无诸及越东海王摇，以其地为闽中郡。据《秦始皇本纪》，二十五年王翦遂定荆江南地，降越君，置会稽郡。则闽中置郡，亦当在是年，而史失载。或闽中之置稍后，故史不与会稽并及。然至迟亦在二十六年定天下为三十六郡时也。

增此四郡，则适符三十六郡之数。其他尚有秦时郡名可考者为：

五、东海：《陈涉世家》秦嘉等围东海守庆于郯。守乃郡官名，及《绛侯世家》因东定楚地泗川东海郡。皆秦时已有东海郡之证。《班志》东海郡高帝置，盖误。

然东海郡固何时所置乎？若谓置在始皇二十六年前，则上列三十六郡之数又未可定。若谓置在二十六年后，则史无明文可考。惟《始皇本纪》三十五年有云：于是立石东海上朐界中，以为秦东门。窃疑秦廷分置东海郡，殆即其时。始皇三十二年，蒙恬发兵三十万略取河南地。三十三年，又略取陆梁地为桂林、象郡、南海三郡。又北逐匈奴，开初县三十四，即以后之九原郡也。三十四年谪治狱吏不直者筑长城及南越地。三十五年除道道九原抵云阳，堑山堙谷直通之。九原之名始见。然则蒙恬虽于三十二年取河南，三十三年斥逐匈奴，而九原置郡盖有待于三十四年或迟至三十五年可知。九原之置郡既然，桂林、象郡、南海亦无不然。史言三十三年略取陆梁地为桂林、象郡、南海三郡者，特终言其事，未必其事之即在是年也。三十四年谪戍南越，即继略地而来。然则此三郡者，亦或络续置在三十四年乃竟迟至于三十五年也。至是，秦之疆土，南北大扩，乃遂立石东海中，标为秦东门，以夸其盛德广业焉。惜乎其文不传于后世，而其事由于南北扩地而起，其辞亦或及之，未可知也。因其立石海中，标称秦之东门，而遂划置东海一郡，其名与南海相映照，其事亦一时之隆典。虽史文疏略，未为大书于是乃置东海之郡，而东海郡或即置于此年，固不妨为此推论。又是年，始皇以咸阳宫廷小，乃大营作，建阿房宫，又造丽山，遂徙三万家丽邑，五万家云阳，于其时而立石海中，以为秦之东门，则其增制东海一郡，固宜尔矣。故知桂林、象郡、南海、九原四郡之立，当在始皇二十六年定天下为三十六郡之后，而东海郡之立，则犹在桂林、九原四郡之后。至是凡得五郡，合之以前三十六郡，秦郡之确可考信者，凡四十一郡也。

后　记

诸家考秦郡，纷纷无定论，而皆有所失。惟全谢山《汉书地理志稽疑》所得最多。不列桂林、象郡、南海三郡，其得一也。又退九原，二也。据《楚世家》、《秦本纪》、《六国年表》补黔中郡，三也。据《楚世家》补楚郡，四也。而据《水经·溧水注》补广阳一郡，尤为创获，五也。(梁玉绳《史记志疑》亦据《水经注》补广阳，似未见全说。)《汉志》列记秦三十六郡，谢山退其四，补其三，已得三十五，故曰得最多。其微可议者，不列闽中，而以东海足三十六之数耳。钱竹汀谓闽中虽有郡名，仍无诸摇分治，秦未尝别置守尉，故不在三十六郡之数，此无证以坚其说者。谢山惟谓始皇置，不知其年。然据《始皇本纪》，王翦定荆江南地，降越君，置会稽郡，在二十五年。或汉省闽中附会稽，故史文略之，惟称置会稽，而闽中置郡实亦在是年；即较晚，亦当在二十六年分郡时。谢山不据此推定其年者，盖由既列东海，不得不出闽中。疑东海在内地，必先置，闽中在外夷，或较后，故曰不知其年矣。然东海置郡，同无的年可考。必谓在始皇灭楚时，亦难定讞。今据《始皇本纪》三十五年立石东海上朐界中以为秦东门一条，推证东海分郡应在此时，则闽中自当列三十六郡内无疑。谢山考秦郡，尝谓惜不得胡梅磵、王厚斋二先生相与讨论。今著此说，亦复同慨。恨不得起先生于地下，卒为论定之也。

考古之事，往往愈后愈密，所得转胜于前人，然亦有不尽然者。裴骃注《史记》，已不列桂林、南海、象郡，而钱竹汀力非之，实为一歧，谢山退九原，补广阳，所获远超前人，真所谓博而笃者。王静安《观堂集林·秦郡考》，主驳竹汀之说；其退九原补广阳，皆本谢山，而又不全遵信，又转生歧，遂有四十二郡、四十八郡之拟议。其说即本钱氏秦数以六为纪，郡名三十六，盖取六自乘之云云。其实钱氏谓秦初分郡取六数自乘并不误，特其后续有增置，不得谓每增必六。王氏既知秦郡之不止于三十六，而又过泥钱氏六数为纪之论，故强以四十二、四十八足之。钱王两家，精思博识，大略相似，而于此俱失之，良可憾也。

竹汀考秦郡，专据《汉志》驳裴骃。又曰，读史之病，在乎不信正史而求之过深，测之太密。静安驳竹汀，乃尽置诸家，惟于《史记》中求之。而曰，以班氏较裴氏，则班氏古矣；以司马氏较班氏，则司马氏又古。此其说似可以折服竹汀之口，然考史者往往有正史所缺而旁见于诸家，亦有前人失载而转详于后籍。若专从正史，尽弃诸家，一本前人，遍疑晚记，则得失亦参半，未能全是也。《水经·漯水注》言秦始皇二十一年灭燕为广阳郡，《史记》《汉书》皆不载。谢山据以补《史》、《汉》缺佚，其识卓矣。王氏之论曰，由今观之，此郡之果名广阳与否虽不可知，然其置郡之说，殊不可易。夫置郡之说既不可易，则当时诚有此郡；郡名之果为广阳与否，无足深疑也。且于其置郡之说既不可易，又何从而致疑其郡名之未必可信。王氏又言之曰，三十六郡之分，在始皇二十六年。齐国灭近在是年之春，距燕之亡亦不过一岁。二国新定，未遑建置。故于燕仅因其旧置缘边五郡，于齐，略分为齐与琅邪二郡，其于区划故未暇也。此辨尤疏失。齐灭即在是年，已得分置二郡。燕灭尚在前，何反不遑建置？且秦灭辽东在始皇二十四年，灭蓟尚远在二十一年，距二十六年分郡已五年。齐尚得间分设两郡，燕缘边亦得仍设五郡，皆近在一二年内。蓟灭已五年，何独不遑仍其旧都而建一郡乎？谢山所谓自蓟至涿三十余城，始皇无不置郡之理，亦无反并内地于边郡之理。且始皇之并六国也，其国都如赵之邯郸，魏之砀，楚之江陵、陈、九江，齐之临淄，无不置郡，何以燕独无之？凡此三难，王氏亦谓无说以易矣。今顾谓蓟之置郡当在二十六年后，即无异谓此六七年间者，自蓟至涿三十余城，不为置郡，否则并内地于边郡。且秦灭六国皆于其国都置郡，而燕独不然，乃自燕灭六年以外始遑分建也。则凡谢山之说，王氏所谓无以易者，实皆未之守。且《水经注》明谓始皇二十一年灭燕置广阳郡，谢山加以证成。今既信谢山之证，而转弃《水经注》原文。既疑郡名未必为广阳，又于置郡之年决谓在二十六年后，而复无证以自坚，则又何哉？夫亦曰《水经注》非正史，成于郦道元，尤远在裴骃后，不足遵依耳。然王氏于二十六年前秦人置郡，必一一寻之《史记》，而二十六年后即复以理推证，不仅《水经注》所载可据，即《史》、《汉》无明文，诸家无旁见，亦得从郦氏一语为之推定，谓齐于二郡外尚得有五郡者，是又何耶？故王氏之失，在先悬一格以定考辨之从违，而复不能坚守。亦由谢山之所以证《水经》者，其论先立于不败，仍不得不折而从之也。

且王氏于二十六年前置郡，既一一寻之《史记》，而《楚世家》明有灭楚名为楚郡一语，谢山特据以补《汉志》之缺，王氏文中顾绝不及，亦可怪也。楚郡之名，梁玉绳曾疑之，谓灭楚名为楚郡者，此言始皇讳楚，故灭去楚之名，而于楚地置郡耳。其说殊牵强。王氏独不列楚郡，亦以梁氏言为然乎否耶？要之于《楚世家》此语，不应脱漏，或默不置辞。谢山之言曰，秦灭楚置五郡，曰楚，曰九江，曰泗水，曰薛，曰东海。及定江南，又置一郡曰会稽。楚郡盖自淮阳以至彭城，泗水则沛也，薛则鲁也，东海则郯以至江都也，皆江北地；会稽则江南也；惟九江兼跨江介。王氏所考无楚郡，而有陈郡，为全考所无。然谢山又言之，曰秦灭楚，于其都如江陵、陈、九江皆置郡。今考江陵置郡则南郡也。九江则寿春，陈则楚郡，全氏言之极析。又于十八王所置郡名下，明曰楚郡即陈郡。

（姚鼐亦云：楚襄王始都陈，后为秦得，故陈为郡，见《惜抱轩集》"项羽王九郡考"，与全说合。）王先谦《汉书补注》曰：秦楚郡治陈，即本谢山。又曰，楚郡地广远，故后又分九江、长沙、东海、泗水、薛五郡。今按《始皇纪》二十三年，王翦将击荆，取陈以南至平舆，虏荆王，秦王游至郢陈。楚郡之设，盖在其时。纵谓始皇讳楚，然秦廷之荆郡（或陈郡），而东方自号楚郡。犹如史公于《始皇纪》讳楚称荆，于《楚世家》则仍有楚字，非不可也。 是年项燕立昌平君为荆王，反秦于淮南，明年王翦破荆军，昌平君死，项燕自杀。九江郡当立此时，其他未能确指，（参看《水经注》。）惟东海应在后耳。王氏考得陈郡，又明见全氏书，（姚文亦定见，以姚与钱以秦郡起争议也。）顾不会合为说，而于《楚世家》楚郡一名始终不提。殆以言楚郡，则其建置当在二十六年前。而王氏必抑之二十六年后，以符其秦人制郡必以六数之说耳。然陈与东海两郡，其名见于《陈涉世家》，其事虽在二世时，不得即谓其建置定在秦之末年。则仍不如谢山之说，谓秦灭六国，于其国都所在均建郡之为近情，且有《楚世家》明文可据。王氏既称尽置诸家，专于《史记》中求之，更不应置此不论。又既见全氏书，亦不应于楚郡陈郡异同不剖辨也。全氏考秦郡识超前人者凡三处：一曰退九原，王氏承袭以为说；一曰补广阳，则王氏微变之；一曰增楚郡，则与王氏陈郡名异而实同。全氏所得已多，惟失闽中一郡，王氏已纠之。然转自生歧，遂有四十二郡、四十八郡之推臆。而秦初郡三十六之究竟，仍无定论。则考史之事，所由迁折纷歧，而未必后来之必胜前人矣。王先谦《汉书补注》独遵谢山，谓较前人为核实，可称有识。 然于闽中一郡，失亦相因，未能有所献替。静安考秦三十六郡，既不列广阳陈郡，乃别寻陶、河间两郡以足之，然证论颇未惬。近人朱偰曾加驳正。(见北京大学《国学周刊》第二卷第十九期。又王氏论河间置郡，引《赵策》及《史记·甘茂传》为证，其实其时河间为吕不韦封邑，非秦郡，朱辨未及。)朱说三十六郡，入闽中，去东海，结论与余全符，惟不论东海置郡年，则仍不足为前人解纷。

又姚鼐《复谈孝廉书》，谓考秦楚间郡名，得四十余。谓《项羽纪》赵将司马邛定河内，故立为殷王，王河内，盖秦有河内郡。田安下济北数城，《留侯世家》孺子见我济北，亦秦郡，故曹参定济北郡也。至于郓、东阳、胶东、胶西、博阳、城阳、衡山诸郡，皆名见楚汉之交者，此或秦置耶，或楚汉置耶，举未可知。究之秦初郡必不可指数，多闻阙疑，庶得之耳。此由姚氏先作汉庐江、九江二郡考，以郓为秦郡。及此未能坚持，故为此说。其实姚氏所举郡名，谢山均考为楚汉间置，其说甚是，惜姚氏未见也。然观堂主秦郡在齐，于临淄、琅邪外尚有胶东、胶西、济北、济南(即博阳。)、城阳五郡，其意实自姚氏启之，而亦微变其说。惟既取济北诸郡，何以又不数河内与郓郡。盖王氏自以三十六、四十二、四十八为数，故取舍不免自乱。所据司马邛定河内，田安降济北数城，正以项王封邛为河内王，安为济北王，故史文记之如此。此自行文之便，非可即证其前已有河内济北郡。《田儋传》田荣反击项羽于城阳，王氏谓城阳非县名，则《高纪》何以称追至城阳房齐王广？又《齐策》襄王遭淖齿难，走城阳山中，汉城阳国治莒，则襄王走城阳即莒也，亦不得证其为郡名。胶东则以田市为胶东王而起。《高纪》以胶东、胶西、临淄、济北、博阳、城阳郡七十三县立子肥为齐王，王厚斋本《水经注》谓是诸郡悉群雄分置，全谢山推为不易之论，而别著《十八王所置郡名考》。即钱竹汀说亦谓诸侯分王其地，各自立郡，非秦旧，此本无可疑。即谓秦时已有此等郡，则《高纪》封荆王者尚有东阳、鄣郡、吴郡，与齐七郡同书，王氏何以又弗称引？则又弗如姚氏阙疑之说为胜矣。要之，此均不足以乱秦初郡三十六之数，亦不能强以六数之说为配合。钱竹汀所谓勿求之过深，测之太密者，正在此等处。今悉去缪辖，专本《史》、《汉》明文，旁参《水经注》，定著秦初郡三十六，后得四十一，其余则建于楚汉之交，如谢山说，庶为近是。因附后记，并罗诸说，申其异同焉。

录自《禹贡》第七卷第六、七合期。

此文作于 1932 年夏，曾刊于《清华周刊》

第三十七卷第九、十合期文史专号

秦三十六郡考补

曩余为秦三十六郡考，折衷诸家，汰瑕录是，益以己见，定秦初分郡三十六，后增郡五，凡郡四十一。^(曾刊民国二十一年五月《清华周刊》第三十七卷第九、十合期。)顷读毛岳生《休复居集·秦三十六郡说》，取径与余文略似，结论亦相当，而仍有不能尽同者，因复取而略论之。

毛氏始辨南海、桂林、象郡不在三十六郡内，又辨郓非秦郡，谓刘原父说诚迂，而刘昭注亦微误。韦昭曰："郓郡，今故郓县也。后郡徙丹阳，转以为县，故谓之故郓也。"其言郓与郡治同，而皆不及秦。韦，孙吴人，不应不详审于梁。而《汉志》凡止言故者，若故淮南、故赵、故梁、故东海、故郓郡之类，皆属汉初所立，义可考核。^(按，此钱竹汀已辨之。)又辨秦郡不当数内史，谓秦有郡无国，故尊内史与郡别，汉初则天子诸侯所都皆曰内史，故与郡埒，制不同。孟坚《地理志》后又明言"本秦京师为内史，分天下为三十六郡"，京兆尹等下注独云"故秦内史"，不称为郡。且太史公所云分天下者，是分其所得诸侯地，非分其故有秦也。郡置守尉监，此曰内史，官复不同。故从裴氏之说，去郭与内史，得三十四郡，又据《水经注》增广阳，据《陈涉世家》及《魏志》等书增邾郡，为三十六，而不信全祖望楚郡之说。余谓毛氏去郭郡、去内史、增广阳皆是也，而不取楚郡则非。

毛氏之说曰："陈是县非郡，《索隐》已辨之。"今按《陈涉世家》，至陈，郡守令皆不在。《索隐》："张晏云，郡守县令皆不在，非也。按《地理志》云秦三十六郡并无陈郡，则陈止是县，今言守令，则守非官也。与下守丞同也。则皆字是衍字。"然则《索隐》辨陈非郡，仅据班志。据班志，则广阳何可增？今可据《水经注》增广阳，独不可据《史记》增陈郡乎？守丞者，郡守县令长皆有丞，言守丞以别于令长之丞，守令岂得与守丞同乎？《索隐》轻说守令同于守丞，乃谓"皆不在"衍"皆"字，可谓无理曲辨，而毛氏顾据之，何耶？

毛氏又曰："全氏考项羽九郡，求其地而不足，用数楚郡，不知楚郡已分为长沙、九江、会稽，秦又讳楚也。"夫长沙、九江、会稽，皆楚之边裔耳。若谓楚分为长沙、九江、会稽，不应有楚郡，是则燕分为渔阳、上谷、右北平、辽东西，不应复有广阳。今毛氏不疑燕之有广阳，而独疑楚之有楚郡，必曰秦讳楚称，不应有楚郡，则全氏固谓楚郡即陈郡，楚郡治陈，故亦称陈郡矣。秦人讳楚，何害其有陈郡？汉人不讳楚，何害其称楚郡？然则合《楚世家》《陈涉世家》两篇合证，谓秦灭楚置楚郡，不犹胜于据《水经注》谓秦灭燕置广阳郡乎？

然则毛氏何以不取于陈郡？曰：秦郡之明白可考者已得三十四，增广阳、陈郡、郯，则将为三十七，限于郡数，故三者必割其一。毛氏舍陈而列郯，余则舍郯而列陈，此其异。

毛氏引洪氏亮吉之说曰："郯郡见《汉书·高祖纪》，而魏收《地形志》亦云：郯郡秦置，汉高改为东海郡。《御览》引《地道纪》，海州东海郡，秦为薛郡地，后分薛为郯，汉改郯为东海郡。《水经注》沂水下，郯，故国也。东海郡治。秦始皇以为郯郡，汉高帝二年，改从今名。是秦有郯郡之明证。"今按洪说博矣，然可以证秦郡有郯，不足以证郯之必在三十六郡之数也。若《地道纪》所云秦后分薛郡为郯，是三十六郡有薛无郯，郯在三十六郡之后矣。然诸家考秦郡，均不肯列郯于三十六郡之后者，以郯立郡始何年，史籍无明证，不如南海、桂林、象郡之例，故不敢轻易为说也。且余犹有辨。据《史记·陈涉世家》，秦嘉等围东海守于郯，又《绛侯世家》，因东定楚地泗川东海郡，是秦时此郡本名东海，不名郯。《汉书·高帝纪》，六年正月，以砀郡、薛郡、郯郡三十六县立弟文信君交为楚王。是东海郡至汉高时乃称郯郡也。《水经注》谓汉高帝二年改郯为东海，高祖六年，则即位后之二年。是年明称郯郡，是《水经注》所云适得其反。毛氏引《陈涉世家》围东海守之文，谓"涉初起事，守必秦置。始皇时不闻有东海郡，郯为楚地，秦既灭楚，断不虚其地，是始皇必名为郯，至二世而更之，既破复立，仍其后名。班氏遂以为高祖置，然应劭则已明言秦郯郡矣"。毛氏何据而说始皇之必名为郯郡乎？毛氏又何据而知至二世而更之为东海乎？毛氏所据，最早当为应劭之说，应劭所谓，何如《史记》《陈涉世家》《绛侯世家》之可信据？今欲弥缝应劭之说于《史》《汉》而求其无间，因谓始皇初名郯，二世改名东海，是臆说矣。且又不知汉初之又名郯。若据《史》《汉》明文，则是郡秦时称东海，而汉初称郯，甚显白矣。其复称东海，当在景帝二年后。全祖望曰："东海故秦郡，楚汉之际改名郯郡，属楚国，高帝五年属汉。"其说郡名先后转移，盖为得之。后人徒见《汉志》称东海郡，遂谓秦名郯郡，高祖改之，皆未细读《史》《汉》当时文献者也。郯郡在秦本名东海之辨既定，则秦人所以分薛而立东海郡之由来亦可推。余前文据《始皇本纪》三十五年立石东海上朐界中，以为秦东门之说，定东海立郡应在是年，此正秦人北启九原，南建桂林、象郡、南海三郡时也。

又毛氏不知九原为后置，故闽中亦不列三十六郡之数，此皆其失。

今综会诸家而定其是非，则秦郡之明明可考者凡四十一。（毛文只有四十，以不取陈郡也。）内史、鄣郡必当去，广阳、陈郡、东海必当增，桂林、南海、象郡、九原必不在三十六郡之数。若余论可立，则东海郡当在三十六郡外，若余说不足以取信，则进东海，退闽中，即全氏祖望之说，故曰考秦郡者，以全氏所得为最多也。毛氏之失在不取陈郡，不退九原，不知鄣与东海郡名之沿革，要之其所得亦不少矣。余因读其文而复辨之如此，秦郡之争，其庶有定论欤？

二六年五月七日

录自《禹贡》半月刊第七卷第六、七合期

中国史上之南北强弱观

历代塞外蛮族，不断地向南侵犯，和好几次南北分峙的局面下，大半由北方吞并了南方。中国史上之所谓"北强南弱"说，几乎为一般人所信受。又因此而造出种种解释，关于山川形势，气候物产，民族文化，各方面都有。似乎就中国史的经过论，北方强于南方，是一种显然的事实。然苟仔细论之，则亦有未尽然处。前汉和盛唐，岂不大大地慑服了北方的蛮族？春秋时的吴楚，岂不凌驾中原，称霸一时？项羽、刘邦、刘秀、刘裕、朱元璋，亦全是起于南方而战胜了北敌。以至于最近的革命，大体说来，亦可以算是南方的胜利。可见中国史上告诉我们的未必在北便强，在南便弱。军事胜败，民族盛衰，应该还有其他说明。本文只就一个小小的观点上，来对本问题试作一种另一方面的考察。

兹为便于行文，先述本篇所欲提出之结论，而后及于其事实之证据。窃谓两个民族或国家间的盛衰强弱，往往有时只取决于几次军事的胜败。而双方军事胜败的关键，和其军队附带之武装常有颇重要之关系。中国史上之南北军事胜败，在当时往往有一种武装的问题占其极重要的因素，而渐渐为后来读史者所忽略。本篇所举，则专在军队中之马匹一项。大抵军队中有马匹，而其马匹又多又精壮者，其军队常易占胜利。若其军队中马匹少，又多羸弱，则常易失败。这一点虽若小节，然有时足以推翻或改定上述种种关于山川、形势、气候、物产、民族、文化各方面的南北强弱观之解释。

从春秋时代的战事观之，似乎骑兵作战还未发现。隐公九年《左传》，北戎侵郑，郑人患之，说："彼徒我车，惧其侵轶我。"可见当时戎狄尚是步战，而中原华族则系车战。直至昭公元年，晋中行穆子与群狄战，魏舒说："彼徒我车，所遇又厄，请皆卒。"乃毁车以为行。（行即步队。）则那时的群狄，还只是徒步作战，而中原华族则犹是车战。（宋李觏谓唐尧暨晋，皆处河北，而北虏不能为患，由马之多也。此自居宋人见地言之，春秋以前，马之为用尚不如李氏之所言。）及战国赵武灵王胡服骑射，以灭中山，开林胡，则知当时赵北三胡（林胡、楼烦、东胡。）已习得骑射作战的技术，所以赵王下令胡服，招骑射，略胡地至榆中，而林胡王献马。（见《史记·赵本纪》。）马匹在当时，遂为国际斗争所重视。

《史记·匈奴传》，说：

匈奴畜之所多，则马牛羊，其奇畜则橐驼、驴骡、駃騠、(徐广曰北狄骏马。)駒騟、(徐曰似马而青。)騨騱。(《说文》云野马属。)儿能骑羊，引弓射鸟鼠。士力能弯弓，尽为甲骑。

可见匈奴是一个骑马的民族，而其军队则全是骑兵。第一次有名的汉匈奴战事，为白登之围。

冒顿佯败走诱汉兵，汉兵逐击冒顿。冒顿匿其精兵，见其羸弱，于是汉悉兵，多步兵，三十二万北逐之。高帝先至平城，步兵未尽到，冒顿纵精兵四十万骑围高帝于白登。……匈奴骑，其西方尽白马，东方尽青駹马，北方尽乌骊马，南方尽骍马。(《史记·匈奴列传》。)

这一役双方军事利钝胜败的关键，史公已详细扼要地描写出来，似乎不在乎南人之与北人，而在乎多马之与少马。

汉匈奴壤地相接，绵延数千里。虽说"长城足以限马足"，究竟防多力分。匈奴只要从一处夺关而入，待汉援至而胡骑已去。边境不胜其扰。若长守和亲政策，年年以缯絮米蘖种种礼物结其欢心，则中国财力日弊，而匈奴贪欲难厌。彻底的办法，惟有改防御为邀击。只把匈奴主力击破，使其大大的胆寒，则一劳永逸，可以有一百年数十年的安宁。这是汉武马邑之谋之由来。马邑之谋既败，汉匈奴和局破裂，汉廷遂决计大举出塞邀击，而首先问题便是组织骑兵队。有了骑兵，不仅可以出塞，而且可以绝漠。元朔六年，

> 汉……乃粟马，发十万骑，负私从马凡十四万匹。（《史记·匈奴传》。《正义》谓负担衣粮，私募从者凡十四万匹。）

大举出击。是后"匈奴远遁，而漠南无王庭"。

> 然汉马死者十余万。匈奴虽病远去，而汉亦马少，无以远往。（同上。）

那时汉朝国力与其对匈奴之政策，几乎可以把马之耗息来代表。史公说：

> 汉兴……自天子不能具钧驷，而将相或乘牛车，……马一匹则百金。……七十余年之间，……众庶街巷有马，阡陌之间成群，而乘字牝者摈而不得聚会。（见《史记·平准书》，又《汉书·食货志》，天子为伐胡，盛养马，马往来食长安者数万匹。《唐文粹》卷二十二张说《开元陇右监牧碑颂》，谓汉武厩马有四十万匹。而乌氏居塞，致马数千群，桥桃居塞，致马千匹。边塞牧事之盛亦可见。）

逮后患马乏，乃

> 著令，令封君以下至三百石以上吏，以差出
> 牝马天下亭，亭有畜牸马，岁课息。(同上。)

而汉廷之通乌孙，伐大宛，亦全有马的背景。

后汉时，西羌为患尤剧。任尚屯三辅，临行，虞
诩说之曰：

> 使君频奉国命，讨逐寇贼。三州屯兵二十余
> 万人。弃农桑，疲苦徭役，而未有功效。……今
> 虏皆马骑，日行数百，来如风雨，去如绝弦，以
> 步追之，势不相及。所以旷而无功也。为使君计
> 者，莫如罢诸郡兵，各令出钱数千，二十人共市
> 一马，如此可舍甲胄，驰轻兵，以万骑之众，逐
> 数千之虏，追尾掩截，其道自穷，便人利事，大
> 功立矣。(《后汉书·
> 西羌传》。)

任尚遂以立功。

五胡之乱起自中国内地，而步马之势，为当时强
弱分判的重要因素，其事依然显著。《通鉴》说：

> 石勒帅轻骑追太傅越之丧，及于苦县宁平
> 城，大败晋兵。纵骑围而射之，将士十余万人，

相践如山，无一人得免者。《晋书·越传》作数十万众，
勒以骑围而射之，相践如山，

王公士庶死
者十余万。）

这是当时胡夏斗争一个榜样。石勒带领的是胡人骑
兵，而东海王越部下十余万众，则大概多是步卒。

此后桓温北伐，

军粮竭尽，温焚舟步退，自东燕出仓垣，经
陈留，凿井而饮。行七百余里，（慕容）垂以八
千骑追之，战于襄邑，温军败绩，死者三万人。
《晋书·桓温传》。）

此是有名的枋头之败。桓温以数万人步行七百里，为
八千骑追及而致败绩。当时，

慕容德率劲骑四千，先温至襄邑东，伏于涧
中，与垂前后夹击。《晋书·慕
容暐载记》。）

故桓军遂致大败。正因当时北军多骑，南军多步，所
以南师北伐，北军可以避锐远引。及南军粮尽自退，
北军则以劲骑追蹑。步卒遇骑兵，只可有大败，不能
有大胜。此等处全在有马之与无马，而不关南人之与
北人。（刘裕临朐之胜，以车四千辆方轨徐进，败慕容超铁骑万余，然
超败即引众走，裕军斩获千计，与桓温之一败而死三万人者大

异，此非超巧而温拙，仍在骑步之悬殊也。《宋书·索虏传》，有彼骑我步，走不逮飞语。以后屡有主张以车战御胡人之骑队者，实乃迂阔之见耳。）

历朝畜马之盛，无如元魏。

世祖平统万，定秦陇，以河西水草善，以为牧地，马至二百余万匹，橐驼半之。（太延二年，先已于云中置野马苑。）孝文即位后，复以河阳为牧场，恒置戎马十万匹，以拟京师军警之备。每岁自河西徙牧并州，渐南转，欲其习水土，无死伤，而河西之牧弥滋。（《魏书·食货志六》。）

元魏有马二百余万匹，而南朝江淮间只十万，（此语出处一时忘却。）数量相差远甚。南方不能并北，而终为北方所并，只看马数的统计已够。

唐初武功，说者每推美于唐之兵制，其实唐代府兵制度未必与唐代武功有十分的关系，（此层须另论，非此所能详。）而唐代武功之又一原因，则在其畜马之盛。张说云：

自贞观迄于麟德，四十年间，马至七十万匹。置八使以董之。设四十八监以掌之。跨陇西金城平凉天水四郡之地，幅员千里，犹为隘狭，更析八监，布于河曲丰旷之野，乃能容之。

王氏《玉海》云：

> 唐世牧地，皆与马性相宜，西起陇右金城平凉天水，外暨河曲之野。内则岐豳泾宁，东接银夏，又东至楼烦，此唐养马之地也。（卷一百四十九。按王氏此条乃欧阳修说。）

此等只是官马。唐初去元魏未久，谅来黄河流域一带，民间私马一定亦甚盛。（《文献通考》引林氏駉曰：唐府兵之制，当给马者，官与其直市之，每匹钱二万五千。刺史折冲果毅核岁周不任战者鬻之，以其钱更市，不足则府供之。此全是民间私马也。至府兵渐坏，府兵贫难致，乃给以监牧之马，则为官马矣。唐府兵改而为骑，可见府兵亦重骑队。）

唐代武功，颇赖于骑兵的战绩，如：

> 贞观四年正月，李靖率骁骑三千，袭破定襄。二月，李靖与李世勣谋，选精骑一万，赍二十日粮，往袭颉利。遂灭突厥。

此等随处皆是，无烦缕举。直到安史作乱，河北藩镇之强，亦还有马的关系做其背景。安禄山以内外闲厩都使兼知楼烦监，阴选胜甲马归范阳，故其兵力倾天下，而卒反。（《文献通考》。）杜牧说：

> 冀州产健马，下者日驰二百里，所以兵常当

天下。（罪言。按唐中叶后既失河北，而河陇以西亦为吐蕃所陷。唐马皆市之回纥，尽驽劣也。）

宋代的积弱，亦与马匹有关。幽、燕、宁夏产马之地，全入异族之手。太宗时，国子博士李觉上言：

> 夫冀北燕代，马之所生，胡戎之所恃也。故制敌之用，实骑兵为急。议者以为欲国之多马，在乎啖戎以利，使重译而至焉。然市马之费岁益，而厩牧之数不加者，盖失其生息之理也。且戎人畜牧转徙，旅逐水草，腾驹游牝，顺其物性，由是浸以蕃滋也。暨乎市易之马，至于中国，则絷之维之，饲以枯藁，离析牝牡，制其生性，元黄尫瘠，因而耗减，宜然矣。（《文献通考》卷十六。）

其后欧阳修亦言：

> 唐世养马之地，（按其详已见前。）以今考之，或陷没夷狄，或已为民田。

而当时牧事，一马占地五十亩，所以惜费与争利者，又争侵牧场为农田。宋之马政终难发展。（宋祁谓朝廷与虏相攻，必不深入穷追，驱而去之，及境而止，不待马而步可用，请损马益步，马少则骑精，步多则斗健。此亦不得已而为之论也。）天圣中，牧马至十余万，已称盛况。祥符六年，枢使陈尧叟言，洛阳监马五千匹，颇费刍粟。上曰：马数及万匹可止。盖宋都河南，一则地狭不宜养多马，二则气非高寒，马亦不易繁息。及官马日耗，而有户马之法。自此而宋之马政益坏。蔡绦《国史补》云：

> 金人犯阙，诏尽括内外马及取于在京骑军，不及二万。（《文献通考》引。）

今谓宋之积弱，少马为其一因，谅无大误。

至宋之外敌辽金，其战马之盛，恰恰与宋成反比。兹据《辽史·兵卫志》所载辽太祖会李克用于云中，已有兵三十万。十一年总兵四十万伐代北。

辽国兵制，凡民年十五以上，五十以下隶兵籍，每正军一名，马三匹。而二帐十二宫一府五京，有兵一百六十四万二千八百。只以皮室军三十万骑，属珊军二十万骑，御帐亲军已五十万。加之宫卫骑军十万一千。合六十万一千。一正兵三匹马，已应有马一百八十余万匹。（《食货志》，天祚初年，马犹有数万群，每群不下千匹。旧制常选南征马数万匹牧于碓坝青沧间以备燕云缓急。复选数万给四时游畋。余则分地以牧。辽人亦全是一个马国。）宋人以全国不满二十万匹马的军队，如何与辽相校？

金人初起，在宋徽宗政和四年，兵始满万。而此下十三年，宋竟覆灭不救，卒于南渡。据吕颐浩高宗时所上《论御虏十事》云：

自金人犯边以来，百战百败。非止百战百败，往往望风奔溃，不暇交锋者。……臣顷在鄜延环庆路见我师与夏人接战，每迭胜迭负，未有败衄如今日之甚者。盖鄜延环庆皆山险之地，骑兵非所利故也。金人起燕蓟，历赵魏，绝大河，至汴宋，皆平原旷野。骑兵驰突，四通八达，步人不能抗，此所以多败也。

又曰：

臣尝考近年以来，敌人入寇，我师遇之，不暇成列，辄奔溃败走者，以平原广野，我之步人不能抗彼之骑兵故也，又虏人遇中国之兵，往往以铁骑张两翼前来围掩。

又曰：

近时之败，以我师每为骑兵冲突，措足不定，所以败也。（据《唐荆川右编》卷二十七引。）

李纲亦言：

金人专以铁骑胜中国，而吾之马少，特以步兵当之，飘暴冲突，势必不支。（《论进兵劄子》。）

又说：

> 自金人凭陵以来，未闻诸将有与之对垒而战者，率皆望风奔溃。间有略布行阵，为其突骑所冲，一散而不复合。

李吕二人，都是身经行阵，目击之言，而他们所陈宋金兵事强弱，亦着眼在步马之异便。

宋既南渡，马政更难发展，于是竟有主全用步卒者。洪迈云：

> 国家买马，南边于邕管，西边于岷黎，皆置使提督。岁所纲发者盖逾万匹。使臣将校得迁秩转资。沿道数十州驿程。券食厩围薪刍之费，其数不赀，而江淮之间，本非骑兵所能展奋。又三衙遇暑月，放牧于苏秀以就水草，亦为逐处之患。（按《名臣奏议》，黄幹奏曰：国家所用之马，西取于蜀，南取于广，皆在数千里以外。博易之费，道里之费，一马之入，动数百千，其所得甚艰，所费甚巨。一有缓急，无马可用。与洪说略同。）因读《五代旧史》云：唐明宗问枢密使范延光，内外马数，对曰，三万五千匹。（按其时马数，只及契丹之十一，宜乎常为耶律氏所凭陵矣。）帝叹曰：太祖在太原，骑军不过七千，（按此亦所以见欺于突厥也。）先皇自始至终，马才及万。今有铁骑如是，而不能使九州混一，是吾养士练将之不至也。延光奏曰，国

家养马太多，计一骑士之费，可赡步军五人，三万五千骑，抵十五万步军，既无所施，虚耗国力。帝曰：诚如卿言。肥骑士而瘠吾民，民何负哉。明宗出于蕃戎，犹能以爱民为念。李克用父子以马上立国制胜，然所蓄只如此。今盖数倍之矣。尺寸之功不建，可不惜哉。（按金世宗时，群牧所蓄息之久，马至四十七万。 宋马大概在十万左右，如何相敌。遽责其不建尺寸之功，亦不知彼我之言也。）且明宗都洛阳，正临中州，尚以为骑士无所施。然则今虽纯用步卒，亦未为失计也。（《容斋续笔》卷五。）

立国江淮以南，既难多养马匹，且大队骑兵亦无展布余地，无从训练。而要恢复中原，却又不得不先养大量的马队，这似乎也是南宋终于不振的一因。

元人崛起漠北，"以弓马之利取天下"。蒙古人之武力，大部有赖于其马队，此层已为一般所晓，可无赘述。

明代"奄有四海之大，凡中国所谓宜马之地，皆在焉"。其马政"两京畿及山东河南牧之于民，山西陕西辽东牧之于官。在官者有名而无实，在民者有损而无益"。（此邱濬《大学衍义补》卷一百二十四语。明代户马之弊，顾炎武《天下郡国利病书》亦详载之。）明代马政不如汉唐，而明之武功亦较汉唐为差。"自万历以来，马政益坏，而边牧废弛愈不可问"。（《明史·兵志》。）

熊廷弼经略辽东，上疏云：

良马数万，一朝而空。今太仆寺所存寄之马，既多瘦小，驿马更矮小。兵部主事王继谟所市宣府大同马，并无一匹解到。即现在马一万余匹，半多疲损，率由军士故意断绝草料，设法致死，图充步军，以免出战。甚有无故用刀刺死者。以此马愈少而倒损甚多。皇上以为马匹如此，能战乎，能守乎！

后辽东督师袁崇焕又以缺马，请于两京州县寄养马内折三千匹价买之西边。明廷用太仆卿涂国鼎言，终却其请。（事详《明史·兵志》。）辽东军事之不振，马匹缺少仍是其重要之一因。

清代武功亦恃马匹，魏源《圣武记》谓：

我朝骑射长于西北，故金川西南之役，难于新疆；安南缅甸之功，让于西藏。将毋吉林索伦之劲旅，其技不宜于南方，故事有难易，功有劣优欤？（卷十一。）

此已说透此中消息矣。清代牧场设在察哈尔，康熙四十四年上谕谓：

历观宋明时议马政者皆无善策。牧马惟口外为最善，今口外马厂，孳生已及十万，牛有六万，羊至二十余万。若将如许马与牛羊驱至内地牧养，即日费万金不足。口外水草肥美，不费饷而马畜自然孳息。前巡行塞外时，见牲畜弥满山谷间，历行八日，犹络绎不绝也。（《东华录》康熙七十五。）

魏源曰，此制辽金元同，而明不同者，惧北寇之抄掠也。（《圣武记》卷十一。）

兹扼要言之，把中国农民的耕地来牧养马匹，此在中国农民自所不愿。然没有马匹，对于北方蛮族，便只能小惩，不能大创。只能薄伐，不能穷追。蛮族势力的压迫，依然存在。若一旦蛮族入主，黄河流域的农场大半化做牧地，黄河流域的农事日就退化，而江淮以南，因无适宜牧地，更难以步卒在中原与北骑争衡。此恐是中国史上南北强弱一大原因也。

"自枪炮既兴，骑兵难以必胜，或反足为累。"（薛福成书科尔沁忠亲王大沽之败语。）又铁道火车既通，而南人之涉北土，亦无需乎马匹。于是中国史上南弱北强之说，渐不可恃。（洪杨势力未能深入黄河流域，尚受军队少马之影响。至民国以来，南北屡次战事，未见南弱北强之象。）兹篇所举，固属小节，亦可矫正论史者关于政治、军事、民族、文化，几许可免之游谈也。

录自《禹贡》半月刊第三卷第四期

水利与水害

（上篇：论北方黄河）

历史事实告诉我们，人类社会之演变，并不老是在上进，有时可以大大地倒退和堕落；而人类的智慧也有时竟可以今不如昔。

"水可为利，亦可为害"，这一知识，古人早已深晓，而渐渐为后人所忘却，或误解了。中国北有黄河，南有长江，（此处所谓南北，姑就大体比较言之。黄河长江亦就其全水系而言。）一般人似乎认为长江是中国之利，而黄河则为中国之害，这显已违背了"水可为利，亦可为害"之明训。至于以堤防御水灾，这是一个最愚最下的办法，从共工和伯鲧的故事起，下至春秋时周太子晋以及汉代贾让等，早已畅论无遗，不谓直到我们今日，却仍只守着历古共讥的共工、伯鲧之旧法，仍只知以堤防捍水。目前中国，本已倒退堕落得不成样子，我提出水利与水害的问题，聊为现中国人之堕落做一当景的好例。

长江并不就是利，有时也可为害，这一层此刻不用多说，只举最近民二十年及今年的灾况，已可明白。黄河并不就是害，有时也可为利，照理论是极自然的，而事实的证明又极显著。谁也知道，中国文明起源及其孕育，全在黄河流域，而且自春秋战国下迄汉唐盛世，中国史上最灿烂最光荣的时期，便在黄河流域发皇滋张。那时的长江，在历史上还占不到重要位置。自唐代天宝以后，中国史渐渐走上衰运，而长江流域却渐渐见其重要。宋元明清四代的统一，任何方面不能比西汉盛唐，而五代十国以及金宋对峙，乃至黄巢、张献忠、李自成等的混乱，也较之春秋战国汉末纷争以及南北朝抗衡时的气象远逊了。总之，清代乾隆以下暂置不论，就乾隆以前的中国史看，上半部以黄河流域为中心，而后半部以长江流域为主脑，大体上却是黄河流域代表的文化还超在长江流域所代表的文化之上，这只稍一思考，就可了然。 何以忽然说黄河是中国之害呢？原来黄河为害中国之信念，亦恰起于中唐天宝之后，经宋元明清历代之相传而其说益坚。那时黄河流域的文化，逐渐衰颓，中国人的智慧力量，已是不再能运用黄河了，而才说黄河为中国之害。依照最近事况，长江流域的文化，日趋倒退堕落之境，中国人的智慧力量，又渐渐地表示不能再运用长江了。若循此下去，老还是筑堤抢险，拼命效法共工、伯鲧的故智，来防御长江之水害，恐怕在不久将来，便会再有一个长江为害中国之新信念，深印在我们不长进的中国人脑里。

就现状言之，自然黄河格外见得讨厌可怕，好像不当与长江相提并论。但就历史看，只要承认大陆民族之文化进展——尤其是农业社会之文化——脱离不开河流之帮助，则中国民族唐以前的文化，实在是多多利用了黄河，而很少利用到长江。易辞言之，即是古黄河之有助于中国文化之进展者，实远在长江之上。我从未研究过水利工程，对近代黄河为害情形，不能详说。然就历史上经过，大略道我所见，亦可为近年来国人深信黄河为害者作一参考。

上古洪水，其事渺茫，可以勿论。相传殷民族建都，屡遭水患。然汤居亳，地在河南商丘，距河尚远，而他的子孙却渐渐迁徙北去，渡河而都。据后代考定的禹河故道而言，则殷人迁居河北，恰是昵就黄河，而非畏避。(详见《禹贡锥指》。) 仲丁迁隞，河亶甲居相，祖乙居耿，虽然《史记》说"河数为败"，而殷都却始终近河。尤其自盘庚迁殷，至纣之亡，七百七十三年，更不迁都。(此据《竹书纪年》。上七字误，殆为二百七十三年。) 而殷墟在当时，亦是沿着古黄河的一地。及至殷纣，商邑日大，南距朝歌，北据邯郸及沙丘，皆为离宫别馆，(此据《竹书纪年》。) 聚众百万，左饮淇水竭，右饮洹水不流，(此据《战国策》。) 其盛况可想。此二百七十三年间的殷代文化，有现今出土的殷墟古物可证。他是如何样受到大河之赐，可不烦言而喻。

西周与河渭的关系，比较已在河之上流，此不具论，而卫康叔所封，即是盘庚以来殷人二百七十三年文化积累之故地。今就《诗经》邶鄘卫风所咏，淇澳之绿竹，淇上之桑田，泉源在左，考槃在涧，桧楫松舟，驾言出游，处处有水，却处处见其水之可爱。若果文化与河流有密切关系，则卫之在西周，于东方诸侯中，经济文化均比较列高等，仍见其沿袭殷人，继续受大河之赐，又历四百年之久。今据古史殷卫而言，乌见黄河之必为害？

相传大禹治水后，第一次河道迁移，在周定王五年。考是年为鲁宣公七年，入春秋已一百二十年。河北的卫国为狄人所灭，亦已六十年。居今推想，自盘庚居殷迄于西周之卫，先后六百余年间，经济文物俱有可观，当时该地居民，对沟洫灌溉，修浚疏导之功，定不断地注意到，故能使河不惊波，水常安澜。自狄人以游牧蛮族，逐卫人而毁其国，从此大河北岸的文化急转堕落，农田水利一切俱废。迟后六十年而河水溃决，其间因果皎然。（又传黄河下流有九，齐桓公埋其八以为田，仅留一河，当亦河流溃决之一因也。）可见黄河决不是自来可怕的怪物，黄河之为害，实是沿河居民智慧力量不够利用黄河应有的结果。此后晋国势力东展，狄人削迹，河北卫地文物复兴，魏文侯居邺，西门豹史起大修水利，河北一带仍为赵魏要地。

（自周定王五年下逮王莽始建国三年，凡六百一十三岁，而古黄河水道终至枯竭。又据《天下郡国利病书》卷五引王永寿治河议，谓今魏境尚有前代沟渠遗迹，此虽不能确指其在何代，而古人对水利之讲求，较后远胜，则甚显然。）

第二次的河徙，已在汉武元光三年，上距周定王五年又已四百七十年，这一次的河道迁徙，从史事看来，亦有其来历因缘。第一是战国以下竞筑堤防。贾让说：

> 堤防之作，近起战国。壅防百川，各以自利。齐与赵魏，以河为竟。赵魏濒山，齐地卑下，作堤去河二十五里。河水东抵齐堤，则西泛赵魏。赵魏亦为堤，去河二十五里。虽非其正，水尚有所游荡。时至而去，则填淤肥美，民耕田之。或久无害，稍筑室宅，遂成聚落，大水时至漂没，则更起堤防以自救。……今堤防陿者去水数百步，远者数里。

第二是列国兵争以决水为武器。自知伯引汾水灌晋阳开其端，其后如：

> 赵肃侯十八年，齐魏伐赵，赵决河水灌之。（《赵世家》。）
>
> 梁惠成王十二年，楚师决河水以水长垣之外。（《竹书纪年》。）
>
> 赵惠文王十八年，再之卫东阳，决河水伐魏氏，大潦，漳水出。（《赵世家》。）
>
> 秦始皇二十二年，王贲攻魏，引河沟灌大梁

城，大梁城坏。（《秦始皇本纪》。当时策士之言曰："决白马之

口，魏无黄济阳。决宿胥之口，魏无虚顿丘。

决荥口，魏无大梁。"

秦人果用其说。）

故孟子有"以邻为壑"之讥，而秦一天下，又有"决通

川防"之政。（始皇三十二年碣石门刻辞。谅战国如"东周欲

为稻，西周不下水"一类事，更为屡见不鲜也。）当时

的河道与水利，不免为长期的列国兵争所牺牲。汉代

河患，实种因于此。此下屡经救治，直到东汉明帝时

的王景手里而河患遂绝。自此以下，迄宋代，黄河又

经过九百余年的安流，并不见其为中国害。

（汉明永平十三年，王景治河功成，下逮宋仁宗景祐元年决横陇，又十

四岁庆历决商胡，汉唐河道遂废，凡九百七十七岁。此处治河成绩，便

足表见汉代人之精力。）纵说《晋书》以下各史不志河渠，故详考无

从，然必黄河本无大变害，故作史者可略而不载也。

自东汉至唐末，都水之官皆置司京师，遥领河渠

之务而已。五代河患萌芽，至宋而甚，于是有都水外

监，是为治河之官在外置司之始。

然黄河自宋以后即忽然剧变，成为近世中国一大

患，这里定有许多人事关系，而不尽在黄河本身。否则

同一黄河，何以偏横肆于宋后，而不为祟于唐前？我想

宋代河患也定有其前兆。宋敏求说：（据《禹贡锥指》引）

唐河朔地，天宝后久属藩臣，纵有河事，不

闻朝廷，故一部《唐书》，所载者仅滑帅薛平萧

仿两事。（薛平事在唐宪宗元和八年，萧仿事在唐懿宗咸通六年至十年间，是后滑州又患河泛，朱全忠决堤而患益甚，事在昭宗乾宁三年。）

此说实在是一种极合理的推测。（据《唐书·五行志》所载，天宝以前虽亦已有河患，然只长寿二年棣州，开元十年博州、棣州两次，并不甚烈。）而五代兵争，梁唐夹河相持，决水行军之事又屡次见到。如：

> 梁贞明四年，谢彦章攻杨刘，决河水以限晋兵。
>
> 又龙德三年，决河注曹濮以限唐兵。
>
> 唐同光二年，塞梁决河，既而复坏。

此下，河决时闻：

> 晋天福三年，河决郓州。
>
> 又四年，河决博州。
>
> 开运元年，滑州河决，塞之。
>
> 又三年，河决杨刘，又决临黄。
>
> 汉乾祐三年，河决郑州。
>
> 周广顺三年，滑州塞决河。
>
> 显德元年，塞决河八口。又李谷塞澶郓齐决河。
>
> 又六年，决河原武，吴廷祚塞之。（以上均据司马光《通鉴》目录。）

我们只须大体上一想到五代时北方形态之种种，即知宋代河患剧发，并非偶然。从此以下，不仅黄河的情形变了，整个的北方经济及其文化亦随着变了。这实在是中国史上一绝大关键。从中唐天宝以后之藩镇割据，极于五代纷争，实在是北方黄河流域经济文化上一致命伤。此后金元统治，当然病痛益深酷，而原始搜根，则应在中唐以及五代。以前五胡乃至北朝，中国北方元气并未大衰，社会经济文化尚得保存递传，并未中绝，故隋唐一统，主持中国的仍在北方河域，而非南方之江域。而唐后五代十国，南北经济文化地位便显然倒植，宋代一统，中国经济已全赖长江，人物文化亦南盛于北，渐致于整个重心全向长江迁移。从唐天宝末到宋景祐初，中历两百七十余年，北方河域大半在蕃将牙兵昏天黑地的武力统治之下，横征暴敛，穷兵黩武，农业状态日益变坏，水道沟洫自然只有破毁而没有兴修，因社会经济之枯竭，而文化人物亦渐萧条。只看司马光欧阳修争论东南与西北各路取士不均之一点，已尽可想见当时北方人之落后。自哲宗以后，终于不得不规定齐鲁河朔五路人士别考之制度，为北人勉强争一出路。若说北人质厚，则正始风流，以及江左清谈，何尝不是北人？若说北人守训诂不能为文辞，则唐代取士偏重进士，不闻北人叫屈。《唐书·宰相世系表》中还大部是北方衣冠，何以宋代的北人独与昔异？（宋室虽极不愿相南人，而结果宰相荣衔，到底不得不渐渐转到南人身上。）我想春秋时代的狄人，盘踞殷卫故土，而使黄河横溃改道，正犹如唐天宝以后的胡将牙兵，割据大河两岸，而使宋代河患剧发不制。先后事变，如出一辙。自唐以前，黄河之安流是常态，而溃决为变态。自宋以后，则溃决为常，而安流为变。也正因唐以前北方人智慧力量远在宋以后北方人之上。故黄河在唐前为北人之利，而宋后乃为北人之害。在理论上，还只是"水可为利亦可为害"的一事之两面。固然黄河时时作梗，可以使北方经济文物日益降落，然就历史事变而论，则实是北方人的情况先落后了，而遂使黄河敢如此般放肆的。

自宋代河决改道以来，宋人欲以限契丹而不愿河流之北，金人欲以宋为壑而利于河流之南；元明以下，又患运道之塞，而复不欲河道之北趋。河流日失其性，忽南忽北，而河患益甚。又兼明清两代政治之腐败，河工之浪费与黑暗，更益造成黄河为害中国之局面。驯致认为黄河十年一溃决，百年一改道，是理当的事；黄水之来，只有共工、伯鲧的高筑堤防，是惟一办法。黄水挟多量之泥沙，日久沉淀，下流日淤，则上流必决，高筑堤防，束水归槽，尚可稍有冲刷；待到下流淤塞日甚，则河身自必根本改道。此种见解，在北宋人早已说过。欧阳修所谓：

　　　　河水泥沙无不淤之理。淤淀之势，常先下

流。下流淤高，水行不快，乃自上流低下处决。……决河非不能力塞，故道非不能力复，不久终必决于上流者，由故道淤高，水不能行故也。(至和二年状奏。)

此说固亦有理。然以说明欧阳以下之事态则合，若以说明欧阳以前之事态则未必尽合。否则何以殷商西周可以五六百年不淤，东汉以下至北宋又可以近千年不淤，而北宋以下之黄河，却不百年而必淤必塞必溃决改道？可见欧阳氏的见解，太嫌于悲观消极，而不幸为此下谈治黄的人所信认。现在黄河又在大溃决，而几乎有改道可能之际了，当然，除却远师共工、伯鲧高筑堤岸以外别无办法，是我们时代之特征。而我却愿缓不济急地介绍一种另外的意见，便是明代徐贞明的《潞水客谈》。(此书收在《粤雅堂丛书》第二集。言西北水利者，自宋何承矩、元托克托、郭守敬、虞集，明徐贞明、邱濬、袁黄、汪应蛟、左光斗、董应举，至清李光地、陆陇其、朱轼、徐越、汤世昌、胡宝瑔、柴潮生、蓝鼎元、林则徐以至冯桂芬。) 他说：

夫雨旸在天，而时其宣泄，用以待旱潦者，人也。西北之地，旱则赤地千里，潦则洪流万顷，惟寄命于天，以幸一岁之丰收。夫丰岁岂可常恃哉！……昔禹播九河入于海，而沟洫尤其尽力，固以利民，亦以分杀支流，使不助河为虐。周定王后沟洫渐废，而河患遂日甚。今河自关中以入中原，泾、渭、漆、沮、汾、泌、伊、洛、瀍、涧，及丹、沁诸川，数千里之水，当夏秋霖潦之时，无一沟一浍可以停注，于是旷野横流，尽入诸川，诸川又会入于河流，则河流安得不盛。其势既盛，则其性愈悍急而难治。今诚自沿河诸郡邑，访求古人故渠废堰，师其意，不泥其迹，疏为沟浍，引纳支流，使霖潦不致泛滥于诸川，则并河居民得资水成田，而河流亦杀，河患可弭。

此种说法，本还是西汉贾让所谓"多穿漕渠，使民得以溉田，分杀水怒，虽非圣人法，然亦救败术"之意。在贾氏谓之治河之中策。惟贾氏所论，目光限于黄河本身，而徐氏则注意及于整个黄河水系，即是北方全部的水利问题。他最扼要的一句话是：

水害未除，正由水利未兴。(《明史》卷二二三本传。)

故他着眼在积极的兴水利，与自来治黄河的只管消极的谋去目前之害者不同。当时治黄名臣如潘季驯辈，他们的办法也只是筑堤束水，求其不决，而实际上终不免时有溃决之虞。若依徐说，北方全黄河水利逐步兴修，则北方农业经济自可逐步回复汉唐时代之状态，而黄河本身所发的灾难，亦自可免除。若把潘、徐比论，潘之主张近于贾让之所谓下策，而徐则近于贾让之中策，骤看似乎谁得谁失各有理由，很难判断，但依历史上之证明，则徐说显非无据。况即依下策，筑堤塞决，暂顾目前，而同时还可兼采徐说，并行不悖。惜乎当时以及此后，政治上竟无大力者肯用心及此，而北方水利依旧日坏，纵使退一步讲下策，能如潘季驯辈之精明负责，亦就不可多得，则何怪河害之日甚，而还顾徐说，竟似徒唱高调，不切实际也。

（清代林则徐亦是力主兴修北方水利的一人，现在白面红丸之毒，方在北方诸省尽量蔓延，林氏积极方面的理想，自然早为近人所遗忘了。）

或疑黄水多沙，不利农事，不知"泾水一石，其泥数斗，且溉且粪，长我禾黍"，自古歌之。以上流言，秦有郑国渠，汉有白公渠，马援引洮种稻，虞诩激河屯田，直到现在，宁夏包绥以及新成之泾惠渠，不闻不利于灌溉。以下流言，史起引漳溉邺，汉人引汶穿渠，《职方》幽州"谷宜三种"，郑玄云"黍，稷，稻"，幽地宜稻，古人知之甚凤。东周为稻，仰给于西周之水源，更不闻兖豫腹地不宜水田。陈许邓颍一带，南接淮汉，屯田水利，自汉至唐，举不胜举；大河两岸填淤肥美，贾让亦早言及。若谓筑堤捍河，尚患横决，引水出槽，为害益厉，则徐氏亦有答辨。疏导当先上流，"源分则流微而易御，田渐成则水渐杀。水无泛溢之虞，则田无冲激之患"。近人方盛言开发西北，若能从宁夏包绥以及陕之泾渭，晋之汾沁，豫之伊洛，逐步有办法，使上流水势不致骤溢，则下流狂澜不至暴起，此理甚简而必信。治下游难而治上流则易，治干河难而治支河则易。用此法治河，实际上北方全部水利问题自然通体顾到。若说上流水分则下流水缓，与束流涮沙之理不合，则据最近从事河工人员之目验，（李仪祉氏七月十六日在京发表之谈话。）显见此次河灾由于上流水盛，下流河窄，而河床淤填日高之患尚在其次。则可见束流涮沙之论，实不如徐氏引水分流的见解，更为治黄策之根本了。

刘献廷曾说：

> 北方为二帝三王之旧都，二千余年，未闻仰给于东南。何则？沟洫通而水利修也。自五胡云扰以迄金元，沦于夷狄者千有余年，人皆草草偷生，不暇远虑，相习成风，不知水利为何事。故西北非无水也，有水而不能用也。不为民利，乃为民害。旱则赤地千里，潦则漂没民居，无地可潴而无道可行，人固无如水何，水亦无如人何矣。元虞奎章奋然言之，郭太史毅然修之，未几亦废。有明三百年，更无过而问之者矣。予谓有圣人出，经理天下，必自西北水利始，水利兴而后天下可平，外患可息，而教化可兴矣。（《广阳杂记》）卷

四。刘氏极推郦道元《水经注》，举为复兴西北水利之粉本，即此可证北魏时中原水利尚未坏，其转变实在中唐后也。）

惜乎中国的圣人，又已三百年阔隔，还未诞生。我草此文，深为西北苍生引领望之。然圣人的诞生，究竟也不难，只要真实领解"水可为利亦可为害"之古格言，以及牢记共工、伯鲧古史传说里的好教训，不久应当可以再来一个"尽力乎沟洫"的大禹。

二十四年七月廿二日

近读张相文氏《河套与治河之关系》篇，虽立论间有不同，然同就历史经过以推阐河患由来，深喜一时妄论之偶合于前贤也。

八月二十日校后记

录自《禹贡》半月刊第四卷第一期

水利与水害

（下篇：论南方江域）

黄河在古代，未见为中国之害，已详上篇。而长江在古代，亦未见遽为中国之利。远者不论，春秋楚地不到湖南，（详顾栋高《春秋大事表》四。）此证横江截渡之事，尚不甚易；吴楚相争亦在淮汉之间，（详顾祖禹《方舆纪要》卷八十四，此后清儒迭有证发。）此证顺流洄溯之事，亦觉艰难。直到战国，此种情势依然无大变。长江舟楫交通之利尚未兴，灌溉农事之利更谈不到。《史记·货殖传》说：

> 总之，楚越之地，地广人稀，饭稻羹鱼，或火耕而水耨，（此犹谓不用耜耕耘，听禾苗之自生自长也。）果陏蠃蛤，不待贾而足，地势饶食，无饥馑之患，以故呰窳偷生，无积聚而多贫。沂、泗水以北，宜五谷桑麻六畜，地小人众，数被水旱之害。（地广人稀，故无饥馑，地小人众，故有水旱之患，此乃社会文化高下之殊，非黄水之民好畜藏，故不如长江也。）民好畜藏，故秦夏梁鲁好农而重

民。三河宛陈亦然，加以商贾。齐赵设智巧，仰
机利。燕代田畜而事蚕。

可见那时黄河流域，早已有高度的农业文明，又兼有
工商业的发展，而长江一带，大部的楚越人，好像还
未全脱原始生活之形态。

《史》《汉》言吴王濞铸山煮海，国用富饶。太史公
又云："夫吴，东有海盐之饶，章山之铜，三江五湖之
利，江东一都会也。"又曰："江南多竹木，豫章出黄
金。"所陈吴之饶足，仅在铜盐他物，不及桑麻稼穑。
又言长安岁漕关东粟，不闻言江南。汉代长江流域，
除却上游巴蜀，在农业上，实不见有重要的地位。

三国鼎立，吴人于江南废郡县吏，而置典农督农
之官，农事稍稍振起。至东晋渡江，长江下游地位益
见重要。《晋书·食货志》说："间者流人奔东吴，东
吴今俭，皆已还反江西，良田旷废来久。火耕水耨，
为功差易。宜简流人，兴复农官。"是东吴农事，多
由北方流人开发。正犹元明以来，河北畿辅求兴农事
必招吴人。即此一例，便是长江黄河在中国史上利害
先后倒转之好证。

《隋书·食货志》则云："晋自中原丧乱，元帝寓
居江左，百姓之自拔南奔者，并谓之侨人，……往往散
居，无有土著。而江南之俗，火耕水耨，土地卑湿，无
有蓄积之资。诸蛮俚洞，沾沐王化者，各随轻重收其赕

物，以裨国用。"此见农事田租，在南朝的国计上，还不重要。(《地理志》又云："江南之俗，火耕水耨，食鱼与稻，以渔猎为业。"又曰："毗陵、吴郡、会稽、余杭数郡，川泽沃衍，有海陆之饶，珍异所聚，故商贾并凑。"所举均不在农事。)

那时长江流域的经济状态，受到大批北方人的努力开发，至多也不过和黄河流域走上渐次均等的地位。黄河流域固然无需仰给于长江，长江流域亦还无力供养黄河。所以汉与匈奴，唐与吐蕃、回纥，北宋与辽，南宋与金，皆有岁币，而南北朝独否。此不仅为双方国力抗衡之表见，亦为当时双方经济不相上下之一种极准确的尺度。而春秋时楚国，则对周天子只贡了些苞茅。

长江、黄河经济上先后倒转一个极显明的事态，便是隋代以下有名的运河之利用。然而《隋书·高祖纪》开皇七年于扬州开山阳渎以通运漕，则仍是漕北粟以济南，非运南粟以济北。炀帝大浚渠道，明明为游幸，不为漕运；明明是浪费北方积存财力，并非有意来朘削南方脂膏。

大规模的转运江淮米以给北方，此是唐代裴耀卿、刘晏以下的事。而长江流域经济情形之蒸蒸日上，亦在中唐以后。中国史上经济向上的第一标准，即在农业；农业开发的第一基础，便是水利。这便是说长江流域的水利，要在中唐以后才充分表现。

长江水利最重要的代表区域，在其下流太湖流域一带，俗称"江南"。江南水利农事大规模的兴修，则在五代时之吴越。（唐陆龟蒙《耒耜经》，始言江南田事。顾炎武《天下郡国利病书》载江南历代水利，五代前仅举唐元和五年王仲舒治苏，堤松江为路一事。今按苏州有瓦屋，亦自仲舒始也。）据吴任臣《十国春秋》吴越武肃王天宝八年：

> 时置都水营使以主水事，募卒为都，号曰撩浅军，亦谓之撩清。命于太湖旁置撩清卒四部，凡七八千人，常为田事，治河筑堤。一路径下吴淞江，一路自急水港下淀山湖入海。居民旱则运水种田，涝则引水出田。又开东府南湖，（即鉴湖。）立法甚备。（元知水人潘应武云：钱王时于太湖旁置撩浅军四部。曾巩《开鉴湖说》云：南湖历钱王镠父子，立法甚详。今按《成及传》，武勇都以治沟洫过劳叛变，事亦见《徐绾传》。）

又宝正二年：

> 是时浚柘湖及新泾塘，由小官浦入海；又以钱塘湖葑草蔓合，置撩兵千人，芟草浚泉。
>
> （今按苏轼知杭州乞开西湖状亦曰：钱氏有国，置撩湖兵士千人，日夜开浚。国初以来，稍废不治。）

又忠懿王乾祐二年：

> 置营田卒数千人，以淞江辟土而耕。（一云，吴越时，开垦

田土，修理水利，米一石不过钱数十文。按宋高宗时，知扬州晁公武言，吴越垦荒田而不加税，故无旷土。）

此皆吴越注意农田水利之证。及宋仁宗庆历间，范仲淹守平江上奏，略曰：

> 江南旧有圩田，每一圩田，方数十里，如大城。中有河渠，外有门闸。旱则开闸，引江水之利。潦则闭闸，拒江水之害。旱涝不及，为农美利。又浙西地卑，常苦水沴。虽有沟河可以通海，惟时开导则潮泥不得以湮之。虽有堤塘可以御患，惟时修固则无摧坏。臣知苏州日，点检簿书，一州之田，系出产者三万四千顷。中稔之利，每亩得米二石，或三石，计米七百余万石。东南每岁上供之数六百万石，乃一州所出。臣询访高年，则云曩时两浙未归朝廷，苏州有营田军四部，共七八千人，专为田事导河筑堤以减水患。于时民间钱五十文籴白米一石。自宋朝一统，江南不稔则取之浙右，浙右不稔则取之淮南，故慢于农政，不复修举。江南圩田，浙右河塘，大半隳废，失东南之大利。今江浙之米，石不下六七百，足至一贯省。比于当时，其贵十倍。

这一节文字，说明当时江南水利情形，可谓深切而著明。原来"水可为利，亦可为害"，江南的水利，是时人不断地用了精心果力得来的酬报。若稍一慢懈，则向之所乐以为利者，即今之所苦以为害。范仲淹说："宋朝一统，江南不稔则取之浙右，浙右不稔则取之淮南，故慢于农政，致失大利。"黄河流域的农田水利之日就荒落，何尝不是靠了长江的接济而慢于修举之故。目前水害滔滔，延及长江，怕是五洲大通，洋米进口的太多了吧？

神宗时，又有昆山人郏亶，奏论苏州水利，他说：

昔禹时，震泽为患，东有岗阜以截断其流，禹乃凿岗阜，疏为三江，东入海，而震泽始定。然环湖之地尚有二百余里可以为田。而地皆卑下，犹在江水之下，与江湖相连。民既不能耕植，而水面又复平阔，足以容受震泽下流，使水势散漫，而三江不能疾趋于海。其沿海之地，亦有数百里可以为田，而地皆高仰，反在江水之上，与江湖相远。民既不能取水以灌溉，而地势又多西流，不得畜聚春夏之雨泽以浸润其地。是环湖之地常有水患，而沿海之地每有旱灾，如之何而可以种艺耶！古人遂因其地势之高下，井之为田。其环湖之地，则于江之南北为纵浦以通于江，又于浦之东西为横塘以分其势而棋布之：有圩田之象焉。其塘浦阔者三十余丈，狭者不下二十余丈；深者二三丈，浅者不下一丈。且苏州除太湖之外，江之南北，别无水源。而古人使塘深阔若此者，盖欲取土以为堤岸，高厚足以御其湍悍之流，故塘浦因而阔深，水亦因之而流耳；非专为阔其塘浦以决积水也。故古者堤岸高者须及二丈，低者不下一丈。……借令大水之年，江湖之水高于民田五七尺，而堤岸高出于塘浦之外三五尺至一丈，故虽大水不能入于民田。既不容水，则塘浦之水自高于江，而江水亦高于海，不须决泄而水自湍流矣。故三江常浚，而水田常熟。其岗阜之地，亦因江水稍高，可以畎引灌溉。此古人浚三江治低田之法也。所有沿海高仰之地，近于江者，既因江流稍高，可以畎引；近于海者，又有早晚二潮可以灌溉。故亦于沿江之地，及江之南北，或五里七里而为一纵浦，又五里七里而为一横浦，其塘港之阔狭，与低田同，而其深往往过之。且岗阜之地，高于积水之处四五尺七八尺，远于积水之处四五十里至百余里，固非决水之道也。然古人为塘浦阔深若此者，盖欲畎引江海之水，周流于岗阜之地，虽大旱岁亦可车畎以溉田，而大水之年，积水或从此而泄之耳；非专为阔深塘浦以决低田之水也。至于地势西流之处，又设岗门堰门斗门以潴畜之。是虽大旱，岗阜之地皆可耕以为田。此古人治高田畜雨泽之法也。故低田常无水患，高田常无旱灾，而数百里地常获丰熟也。

观于亶文，可见三吴水利，全出人为，并非天然。一旦人力稍疏，则水之为利者即转而为害。亶又言之：

> 古人治田高下，既皆有法。方是时也，田各成圩，圩必有长。每一年，率逐圩之人修筑堤防，治浦港，故低田之堤防常固，旱田之浦港常通。（古之田虽各成圩，然所名不同，或谓之段，或谓之围。今昆山低田，皆沉在水中，而俗呼之名，犹有野鹤段、大泗段、湛段、和尚围、盛墩围之类。）至钱氏有国，尚有撩清指挥之名。……洎乎年祀绵远，古法隳坏，其水田之堤防，或因田户行舟及安舟之便而破其圩，（古者人户各有田舍在田圩中，浸以为家。欲其行舟安舟之便，乃凿其圩岸以小泾小滨，……遂至坏却田圩，都为白水也。今昆山柏家濠水底之下，尚有民家堵甓遗址，此古者在圩中住居之旧迹也。今昆山富户陈新顾晏陶湛等，田舍皆在田围之中，每至大水年，亦是外水高于田舍数尺，此今人在田圩中作田舍之验也。）或因人户请射下脚而废其堤，或因官中开淘而减少丈尺，或因田主只收租课而不修堤岸，或因租户利于易田而故要淹没（吴人以一易再易之田谓之白涂田，所收倍于常稔之田，而所纳租亦依常数，故租户乐于间年淹没也。）或因决破古堤张捕鱼虾而渐致破损，或因边圩之人不肯出田与众做岸，或因一圩虽完，傍圩无力而连延隳坏，或因贫富同圩而出力不齐，或因公私相吝而因循不治，故堤防尽坏，而低田漫然复在江水之下

也。……其高田之废，始由田法隳坏，民不相率以治港浦。港浦既浅，地势既高，沿于海者则潮不应，沿于江者，又因水田堤防隳坏，水得潴聚于民田之间而江水渐低，故高田复在江水之上。至于西流之处，又因人户利于行舟之便，坏其岗门而不能蓄水。故高田一望尽为旱地，……此高田之废由也。故苏州不有旱灾，即有水患。

言吴中水利比较最古而最详备者，就要算郏氏之书了。他本是农家子出身，虽其所言不免羼有主观及理想成分，然大体可据。唐中叶以后，北宋以前，三吴一带农田水利的情形，可以从他书中推见。他又说：

古人治水之迹，纵则有浦，横则有塘，……亶能言者，总二百六十余所。

上项塘浦，既非天生，亦非地出，又非神化，是皆人力所为。

他又说：

自来议者，只知治水，不知治田。治田本也，本当在先。决水末也，末当在后。（此与徐贞明水害未除正由水利未兴之说，先后如出一口。）

苏州水田，东南美利，而堤防不立，沟洫不通，二三百年间，风波荡蚀，仅若平湖。议者见其如此，乃谓旧本泽国，不可使之为田，上偷下安，恬不为怪。（苏轼亦云："议者多谓吴中本江海太湖故地，鱼龙之宅，而居民与水争尺寸，以故常被水患，盖理之当然，不可复以人力疏治。"足证当时人群认吴中为水害之区，不认有水利可兴也。）

当时朝廷信其说，令提举兴修，（事在神宗六年五月。）凡六郡三十四县，比户调夫，同日举役。苏人大以为扰，因吕惠卿言而止。然惠卿言不可修者只在无土，而王安石云：

臣尝遍历苏州河，亲掘试，皆可取土。土如墼，极可用。臣始议至和塘可作，苏人皆以为笑。……后来修成，约七八十里，高岸在深水之中，何尝以无土为患。

神宗又以为圩大不可成，车水难。安石曰：

今江南大圩至七八十里，不患难车水。但亶所为仓猝，又妄违条约尔。（上述郑亶事，参看李焘《续资治通鉴长编》卷二百四十五，范成大《吴郡志》卷十九，张溥删本《历代名臣奏议》卷二百五十，顾炎武《天下郡国利病书》卷十五。《宋史·河渠志六》记亶事最略，不足观也。）

可见郏亶兴修水利之失败，并不在其水利见解之本身。（归有光亦谓"郏氏父子规划之精，自谓范文正所不逮，非虚言也"。）至王安石所言至和塘，据沈氏《梦溪笔谈》：

> 至和塘自昆山县达于娄门，凡七十里。自古皆积水，无陆途。民颇病涉，久欲为长堤抵郡城，泽国无处求土。嘉祐中，人有献计就水中以籧篨为墙，栽两行，相去三尺。去墙六丈，又为一墙，亦如此。漉水中淤泥实籧篨中，候干则以车畎去两墙间旧水。墙间六丈，皆留半以为堤脚，掘其半为渠，取土以为堤。每三四里则为一桥以通南北之水。不日堤成，至今为利。

至和塘创始于至和二年，最后完成在嘉祐六年，距今只八百七十余年。试问乘坐京沪路火车的旅客，经过苏州昆山一段，凭窗眺览，田塍如绣，屋舍如栉，哪里想得到八百年前只是一片白水，有无处取土之苦呢？幸而北宋不久失国，建炎南渡，江浙水利继续兴修。明清以来，苏松田赋乃占天下十分之一。（参看《日知录》卷十。）郏亶所谓七里一纵浦，十里一横塘之说，吴人到今还可依稀寻证。然而现下的苏松天府，已是常犯着高田闹旱，低田闹水的苦况。而一般达人贵客，因有洋米洋面进口，饥年荒岁，慢不在意。正犹如唐宋以来，北方仰食江南，而北方的农田水利日益堕落。待到将来的江浙，堕落到现在北方的地位，而再和他提及往年之所谓水利，以及七里一纵浦，十里一横塘之说，则必将攘臂而起，正如近人辨古史上之井田沟洫，终为一令人难信之疑案也。

郏亶既卒，其子侨又嗣其父言水利，其说曰：

> 浙西昔有营田司，自唐至钱氏时，其来源去委，悉有堤防堰闸之制，旁分其支脉之流，不使溢聚以为腹内畎亩之患。是以钱氏百年间，岁多丰稔，惟长兴中一遭水耳。暨纳土之后，至于今日，其患方剧。盖由端拱中，转运使乔维岳不究堤岸堰闸之制，与夫沟洫畎浍之利，姑务便于转漕舟楫，一切毁之。初则故道犹存，尚可寻绎；今则去古既久，莫知其利。营田之职，又谓闲司冗职，既已罢废。则堤防之法，疏决之理，无以考据，水害无已。至乾兴天禧之间，朝廷专遣使者，兴修水利。远来之人，不识三吴地势高下，与夫水源来历，及前人营田之利，不过采愚农道路之言，以目前之见为常久之策。

这一段话，虽已完全是历史上的陈迹，实亦还有做我们参考的价值。三吴水利，明清两朝五六百年，究还是比较的不断有人注意到。而清末以迄今兹，走上中国史上民族堕落少有的一阶段。社会百务倒退，（外力促成的畸形发展不计。）太湖流域的水利自也不能例外。经过好几度的水灾旱荒，据留心到当地水利的人说，一条京沪铁路，东西横越，对于各处水流宣泄吐纳的作用，实有不少妨碍。然谁来顾到这些！近年来江浙两省竞事公路建设，想来跨水架桥，窄洞曲流的去处，定也不少。其对于农田水利的影响，不会没有。且待事实之证明，而姑悬吾说于此。亦盼侈谈新建设者，稍稍注意及之耳。

　　　　　　廿四年九月十二日旧历中秋之夜

　　　　录自《禹贡》半月刊第四卷第四期

跋康熙丙午刊本《方舆纪要》

顾祖禹《读史方舆纪要》，最先刊本在康熙丙午，仅《州域形势说》五卷；今本《历代州域形势》凡九卷，第九卷明代为丙午本所无，余亦详略迥殊，亦有五卷中旧说而今本加改订者。盖丙午五卷本为今本之初稿也。

丙午本有顾氏凡例一篇，与今本全异。自称：

> 余《方舆纪要》凡七十二卷，而此编实为之冠。……其继此编而出者，曰《两京纪要》，《分省纪要》，《古今川渎异同说》，《海防海运说》，《盐漕屯牧合考》，《九州郡邑合考》，《十二州分野说》。又集古今舆图更为订正，职官舆程诸图皆以类从，而后此书始成全构。

今本凡一百三十卷，视初本殆增一倍。计《历代州域形势》九卷，各省一百十四卷，《川渎》六卷而漕河海道居其一，《分野》一卷，丙午凡例尚有《郡邑合考》，则今本殆散入各省也。今本又附《舆图要览》四卷，凡海防、海运、盐漕、屯牧、职官、舆程诸大端并约略附见焉。今本凡例云，"余初撰次《历代盐铁》、《马政》、《职贡》及《分野》共四种，寻皆散轶，惟《分野》仅存。病侵事扰，未遑补缀，其大略仅错见于篇中，以俟他时之审定"云云。疑原稿散轶，或当在祖禹南游时。又祖禹为黄守中六十寿序，谓"予辛酉病后，虽视息犹存，而神明未善"。庚申祖禹始客徐乾学家，则所谓病侵事扰，或其时语，然则今本凡例，殆成于祖禹五十一以后也。盖今本总叙三篇成在前，凡例成在后，而皆在丙午刊本之后，《舆图要览》则尤晚成也。顾氏卒年六十二，（据《无锡县志》。）少魏叔子七岁，（据《魏季子集·先叔兄纪要》。）叔子卒于康熙十九年庚申，年五十七，是岁顾年五十，上推丙午，则顾年三十六也。今本彭士望序，谓祖禹之创是书，年二十九，则距丙午初刊，已历八载。丙午本首页，有"分省即出"四朱字，则所刻虽仅五卷，而全书七十二卷之大体必已完就，盖即成于此八年中矣。

阎若璩《尚书古文疏证》（卷六下。）谓"景范地志之学盖出于家，其尊人耕石先生著山居赘论"云云，下引其论黄河一大段凡数百字。今按祖禹父名柔谦，字刚中，耕石其别号也。据魏禧所为墓志铭，柔谦卒在康熙乙巳，年六十，则正在丙午前一年，今丙午刊本凡例自称"棘人顾祖禹",其证也。是柔谦及见其子著书且溃于成,先后历七年之久也。

柔谦以明遗民,抱宗国之痛,抗节不仕,祖禹亦弃举子业。柔谦常教之曰:"汝能终身穷饿不思富贵乎?"曰:"能。""汝能以身为人几上肉,不思报复乎?"曰:"能。"柔谦乃大喜曰:"吾与汝偕隐矣。"(据魏禧《顾柔谦墓志铭》。)祖禹志节得之家训,盖不啻顾炎武之于嗣母也。而祖禹为方舆书,亦以得于其父之教命者为多。今本《总叙》第一祖禹自述先世,当明嘉靖间有光禄丞顾大栋,为祖禹高祖父,好谈边徼利病,跃马游塞上,撰次《九边图说》,梓行于世。其子奉训大夫文耀,万历中奉使九边,以论边备中忌讳,仕不获振。祖禹祖龙章,早卒,则所谓请缨有志,揽辔无年者。其父柔谦,得疾且卒,呼祖禹而命之曰:

> "及余之身,四海陆沉,九州腾沸,获保首领,具衣冠,以从祖父于地下耳。园陵宫阙,城郭山河,俨然在望,而十五国之幅员,三百年之图籍,泯焉沦没,文献莫征,能无悼叹乎!余死,汝其志之。"祖禹匍伏呜咽而对曰:"小子虽不敏,敢放弃今日之所闻!"

彭序谓祖禹为是书,秉厥考之遗言,及先祖所为之地志,《九边之图说》,即谓此也。是顾氏一家舆地之学，祖孙相传，渊源已历五世，固非偶尔而然矣。然今丙午本卷首凡例，绝不道及其父只字，何耶？盖柔谦卒于康熙乙巳十二月之二十九日，(据《魏志》。) 而丙午刊书成于夏秒，历时甚暂，祖禹斩焉在丧服中，悲痛未已，固无暇以详也。

丙午本首列嘉鱼熊开元、无锡秦沆两序，熊序今本有之，秦序则已删去。又首行列"三韩吴兴祚伯成鉴，锡山华长发商原参"两行，首页又有"华府藏板"印，则是书乃华长发所付刊。今本有吴兴祚序，谓"余因华子商原，始睹其书"，而丙午本无之，可证此本刊行甚促，吴序稍迟，故不及载耳。

又按丙午本原名《二十一史方舆纪要》，叙次迄于元末，今本则下及明代。今本《总序》，祖禹自述其"父卒一年而祖禹以疾废，又三年疾愈，不揣愚昧，思欲远追《禹贡》、《职方》之纪，近考春秋历代之文，旁及稗官野乘之说，参订百家之志，续成昭代之书"，是祖禹之续为此书，当在丙午后之三年，即己酉庚戌之间也。今本有魏禧序，已称《读史方舆纪要》一百三十卷，则应尚在庚戌后。今按魏氏为《柔谦墓志铭》有云：

　　宁都魏禧客吴门，见《方舆纪要》，奇之，曰：此古今绝无而仅有之书也！既交其人，沈深廉介，可属大事，相与为齿序，弟畜之。祖禹因出君状乞志铭。

是顾、魏相识，顾父已先卒，而魏氏于吴门所见《纪要》，殆即丙午刻本；否则未识其人，无由读其全书之写稿。及两人既深交，乃得尽见其全稿而为之序，乃曰《读史方舆纪要》一百三十卷矣。魏氏长祖禹七岁，四十始出游，至江浙，时祖禹年三十三，其父尚未卒，书亦未刊，两人相识应在后。魏氏于康熙十一年壬子又客吴，^{（据《黄子锡墓志铭》。）}上距庚戌又已三年，则祖禹书之自七十二卷扩大为百三十卷者应在此三年内也。

祖禹抗节首阳，穷槁不仕，人知之。方三藩事起，而祖禹跳身走闽海，期兴复，则知者甚少。近张子晓峰创为《祖禹年谱》，亲至胶山访搜遗闻，得《黄氏宗谱》，有黄守中与祖禹交游踪迹，而其事乃大白。^{（详见《国风》半月刊四卷十期《胶山黄氏宗谱选录》专号。）}滇变作于癸丑，闽变起于甲寅，祖禹南游当在癸甲之际，出魏氏作序后，故熊吴魏三序及祖禹自序，皆有"足不出吴会"之语。康熙丙辰，耿精忠复降满洲，祖禹亦不久留。其在闽海，先后不出三年也。黄统为其父守中府君行略，谓"顾子以雄才大略，慨然愿有为于天下，乃寄妻孥于吾父。吾父则以养以教，数年如一日"，即此矣。

今本复有彭士望序，谓"望行年七十，得此一士"，又曰："祖禹之创是书，年二十九，经二十年始成。藉资游历，更获新胜，即改窜增益，虽十易草不惮。”今考彭氏年七十，当康熙十八年己未，时祖禹年适四十九。翌年魏禧卒，彭序成于今年，故述及魏序而未及其死。其称述祖禹为人，谓“其胆似韩稚圭，而先几旁瞩，不敢置胜负于度外”，则祖禹之不淹滞于闽可知也。又谓“其奇才博学似王景略，虽去桓温，必不为苻坚所用”，尤明属闽海归来语。自丙辰至己未亦四年，祖禹之十易其草不惮者，应以此数年间为尤勤也。

康熙十九年庚申十一月，魏禧卒于仪真，而祖禹始客徐乾学家。彭士望《徐氏五十寿序》（按顾徐同年。）云：

> 庚申八月，余在吴江，昆山徐子艺初章仲二孝廉遣书使，因顾子景范，迎余居其家。

又曰：

> 公既延武林陆子拒石，太仓顾子伊人，与共晨夕，欣赏析疑，及四方士过从，礼之无倦；而虞山顾景范，不求闻达，落落人外，惟潜心《方舆纪要》一书。公礼而致之，不烦以事，听自纂述。更为具脡饩笔札书史，以相佽助。

是祖禹五十以后仍肆力此书。彭序谓经二十年始成者，仍非定稿也。

自是祖禹与徐氏往来之迹颇密。康熙二十六年丁卯，清廷修《一统志》，命徐乾学为总裁，徐氏罗致祖禹于幕下。阎氏《尚书古文疏证》（卷六上。）谓"己巳与顾景范同客京师"，时顾年已五十九。翌年庚午，徐氏归里设局洞庭，祖禹仍为分纂，而其子士行亦在志局，（见裘琏《纂修书局同人题名私记》。）既父子同砚席，又得恣意博览四方图册，复与胡渭、阎若璩、黄鸿诸人上下其议论。越三年癸酉卒。（翌年徐亦卒。）此数年中，《纪要》一书当必又有所增订。

然则祖禹此书，既上承其家高曾两世之余绪，又及身父子孙三代讨论润色。而祖禹则毕精萃力于其书者达三十四年，先则槁卧穷庐，姅心一志，继则南游岭海，北上燕冀，远搜博涉，又得徐氏藏书之探讨，宾友之研究，取精用宏，体大思深，宜其可以踌躇无余憾矣。

然祖禹虽溷迹显贵之门，其皭然不污之节，则固终其身无少渝也。姚椿《通艺阁集·顾处士祖禹传略》，谓"《一统志》书成，徐将列其名上之，祖禹不可，至于投死阶石始已"。又全祖望《鲒埼亭集·题徐狷石传后》，谓"狷石最善祖禹，有事欲就商，会其在徐馆中，狷石徘徊门外不入。适祖禹从者出，因以告，乃得见。徐乾学闻之，亟遣人出迎，则狷石已解维去矣"。磨而不磷，涅而不缁，殷有三仁，固不在形迹之间也。

余观今本首卷所列各序，均无年月，此盖不署永初之旨耳。又以"昭代"称明，叙史迹亦至明而止，绝不涉建州入关，拳拳故国之情，溢于言表。而祖禹自序及魏彭两序，尤跃跃不啻探口出。虽祖禹诗文事迹流传极少，然此书幸免焚禁，不可谓非大幸矣。（《四库》未收其书，殆时人未敢轻进也。）丙午本首页即大书"吴伯成先生鉴定"，秦序、顾凡例皆著康熙丙午年月，益证祖禹自在丧中，事出华氏，非祖禹本意。今祖禹书传布极广，然其立身大节，及著书用意所在，与夫数十年辛勤之经历，则人鲜知者，爰因读丙午本而纵论之如此。

《雪桥诗话续集》卷一，张苍水以甲辰九月初七日受刑，自是海事乃定。顾景范《甲辰九日感怀》云：萧飒西风动客愁，倚樽无处漫登楼。赭衣天地骊山道，白袷亲朋易水秋。征雁南飞无故国，啼猿北望有神州。茱萸黄菊寻常事，此日催人易白头。谓景范《纪要》一序，深致陆沉之痛。证以此诗，深情如揭。

二四年九月七日

录自《禹贡》半月刊第四卷第三期

《禹贡》山水杂说

《禹贡》山水，前人说者众矣，犹有所未备而关系较大者，姑就江汉流域粗述八事，待治古地理学者商榷之。

一　汶山　岷山

按《汉志》：蜀郡湔氐道，崏山在西徼外，江水所出。秦汉湔氐道，今四川松潘县西北。然《禹贡》汶山，初不在此。昔人盖指今嘉陵江为江源。《汉志》：陇西氐道，《禹贡》养水所出。又：西县，《禹贡》嶓冢山，西汉所出。此实《禹贡》汶山之与江源也。嶓冢在宁羌，与汶山相近，故曰："汶嶓既艺。"江汉发源，计其大小长短，亦略相当，故曰江汉朝宗于海，亦不为之轩轾。自秦汉远迹，乃始以今之岷江为江源，以嘉陵江称西汉水，于是汶山移至松潘，而陇西之岐则改为嶓冢。故汉有东西而嶓冢乃有二处。

其蜀郡湔氐道之名亦自陇西氐道移来，因有湔水，故曰湔氐道，益证其间之关系矣。今则所知江源益远，即岷江亦不为江源，而汉水于是遂为长江之一支流。古人江汉朝宗之义，始不为今人所知矣。

又按《汉志》：汉水出西县嶓冢东南，至江州入江，行二千七百六十里。《张仪传》云："大船起于汶山，浮江至楚，三千余里。"明指西汉水嘉陵江言。《苏秦传》亦曰："五日而至郢，不十日而距扞关。"皆指今嘉陵，不指岷江言之。可知其时所谓汶，非在今之松潘也。

又按汉蜀郡汶江县，今茂县北。元鼎六年置汶山郡，后罢为蜀郡北部都尉，治岷山，在茂县东南。又《货殖传》："汶山之下沃野，下有蹲鸱，至死不饥。"此指临邛言。临邛今邛崃县治，则邛崃山，汉人亦谓之岷山矣。大抵汶山之名复自临邛渐移而北，至茂至松潘耳。

二　嶓　嶓冢

按嶓冢山，今陕西宁羌县北。《水经注》："《汉中记》曰：嶓冢以东，水皆东流；嶓冢以西，水皆西流。故俗以嶓冢为分水岭也。"张守节《史记正义》："嶓冢山在梁州金牛县东二十八里。"金牛废县，今宁羌东北。《汉志》陇西郡西县，《禹贡》嶓冢山，西汉所出，东南至江州入江。此则在今天水西南六十里。西汉水即嘉陵江也。盖古人以嘉陵江为江源，则陇西嶓冢实即岐山，后人知江源不在此，乃以此为西汉水，而岐山遂改称嶓冢。《水经注》又以漾水之名亦归西汉，于是舛错逾多矣。

三　涔　潜

按《汉志》：汉中郡安阳，灊水出西南，北入汉。在谷水出北，南入汉。安阳今成固县东。在谷水即今湑水。《汉志》所谓汉，即今沔水。灊即汉源也。此于嘉陵江（即《禹贡》所谓江。）南江宕水巴水诸水（即《禹贡》所谓沱。）皆近，故曰"沱涔已道"。又曰："浮于潜，逾于沔，入于渭，乱于河。"此即古之褒斜道也。然水出汉皆为涔，不专指安阳一水。如堵水入汉，亦可得涔名，则所谓浮于江沱涔汉，（史文此处衍一于字。）逾于洛，至于南河是矣。自江沱之实既失，则此诸语均难索解。至张守节《正义》引《括地志》：谓潜水一名复水，今名龙门水，源出利州绵谷县东龙门山大石穴下。绵谷今四川广源县，盖汉人既以嘉陵江为西汉水，故水入嘉陵江者亦得潜名耳。

四　大　别

按《汉志》：六安国安丰，《禹贡》大别山在西南。今安徽霍丘县西南八十里，接河南固始县界。然此非汉水所经，与《禹贡》"导漾东流为汉，又东为沧浪之水，过三澨至于大别，南入于江"之文不合。《元和志》："鲁山一名大别山，在今汉阳县东北。"然《水经注》谓之古翼际山，不谓之大别。又《左》定四："吴伐楚，子常济汉而陈，自小别至于大别。"今翼际山尚在汉水西岸，与子常济汉之文又不合，则谓大别在汉阳者复非也。张守节《正义》谓："大别山，汉江经其左，今俗犹云甑山。"甑山在今汉川县东南，汉水东岸，较为近情。而或又以此为小别山，此皆推测说之，非有明证。后人以班说较早，故纷纷为之解难。沈垚曰："大别山在光州（潢川。）西南，黄州（黄冈。）西北，汉阳东北，霍丘西南，班志属之安丰，但据山之东北言，若论其西南，则直至汉水入江处，故商城西南麻城黄陂之山，古人皆目为大别。"此似可释《正义》安丰非汉所经之嫌。然班志言地，亦时有疏失，未可尽据。循《禹贡》导山原文，熊耳外方桐柏至陪尾为一条，嶓冢荆山内方至大别为一条，岷山衡山至敷浅原为又一条，今之大别山脉不与外方桐柏同条，则当与衡山敷浅原并列，不得与嶓冢荆山内方为序。若大别必遵班说，则内方决不当为安陆之章山，班志于此必有一误，未能俱合。后人必委曲说之，殊无谓也。然则固不获已，大别仍当以张氏《正义》之说为是。

五　九　江

按《汉志》：豫章郡寻阳，《禹贡》九江在南，皆东合为大江。汉庐江郡无江以南地。寻阳今黄梅县北，而九江在其南，殆即今广济黄梅宿松望江诸县境之江水也。太史公登庐山观禹疏九江，则汉时犹有九江故道。若以湖汉九水为九江，则与江之经流不涉，亦与经文过九江而后东迤北会于汇者悖。若以洞庭为九江，则何以先云江汉朝宗而后乃云九江孔殷。又《经》云"九江纳锡大龟"，《通典》广济县蔡山出大龟，褚先生云"神龟出于江灌之间"，皆其证。

六　东　陵

按《汉志》：庐江郡金兰，西北有东陵乡，淮水所出。《水经注》："江水东过蕲春县南，蕲水从北东注之。又东过下雉县北，利水从东陵西南注之。利水出庐江郡东陵乡。江夏有西陵县，故是言东矣。《尚书》江水过九江至于东陵者也。西南流，水积为湖。湖西有青林山，故谓之青林湖。湖水西流，谓之青林水。又西南历寻阳，分为二水：一水东流，通大雷。一水西流，注于江，所谓利水也。"今考下雉，今阳新县东南，利水入江，尚在其下游，当今广济县境。

今青林山在广济县东南六十里，则东陵应在今广济东北及黄梅县境也。又《水经·决水注》："决水又西北，灌水注之。其水导源庐江金兰县西北东陵乡大苏山，即淮水也。许慎曰：出雩娄县，俗谓之浍水。褚先生所谓神龟出于江灌之间，嘉林之中，盖谓此水。"胡朏明据此定金兰在固始西南，直黄梅之北。钱坫则谓大苏山即东陵，今商城县东南五十里。如是，则东陵去江太远，与江自东陵东迤北会于汇之文不合。庐江东陵与江夏西陵相为东西，不应北至商城固始间。阮元以金兰即豫章郡治，后改为舒。汉舒地直达大江洲渚。《禹贡》东陵实指至此，东迤为南江，又失之太东。由阮误以分江水为南江，故强说之如是也。

七　敷浅原

按《汉志》：豫章郡历陵，傅阳山，傅阳川在南。古文以为傅浅原。历陵，王莽改蒲亭。唐有蒲塘驿，即今德安县治。杜佑《通典》云："江州浔阳县蒲塘驿，即汉历陵也。驿前有敷浅原，原西数十里有敷阳山。"蔡传引晁以道云："饶州鄱阳县界中有历陵故县。后人因疑历陵在晋时与余汗鄡阳俱属鄱阳郡，而柴桑属武昌，历陵不应转在柴桑之西，或杜氏特以蒲亭蒲塘而附会说之。其析山与原为二处，亦非是。"然晃说亦无据。恐柴桑属武昌，依长江之下游。历陵属鄱阳，跨彭蠡之两岸。杜说未必虚。朱子《九江彭蠡辨》，以庐山为敷浅原，亦以意推之，无可证信。则不如仍依旧说，以傅浅原在德安界为是。惟班志亦时有误，不足尽恃。《经》云："过九江至于敷浅原。"又曰："过九江至于东陵。"东陵在江北，敷浅原亦不应在江南。上文云："岷山之阳，至于衡山。"衡山即南阳雉衡山，澧水所出，亦在江北。敷浅原似更不当越至江南。考《汉志》：九江郡有博乡侯国，莽曰扬陆，故城今安徽霍丘县南。博阳山与博乡同以博名。莽曰扬陆者，敷扬声义相通。则傅博敷扬皆本一源。今霍丘县西南八十里，即大别山。以地形言之，自岷衡至大别，明为一脉，而与嶓冢荆山内方判为二列，然则今之大别，即古之博阳，谓之敷浅原者，殆指其山脉之逦迤就尽，原阜未平而言。班志于六安国安丰曰："《禹贡》大别山在西南。"盖即由博阳敷浅原而讹，后人遂相沿目此为大别，而博阳移至豫章江南，遂致衡山九江诸地，亦积疑塞晦，不可复理矣。又东陵在黄梅北，敷浅原在霍丘南，正为今大别山脉逦迤东之南北两极也。此亦云"过九江"者，盖辜略之辞。

近人饶宗颐《敷浅原辨》^(见《学术》第三辑。)，谓敷浅即番阳傅阳，豫章本古番地，《左》定六年，吴伐楚取番是也。其地名番，其水亦曰番水。《汉志》鄱阳鄱水西入湖汉是也。番水以北地泛称番阳，故其湖曰鄱阳湖，其山曰鄱阳山。汉历陵亦古番阳地，故其山川亦有番阳之称。《汉志》所谓豫章郡历陵傅易山，傅易川，古文以为敷浅原，此皆番阳一音之转，敷浅原亦如太原、东原，本为地名，后人必欲定为某山某水，自属无当。按饶说甚有理趣，然魏默深《书古微》已论鄱阳古代在江北，则余论敷浅原当在江北者，饶说转可为证成矣。

八 三 江

按吴有三江五湖，特江湖纷歧错出之谓，非必确有所指。《禹贡》则以江汉分占吴地三江之二，所以然者，以其时误认嘉陵江为江源，故曰"江汉朝宗于海"；而不为分轩轻主从，故曰"导漾东流为汉，东为北江，入于海。导江东为中江，入于海"。盖谓江汉下流分占吴地三江之二也。班氏犹知《经》意，曰："北江在毗陵北，东入海。中江出芜湖西，至阳羡入海。"又益之以南江曰："在吴县南，东入海。"而于三江皆确说之曰："扬州川。"是扬州有三江，非江汉有三江也。然汉会稽郡既有吴县无锡县，岂得曰北江在毗陵北，东入海；又岂得曰中江至阳羡入海乎？是《汉志》纵有合于《禹贡》之所谓中江北江，而《禹贡》之中江北江，恐未必有合于吴地三江之真矣。至郑玄始曰：（见孔疏引。）三江分于彭蠡为三孔，东入海。是谓大江自分三江入海，与《禹贡》仅有中江北江之意大背。于是后人乃始以《班志》之分江水为南江以牵就之。班志丹扬石城，分江水首受江，东至余姚入海，与会稽吴县下之南江各不相涉。石城今安徽贵池县西七十里。自此至余姚，核以地形，殊不类有南江之迹，乌得空以古今水道变易为说，是班志分江水本文已可疑，何论又强合之于会稽吴县之南江。此所谓亡羊之逐，歧而又歧也。若其歧中之尤歧者，则见《禹贡》以大江为中江，汉水为北江，而不明《禹贡》之文义，无中生有，又强于江汉本身寻一南江；或以为即九江，或以为即彭蠡，皆说之于彭蠡以上，种种臆测，其为迷失，视郑注更远矣。

录自《齐鲁学报》第一号

苍梧九疑零陵地望考

　　史称舜葬苍梧之野。司马相如曰：独不闻天子之上林乎？左苍梧，右西极。是苍梧在汉上林东，并不指湖南零陵为苍梧也。司马相如又曰：丹水更其南，紫渊经其北。《方舆纪要》：河南内乡县西南百二十里，有丹水城。南去丹水二百步。范汪《荆州记》曰：丹水县，尧子朱所封，亦曰丹朱城。《山海经》谓舜与丹朱葬相近，则苍梧当近丹水。《淮南·脩务训》，舜南征有苗，道死苍梧。《文选》注引《六韬》：尧与有苗战于丹水之浦。《吕览·召类》，尧战于丹水之浦，以服南蛮。《淮南·兵略训》同。《论衡·儒增》云：尧伐丹水。又《恢国》云：尧有丹水之师，是古谓三苗在丹水。舜征有苗，留葬苍梧，必与丹水相近。后人谓有苗在今湖南洞庭境，已误。然亦岂有南征洞庭，而道死道州零陵之理？

　　又张景阳《七命》：豫北竹叶，注引张华《轻薄篇》，苍梧竹叶青，宜城九酝酒，此又苍梧在豫北之证。此谓豫北，乃古豫章之北耳。（予别有《古豫章考》。）
《战国策》帝女仪狄作酒，美，而献禹。殆以汉水上
流产美酒，而禹之故土亦近是，故联想说之。

又《楚辞》：济沅湘以南征兮，就重华而陈词。
余疑丹水古亦称湘，今荆紫关西南尚有湘河镇，是其
遗迹之可证者。屈原居汉北，在丹析之间，就重华而
陈词，因其居相近，故即凭以起兴。又曰：朝发轫于
苍梧兮，夕余至乎县圃。原之发轫苍梧，正证苍梧之
与其流放地为近也。

《吕氏春秋》：舜友北人无择，投于苍领之渊。高
诱注：苍领或作青令，《庄子》作清泠。今按《淮南
子》，北人无择非舜，自投清泠之渊，是也。薛综《东
都赋》注：清泠水在南阳西鄂山上。《山海经·中次
十一》有清泠之渊，毕沅云：苍领青令清泠音皆同。
窃疑沧浪与清泠，亦一声之转。则舜之故事流传，显
多在汉水流域。故《庄子·徐无鬼》云：舜有膻行，
百姓悦之，三徙成都，至邓之虚而十有万家。《清一
统志》均州太和山麓姚子铺北有舜帝庙。《后汉·郡
国志》，耤阳县有湘亭，其南有尧冢。后人误认湘名
必在今湖南洞庭之南，故遂远移苍梧至零陵耳。

又按《左》哀四：楚右师军于苍野。杜预注：苍
野在上洛县。《水经注》：丹水自苍野，东历菟和山，
疑苍梧之野亦可称苍野，相其地望，当在今陕西商县
东南，菟和山西境。故司马相如云：上林左苍梧，即

苍野也。古代地名，往往有绵亘远涉至数百里外者。既云苍梧之野，则可不拘于一地可知。《帝王世纪》云：尧女女罃，舜次妃，封于商，生九子，义均号商均。《路史》亦云：商洛有尧女墓，今城东有九子墓，此后代传说，正可证尧舜故事流传之地望。所谓舜葬九疑，或可由九子之墓讹传而起。西极山在甘肃，即三危山。汉苍梧国本秦桂林郡地，淮南称有浯后为苍梧郡，治广信，今广西苍梧郡治。此苍梧岂得与西极位于上林之左右乎？且此苍梧乃地域名，非山名，后人又谓九疑山亦名苍梧山，更失其本矣。

惟确有可疑者，为今《战国策》苏秦说楚之辞，其言曰：楚南有洞庭苍梧。余考洞庭苍梧，皆在楚北，不在楚南。而苏秦之辞，则乃确指今湖南境之洞庭乃及苍梧言。盖据予《系年》所考定，苏张纵横游说之辞，皆出后人伪撰，而苏秦之辞，其伪撰犹出张仪诸篇之后，校其年代，当在秦亡六国前后，殆与删通之徒有关。其时楚人南迁，北方雅名胜迹，皆已移植，苏秦之辞，正足证余《系年》之所考定，未足以摇余本篇之所论列也。

史又称舜崩苍梧之野，葬于江南九疑，是为零陵。今按《离骚》：巫咸将夕降兮，怀椒糈而要之，百神翳其备降兮，九疑缤其并迎。今若谓朝发轫于苍梧，苍梧乃近屈原流放之地，则此巫咸所降，九疑并迎者，亦指屈原流放所在，固当与苍梧之野，同属一境。是则江南九疑云者，必当在丹水之南，或湘江之南，余说零陵，亦与汉水沧浪为近。（详下。）若如后人传说，九疑山在今湖南宁远县南六十里，试问此岂得曰江南乎？又汉零陵县，在今广西全县北三十里，岂得曰是为零陵？而苍梧郡治广信，距宁远更远，尤不得谓在苍梧之野也。文颖说之曰：其山半在苍梧，半在零陵。《水经注》说之曰：九疑山磐基苍梧之野，峰秀数郡之间，此若未为不可。然舜征有苗，道死苍梧，岂固有苗败而南引，而舜遽远迹至此乎？按扬雄《方言》：宛，潏也。九疑荆郊之鄙，谓潏曰宛。是扬子云尚犹知九疑与荆郊同地，岂得谓此荆郊，亦指今湖南广西之交界乎？据是论之，亦可知九疑地望之确近荆山，在汉北矣。盖九疑苍梧之类，本非南方地名。自楚亡鄢郢，其遗民之远拓而南者，遂以北方故土雅名，移名南服，因而苍梧九疑零陵，各散一方，本属邻近之地，乃隔为遥远之区。史公所谓舜崩苍梧之野，葬江南九疑，是为零陵者，其语确有本，惟若以后代地望，一一掩实之，则显成为汗漫荒唐耳。

又罗隐《湘妃庙诗》：刘表荒碑断水滨，庙前幽草闭残春。九峰相似堪疑处，望见苍梧不见人。此湘妃庙必在荆州汉水之域，故有刘表荒碑。

又考邓德明《南康记》说五岭，三曰九真都庞岭。方以智疑九真太远非是。今按《水经注》：钟水出桂阳南平县部山，部山即部龙之峤，五岭之第三岭也。郦书所谓部龙，即都庞字讹。山在今湖南蓝山县南，正与九疑连麓。然则《南康记》所谓九真，即九疑矣。汉武置九真郡，在今安南。是则九疑之名，又随汉人远迹以移至日南矣。此亦余考古史地名递转递远之一例，则乌见自汉以前，九真九疑之必在今零陵之域哉。_{（今湖北汉阳亦有九真山。）}

　　舜葬处不远至今湖南之零陵，不仅古史无此事实，即古人传说，所谓舜冢在零陵者，此零陵亦别有指，特后人昧失本真，遂以今湖南零陵说之耳。《水经·沔水注》：夷水又东南流，与零水合，零水即浕水也，其水东径新城郡之浕乡县，县分房陵立，谓之浕水。又东历轵乡，谓之轵水。晋武立上黄县，治轵乡，汉有浕陵侯。今按零陵即浕陵也。浕乡废县，今湖北保康县南。房陵故城，今房县治。《左》文十一年，楚成大心败麋师于防渚，防即房也。《尚书》谓舜陟方乃死，房防方古字通，然则谓舜登陟房山而死耳。《隋书·地理志》：郧乡有防山。又光迁有房山。又《括地志》：竹山县东南有方城山。郧房竹山，皆境地相接。郧县东北为今河南浙川县，有丹水故城，并有古丹朱墓。《周语》：房侯实有爽德，丹朱凭身以仪之，生穆王焉。此古人谓丹朱之鬼犹在房之证也。《世说·言语篇》注引习凿齿论青楚人物，列举子文叔敖、接舆、渔父、汉阴丈人、市南宜僚、老莱子、屈原、邓禹、卓茂、庞公诸人，而曰：昔伏羲葬南郡，少昊葬长沙，舜葬零陵，此应皆举荆楚故实言，无缘远及湘楚郴桂之间，则习氏犹知舜葬零陵之在汉域矣。右尹子革有曰：昔我先君熊绎，辟在荆山，杜注：在新城沶乡县南，则零陵不仅舜所葬处，亦楚之先王之所肇居也。屈原放居汉北，造为《离骚》，多及虞舜，不徒其地望之近，亦以舜之与楚国先王，特为亲昵矣。秦始皇至云梦而望祀虞舜于九疑山，亦以云梦与九疑零陵，同在今湖北西北部汉水流域也。

又按，《墨子》：舜西教乎七戎，道死，葬南己之市。《吕览·安死篇》亦言，舜葬纪市。《水经·沔水注》，沔水又南与疏水合。　水出中庐县西南，东流至邔县北界，东入沔水，谓之疏口也。汉有邔侯黄极忠。《清一统志》：邔县故城在襄阳府宜城县东北，是纪即邔也。所谓纪市，与南己之市者，正亦指襄汉之邔而言。然则后人谓楚旧都称纪郢，以别于昭王所迁之鄢郢，而谓纪郢在江陵，亦复误矣。

说　邢

史称祖乙迁于邢。《水经注》："汾水西径耿乡城北，故殷都也。祖乙自相徙此。"《索隐》《正义》皆本之为说。今河津县南十二里有故耿城是也。疑殷都不远迁及此。祖乙所都，当在河内平皋邢丘。《水经·沁水注》："朱沟径怀城南，又东径殷城北。郭缘生《述征记》曰：怀县有殷城，或谓楚汉之际殷王卬都之，非也。"《纪年》云：秦师伐郑，次于怀城，殷即是矣。然则殷之为名既久，窃疑殷城之名即起祖乙耳。又按《左》隐四："卫人逆公子晋于邢。"《左》隐五："曲沃以郑人邢人伐翼。"旧说以河北邢台说之。邢台既与卫郑皆远，更不能及晋。宣十五："晋败赤狄于曲梁，始灭潞。"其前河北之邢台，何缘与山西曲沃晋翼相通？然则狄灭邢卫，殆亦河内之邢矣。《郡国志》：河内平皋有邢丘，故邢国。周公子所封。周公之胤，凡蒋邢茅胙封地皆近。及邢国既迁，其故地乃称邢丘。宣六："赤狄围邢丘。"襄八："晋会诸侯邢丘。"昭五:"晋侯送女于邢丘。子产相郑会晋邢丘。"皆是也。邢迁于夷仪,《郡国志》:东郡聊城有夷仪聚,故城今聊城县西南十二里。齐师宋师曹师次于聂北以救邢,聂即摄城。《左》昭二十:"晏子曰:聊摄以东。"注:"聊摄,齐西界,今博平县西。又河北清丰县东北有故聂城,地亦相当。"邢之所迁,与卫正近,故卫复灭之。其后地入晋。《左》定九"齐伐晋夷仪,晋车千乘在中牟"是也。齐桓公筑五鹿中牟邺以卫诸夏,若邢迁夷仪在邢台,是尚远在五鹿中牟邺以北,何卫之及?应劭谓邢侯自襄国徙平皋,即夷仪,亦失之。《韩诗外传》谓武王伐纣,到于邢丘,勒兵于宁,更名邢丘曰怀,宁曰修武。然考《史·魏世家》:安厘九,秦拔魏怀,十一拔邢丘。又:无忌谓魏王曰:"秦固有怀茅邢丘。"则怀与邢丘,明非一地。外传之说复误。徐广曰:"邢丘在平皋。"平皋者,以其在河之皋,斯为殷都,更无疑义。故城今河南温县东。

录自《齐鲁学报》第一号

说滇与昆明

滇昆明之迹，始详于《史记·西南夷传》。昆明为洱海，杜佑已言之。滇池城在宜良境，阮元已言之。推绎其未尽，重为钩稽如次。

滇

一、其西靡莫之属以什数，滇最大。二、滇降以为益州郡。(《西南夷传》。) 三、汉以求大夏道始通滇国。(《大宛传》。) 四、南御滇僰。(《货殖传》。)

按汉益州郡治滇池县，今宜良县境，即古滇国都也。《水经·温水注》："温水又西径昆泽县南。又径味县，县故滇国都也。又西南径滇池城，池在县西北。温水又西会大泽。"汉味县今曲靖县西十五里。汉昆泽县今嵩明南陆良西废芳华县，则昆泽乃杨林大泽，(嘉利泽) 温水即南盘江。既经昆泽县南，即至滇池城。滇池城当在今宜良境也。又径味县一语，明系错文，则古滇国都也一语，宜当在西南径滇池城下。

据《史》，滇国东北有靡莫、劳浸二国，当在陆良寻甸境，则滇都不得在曲靖审矣。

滇池

庄蹻至滇池，地方三百里。旁平地肥饶数千里。（《西南夷传》。）

按滇池今云南昆明县南，呈贡县西，晋宁县西北，昆阳县北。《地理志》：益州滇池县大泽在西，滇池泽在西北。大泽当为阳宗海，若汉滇池治当今昆明县地，则大泽在西一语无可说。故知汉滇池城应在今宜良境也。

靡莫

一、其西靡莫之属以什数，滇最大。二、滇东北有劳浸、靡莫，皆同姓相扶。三、击灭劳浸、靡莫，以兵临滇。（《西南夷传》。）

按《汉志》：益州郡收靡县，《续志》作牧靡，《说文》同。阮元《云南通志稿》谓在会泽县寻甸州境。《水经·若水注》：山生牧靡，可以解毒。县山并即草立名，今寻甸县西八里有隐毒山，或是也。又《水经·存水注》：存水自犍为郁邬来，东南径牧靡县北，下入牂牁且兰，存水即可渡河；则牧靡当在今云南会泽县东。郦氏又谓牧靡山在牧靡县东北乌句山南五百里，则山在县南，本非一处。要之其地在夜郎西，滇东北，与靡莫地望正合，则靡莫殆即牧靡也。

劳浸

按《汉志》：益州郡同劳县。阮元《云南通志稿》谓在南宁（曲靖。）南，陆凉（陆良。）北，疑即劳浸。汉兵自四川合江宜宾境逾贵州入云南，必先得靡莫、劳浸两国，乃及滇。

昆明

一、西自桐师以东，北至楪（叶）榆，名为寯、昆明。二、汉使间出西南夷，指求身毒国，至滇。滇王留为求道，四岁余，皆闭昆明。（《西南夷传》。）三、南方闭寯、昆明。四、昆明之属无君长，善寇盗，辄杀略汉使。五、汉遣使岁十余辈，皆复闭昆明。六、汉击昆明，斩首虏数万人。后遣使，昆明复为寇，竟莫能通。（《大宛传》。）七、太史公南略邛笮昆明。（自序。）

按师古谓昆明乃南宁州诸爨所居。唐南宁州今云南曲靖县西。惟汉益州郡治滇池，当为今云南宜良境，本为滇国，则西而闭道昆明，决不在曲靖。杜佑《通典》：西洱海即昆泳池。汉武帝凿其池以习水战，非滇池也。盖昆明即昆泳，即今大理洱海，则昆明国当在大理，于《汉志》属益州郡云南县。前汉云南、寯唐两县，后汉改属永昌，盖益州古滇王国，而永昌则古所谓巂、昆明境也。

同师

一、西自同师以东，北至楪榆，名为巂、昆明。

二、南越以财物役属夜郎，西至同师。（《西南夷传》。）

按沈钦韩云：地在今云南沾益县北境，即《汉志》牂牁郡之同并，然牂牁在滇国东，《史》文则云："其外西自同师以东，北至叶榆为巂昆明。"盖巂昆明在滇西。夜郎滇邛都之属皆居国。而巂昆明为行国，故独曰其外。同师则尤在昆明西境，当为汉初西南夷诸地之最偏西者。同并尚在滇夜郎之间，其非同师明甚。今考《汉志》益州郡巂唐县，周水首受（首受二字当作出。）徼外。《华阳国志》有同水自徼外来。同周形近，同水即周水也。钱坫以为是怒江。又巂唐下有比苏县，阮元《云南通志稿》谓比苏当属云龙州澜沧江西，西及潞江（即怒江。）以外，北及丽江县西皆是。窃疑比苏即同师，声转字变，县以水得名，《史》文当作周师，字讹为同师。《汉书》又作桐师，《索隐》云：《汉书》作桐乡，皆字讹也。南越役属夜郎，西至同师，盖已远及今潞江高黎贡山界矣。汉使出滇国求身毒，皆为昆明所闭，盖当时亦欲越大理，渡怒江，跨高黎贡山以向缅甸也。

录自《齐鲁学报》第一号

古豫章考

《左》定四，自豫章与楚隔汉，杜注：豫章，汉东江北地名。按《水经注·淯水篇》：淯水东过宛县南，又南过新野县西，又东南经士林东，戍名也。戍有邸阁水，左有豫章大陂，下灌良畴三千许顷。南过邓县，东南入于沔。此豫章当在今新野邓县间，自此而南，即为襄樊，临汉水。然则自豫章与楚隔汉，即此后白起拔鄢邓而攻郢之旧路也。

袁宏《后汉纪》，桓帝七年，行幸于云梦，临水祠湖阳新野公主张敬侯鲁哀公庙，此证云梦乃在新野。《通鉴》和帝永元十五年冬十月戊申，幸章陵。戊午，进幸云梦。时太尉张禹留守，闻车驾当幸江陵，以为不宜冒险远游。驿马上谏，诏报曰：祠谒既讫，当南礼大江，会得君奏，临汉回舆而旋。十一月甲申还宫。据此则东汉时云梦，尚指在汉北，正与桓帝所幸为一地。殆是与上述豫章，地望相近，或指同一水域而言矣。

又《左》昭六，楚使薳泄伐徐，吴人救之。令尹子荡帅师伐吴，师于豫章，而次于乾谿。吴人败其师于房钟。按：房钟今安徽蒙城县境，乾谿今安徽亳县南。盖子荡大军师于豫章，前锋次乾谿，又进战于房钟而败也。昭十三，楚师还自徐，吴人败诸豫章，是邀其归路。是古豫章在新野附近，殆可据此推断矣。

汉初侯邑分布

汉初诸侯封邑，余就《史记》诸表，因各家所考，兼以新得，十逾八九。约略计其分布之疏密，虽不精确，亦可觇当时体势之一斑。

		高	惠	吕	文	景	武(功臣侯)	武(王子侯)	附　注
首　脑	京兆	2							汉首脑部不以封，惟汉初偶有例外。
	弘农	1							
中腹部	济阳	1			1				中原腹里，梁魏以东，残破为甚，两周较完；然自高祖以后，河南汝南不复分封，拟于三辅矣。南阳功臣封邑独密，可以见其开发之盛，亦因汉武大略，取便统辖，故侯邑丛于一区。
	山阳	1						1	
	东郡	3		1			2	5	
	梁	1							
	陈留	2			3	1			
	颍川	3	1	1	1		4		
	河南	6							
	汝南	8					2	1	
	南阳	8	1	1			20	3	
中腹北部	河东	7			1	1	4	4	
	河内	6	1	1	2		2	2	
	上党		1						
	太原	2							
	西河	1						8	

区	郡	高	惠	吕	文	景	武(功臣侯)	武(王子侯)	附 注
中腹南部	江夏	1	1						江夏、南郡封邑绝少，盖先秦残破，以楚为甚。
	南郡	1	1		1				
中南东部	东海	3	1	1	1	1	1	11	沛乃汉室发祥所自，功成荣封故乡者多，东海盖拟于三齐；滨海之区，生聚易也。
	临淮	6	1				2	2	
	楚	2							
	沛	8	3		3	2		3	
	彭城	2	1						
中北东部	平原	5			4	3		5	三齐最为殷庶，即据侯邑分布可知。
	千乘	1			1	2		2	
	济南	5			1	2			
	泰山	3	1		1	1		7	
	鲁	1						2	
	东平	1	1	1				1	
	城阳	1						4	
	琅邪	4	4	2	2		6	19	
	胶东	1		1					
	北海	3						8	
	菑川							2	
	东莱	1	1					2	
	齐郡	2	1	1			2	4	
东北部	魏	2				2	3	7	涿郡、勃海、中山诸郡，王子分封密如三齐，以东南拟之东北，蔑如矣。
	赵							1	
	广平	3				1		4	
	巨鹿	5				1	1	3	
	常山	2						2	
	中山	4						8	
	信都	2	2	1				2	
	清河	3	1	1	1			1	
	河间			1				2	
	涿郡	2	1	1	5		1	11	
	勃海	2	1	2			4	9	
	广阳							1	

		高	惠	吕	文	景	武(功臣侯)	武(王子侯)	附 注
东 南 部	广陵	1						1	
	会稽					2			
	丹阳							4	
东南部二	淮南	1			1				
	九江	1			2		1	1	
	庐江	1	1						
	六安	1							
江外南部	豫章	1						2	汉武以来，南疆渐辟，观王子侯邑可征。
	长沙							5	
	武陵				1				
	零陵							5	
西 南	汉中				1				
	广汉	1							
	犍为	1							
西 北	安定								
	陇西					1			
东北边部	代	1							
	辽西	1							
西北边部	金城	1							
总计		142	3	26	26	27	69	165	

录自《齐鲁学报》第一号

提议编纂古史地名索引

治地理沿革的人，自两汉以下，有各史地志，大体可据。只有先秦以上，惜无此等材料。前人多从《汉书·地理志》上通《禹贡》，为探索古地理之指针，然其成绩殊嫌不够。一则《禹贡》一篇所见古地名本已有限，二则《禹贡》篇里的地名，亦多待考订而后知其地望之所在。若据《汉志》说《禹贡》，则两书年代所隔已久，仍自说了《汉志》，并未说及《禹贡》也。

我觉治古史，考详地理实是一绝大要端。春秋以下，尚可系年论事。春秋以前，年代既渺茫，人事亦粗疏，惟有考其地理，差得推迹各民族活动盛衰之大概。惟古史地名，往往错出。例如商人居亳，亳之为邑便有好多处，如此之类，不遑详说。推其原因，不外两点。一是地名来历，其先本是一个通名，后来始渐渐成为专名。如"衡山"只是一排横列的山，凡是横山本都可叫衡山；后来渐次成为专名，一见"衡山"两字，便联想到湖南的衡山上去。一是古代民族迁徙甚剧，这一地的人迁到别一地，却爱把故地的旧名来呼新地。如商人的亳，楚人的郢，尽是此例。在其间又有几条附带的则例：地名相同，其背景既有由于民族之迁徙，则往往文化较先之地域的地名起在前，而文化较后之地域的地名起在后，此其一。又往往在文化较盛的地域，因人事变动，常常有后起的新名来掩盖故名，而文化较衰的地域，则因人事变动少，原有地名比较的易凝定而渐渐成为专名，此其二。亦有本是一个地名，因语言文字的转换而写成两个三个以上的地名的。

古史中有许多极难解答的问题，骤看似乎不近情理，而用我上述关于古地名之探检的方法来试为解释，往往可以得到意外的满意。譬如齐桓公西征白狄"涉流沙"，流沙一名，一见便似远在甘肃塞外，其实古代中国内地河道名流沙的尽有。齐桓所涉只在山西，则此一段历史便觉合理，并无可怪。又如子夏"居西河"为魏文侯师，一见西河之名便联想到山陕间的龙门西河，然与魏文侯的都城，子夏的家乡，以及当时各地域经济文化的情形都不合。其实齐西卫境黄河，古人即称西河。后来河道迁徙，这个地名便渐渐湮沉，不为后人注意，而子夏魏文侯一段历史便觉可疑了。

现在让我再举一例，稍为详说。《国策》庄辛对楚襄王说：

> 蔡圣侯南游乎高陂，北陵乎巫山，饮茹溪之流，食湘波之鱼，左抱幼妾，右拥嬖女，与之驰骋乎高蔡之中，而不以国家为事。不知夫子发之受命乎宣王，系己以朱丝而见之也。

此文高诱注"高蔡即上蔡"，此外无说。而这里却包有两个极重要的地名，一是巫山，一是湘水。若依现在地名说之，则巫山在西，湘水在南，和上蔡绝不相关。程恩泽的《国策地名考》比较是考论《国策》地名最详备的一部书，却把此条灭去不论。杨守敬的历史地图，这是讲地理沿革一部最有权威的书，他却把高蔡注在今湖南的武陵，而湘波高陂注在湘阴之南。春秋时的蔡国，何从有如此的疆土？我想这一条比较最直捷简易而又自然的讲法，并不是春秋时垂亡的蔡国，其疆土西及今之巫山，南及今之湘水；也不是说《国策》庄辛的话随口胡诌，全不足信。我想定是在上蔡附近，当时另有巫山和湘水。

然而无征不信，非得找寻证据不可。我因想到宋玉《高唐赋》有楚王游高唐梦见巫山神女的故事。我想巫山也不应与高唐十分相远。春秋有唐国灭于楚。《汉书·地理志》有上唐乡。上蔡可称高蔡，上唐自然也可称高唐。上蔡与上唐地望正近，可见庄辛说的巫山，与宋玉说的巫山正是一地，并不远在西边夔州，而只在上蔡高唐之区。

我还不甘心，还想找更多的证据。结果知道刘向《新序》也载庄辛事，而云：

> 子发受令宣王，厄以淮水，填以巫山。

这更足证明巫山是近于淮水流域的一个山了。淮水的上源，正近上文说的上蔡与高唐一带。庄辛说的巫山近在那边，则庄辛所谓的湘水也自然绝不在湖南了。

湘江可以不在湖南而在湖北，洞庭自然也有在湖北不在湖南之可能了。然而也须有证据。我已在两年内络续找出许多证据，证明战国人所谓洞庭，大都是指湖北境内的一个水泽而言的，与证巫山近淮域的意谊恰恰相足。最近做了一篇《楚辞地名考》，（登载《清华学报》，与旧稿《三苗疆域考》（登载《燕京学论秋间可出版。）　　　　　　　　　　　　　　报》第十二期。）彭蠡衡山等本为江北地名非江南地名之说又是恰恰相足。倘若此说成立，关于《禹贡》里的九州疆域和战国以前的所谓楚国与南方等种种观念，尽须修改，而中国上古史也连着有一部分的变动。

上面所说，不过想证说治古史的应该看重考地的工作。而考论古史地名尤关重要的一点，即万勿轻易把秦以后的地望来推说秦以前的地名，而应该就秦以前的旧籍，从其内证上，来建立更自然的解释，来重新审定更合当时实际的地理形势。

曾记两年前有一天晚上，顾颉刚、王以中、唐立厂三先生在我处闲谈，大体是讨论治古史与考地的关系，当时谈到有两件基本的工作应先着手。一是绘画各区域大小不等的影射地图以备读史时随便填注之用。一是编录古籍地名索引，以备临时的翻检。当时立厂最高兴，愿意即日各自分认几部古籍，开始工作，而几度因循，并未下手。只颉刚却独下猛功，对于绘图的工作，经过一年余的努力而几于成功了。我想编著古籍地名索引的工作，还是应该做。即如上面所说，山西省太行西边的流沙，卫国东境的西河，湖北省北部的洞庭，近于淮水的巫山，那些地名，虽早已不为后人注意，而多半还是掩藏在古籍里，依然保存着。在现在没有一部详备的索引，只靠学者个人的记忆与翻检，实在费时太多。我对古代地理，积有许多意见，而始终不敢轻易下笔写文字，只为苦于材料证据搜检之不易。若得有一部古籍地名索引在手边，则可省却许多麻烦，增添许多方便，又定可刺激我们许多新鲜的推想。我想考地望与古史既有如此巨大之关系，编著一部古籍地名索引，其对学术界之贡献，应该不在清代阮元《经籍纂诂》一类书籍之下。然而兹事体大，极盼国内学术机关，尤其如燕大哈佛燕京学社引得编纂处及北平图书馆，中央及各地研究院等肯来做此工作。暂时若无此希望，我很盼望禹贡学会的一部分会员能在顾颉刚先生指导之下分部试作。不妨先定一部书，如《国策》、《山海经》或《穆天子传》之类，由几个会员分工合作；稍有成绩，即在《禹贡》半月刊上络续发刊。将来全书成就，再谋正式付印。即使全书一时不成，各部尽可独立存在，如《山海经地名索引》、《国策地名索引》之类，仍自有其相当之价值也。

至此书编纂，虽为考古代地理之用，然秦后西汉人书若《史记》、《淮南子》、《新序》、《说苑》诸书，对于古史关系极切，亦当一并编刊。金文甲文亦应收罗。凡属地名，须一见再见以至数十百见全列勿漏。(惟如《左传》《史记》记诸国名如齐鲁等例外。)若能不避繁重，可将每个地名之上下文有其他地名相牵连者摘钞。旧注如何休注《公羊》，高诱注《国策》等亦可附录。编纂古籍地名索引的工作并不难，只求有相当的人力与财力便可做。谨备刍荛，以供采择。

录自《禹贡》半月刊第一卷第八期

钱穆作品系列
（二十四种）

《孔子传》

本书综合司马迁以下各家考订所得，重为孔子作传。其最大宗旨，乃在孔子之为人，即其自述所谓"学不厌、教不倦"者，而以寻求孔子毕生为学之日进无疆、与其教育事业之博大深微为主要中心，而政治事业次之。故本书所采材料亦以《论语》为主。

《论语新解》

钱穆先生为文史大家，尤对孔子与儒家思想精研甚深甚切。本书乃汇集前人对《论语》的注疏、集解，力求融会贯通、"一以贯之"，再加上自己的理解予以重新阐释，实为阅读和研究《论语》之入门书和必读书。

《庄老通辨》

《老子》书之作者及成书年代，为历来中国思想学术界一大"悬案"。本书作者本着孟子所谓"求知其人，而追论其世"之意旨，梳理了道家思想乃至先秦思想史中各家各派之相互影响、传承与辩驳关系，言之成理、证据凿凿地推论出《老子》书应尚在《庄子》后。

《庄子纂笺》

本书为作者对古今上百家《庄子》注释的编辑汇要，"斟酌选择调和决夺，得一妥适之正解"，因此，非传统意义上的"集注"或"集释"，而是通过对历代注释的取舍体现了作者对《庄子》在"义理、考据、辞章"方面的理解。

《朱子学提纲》

钱穆先生于1969年撰成百万言巨著《朱子新学案》，"因念牵涉太广，篇幅过巨，于70年初夏特撰《提纲》一篇，撮述书中要旨，并推广及于全部中国学术史。上自孔子，下迄清末，二千五百年中之儒学流变，旁及百家众说之杂出，以见朱子学术承先启后之意义价值所在"。本书条理清晰、深入浅出，实为研究和阅读朱子学之入门。

《宋代理学三书随劄》

本书为作者对宋代理学三书——元代刘因所编《朱子四书集义精要》、周濂溪《通书》及朱熹、吕东莱编《近思录》——所做的读书劄记，以发挥理学家之共同要义为主，简明扼要地辨析了宋代理学对传统孔孟儒家思想的阐释、继承和发展。

《中国思想通俗讲话》

本书意在指出目前中国社会人人习用普遍流行的几许概念与名词——如道理、性命、德行、气运等的内在含义、流变沿革。及其相互会通之点。并由此上溯全部中国思想史，描述出中国传统思想一大轮廓。

《现代中国学术论衡》

本书对近现代中国学术的新门类如宗教、哲学、科学、心理学、史学、考古学、教育学、政治学、社会学、文学、艺术、音乐等作了简要的概评，既从中西比照的角度，指出了"中国重和合会通，西方重分别独立"这一中西学术乃至思想文化之根本区别；又将各现代学术还诸旧传统，指出其本属相通及互有得失处，使见出"中西新旧有其异，亦有其同，仍可会通求之"。

《中国学术思想史论丛》

共三编八册，汇集了作者六十年来讨论中国历代学术思想而未收入各专著的单篇散论，为作者1976—79年时自编。上编（1—2册）自上古至先秦，中编（3—4册）自两汉至隋唐五代，下编（5—8册）自两宋迄晚清民国。全书探源溯流，阐幽发微，颇多学术创辟，系统而真切地勾勒了中国几千年学术思想之脉络全景。

《黄帝》

华夏文明的创始人：黄帝、尧舜禹汤、文武周公，他们的事迹虽茫昧不明，有关他们的传说却并非神话，其中充满着古人的基本精神。本书即是讲述他们的故事，虽非信史，然中国上古史真相，庶可于此诸故事中一窥究竟。

《秦汉史》

本书为作者于1931年所撰写之讲义，上自秦人一统之局，下至王莽之新政，为一尚未完编之断代史。作者秉其一贯高屋建瓴、融会贯通的史学要旨，深入浅出地梳理了秦汉两代的政治、经济、学术和文化，指呈了中国历史上这一辉煌时期的精要所在。

《国史新论》

本书作者"旨求通俗，义取综合"，从中国的社会文化演变、传统的政治教育制度等多个侧面，融古今、贯诸端，对中国几千年历史之特质、症结、演变及对当今社会现实的巨大影响，作了高屋建瓴、深入浅出的精彩剖析。

《古史地理论丛》

本书汇集考论古代历史地理的二十余篇文章。作者以通儒精神将地名学、史学、政治经济、人文及民族学融为一体，辨析异地同名的历史现象，探究古代部族迁徙之迹，进而说明中国历史上各地经济、政治、人文演进的古今变迁。

《中国历代政治得失》

本书分别就中国汉、唐、宋、明、清五代的政府组织、百官职权、考试监察、财政赋税、兵役义务等种种政治制度作了提要钩玄的概观与比照,叙述因革演变,指陈利害得失,实不失为一部简明的"中国政治制度史"。

《中国历史研究法》

本书从通史和文化史的总题及政治史、社会史、经济史、学术史、历史人物、历史地理等 6 个分题言简意赅地论述了中国历史研究的大意与方法。实为作者此后 30 年史学见解之本源所在,亦可视为作者对中国史学大纲要义的简要叙述。

《中国史学名著》

本书为一本简明的史学史著作,扼要介绍了从《尚书》到《文史通义》的数部中国史学名著。作者从学科史的角度,提纲挈领地勾勒了中国史学的发生、发展、特征和存在的问题,并从中西史学的比照中见出中国史学乃至中国思想和学术的精神与大义。

《中国史学发微》

本书汇集作者有关中国历史、史学和中国文化精神等方面的演讲与杂论,既对中国史学之本体、中国历史之精神,乃至中国文化要义、中国教育思想史等均做了高屋建瓴、体大思精的概论;又融会贯通地对中国史学中的"文与质"、中国历史人物、历史与人生等具体而微的方面做了细致而体贴的发疏。

《湖上闲思录》

充满闲思与玄想的哲学小品,分别就人类精神和文化领域诸多或具体或抽象的相对命题,如情与欲、理与气、善与恶等作了灵动、细腻而深刻的分析与阐发,从二元对立的视角思索了人类存在的基本问题。

《文化与教育》

本书乃汇集作者关于中国文化与教育诸问题的专论和演讲词而成,作者以其对中国文化精深闳大之体悟,揭示中西传统与路线之差异,指明中国文化现代转向之途径,并以教育实施之弊端及其改革为特别关心所在,寻求民族健康发育之正途。

《人生十论》

本书汇集了作者讨论人生问题的三次讲演,一为"人生十论",一为"人生三步骤",一为"中国人生哲学"。作者从中国传统文化入手,征诸当今潮流风气,探讨"心"、"我"、"自由"、"命"、"道"等终极问题,而不离人生日常态度,启发读者追溯本民族文化传统的根源,思考中国人在现代社会安身立命的根本。

《中国文学论丛》

作者为文史大家,其谈文学,多从文化思想入手,注重高屋建瓴、融会贯通。本书上起诗三百,下及近代新文学,有考订,有批评。会通读之,则见出中国一部文学演进史;而中国文学之特性,及各时代各体各家之高下得失之描述,亦见出作者之会心及评判标准。

《新亚遗铎》

1949 年钱穆南下香港创立新亚书院。本书汇集其主政新亚书院之十五年中对学生之讲演及文稿,鼓励青年立志,提倡为学、做人并重,讲述传统文化之精要,阐述大学教育之宗旨,体现其矢志不渝且终身实践的教育思想。

《晚学盲言》

本书是作者晚年"目盲不能视人"的情况下,由口诵耳听一字一句修改订定。终讫时已 92 岁高龄。全书分上、中、下三部,一为宇宙天地自然之部,次为政治社会人文之部,三为德性行为修养之部。虽篇各一义,而相贯相承,主旨为讨论中西方文化传统之异同。

《八十忆双亲 师友杂忆》

作者八十高龄后对双亲及师友等的回忆文字,情致款款,令人慨叹。读者不仅由此得见钱穆一生的求学、著述与为人,亦能略窥现代学术概貌之一斑。有心的读者更能从此书感受到 20 世纪"国家社会家庭风气人物思想学术一切之变"。